Z polskim na ty

PODRĘCZNIK DO NAUKI JĘZYKA POLSKIEGO

JĘZYK POLSKI DLA CUDZOZIEMCÓW

SERIA POD REDAKCJĄ
WŁADYSŁAWA MIODUNKI

KATEDRA JĘZYKA POLSKIEGO JAKO OBCEGO
UNIWERSYTETU JAGIELLOŃSKIEGO

PODRĘCZNIK DO NAUKI JĘZYKA POLSKIEGO

poziom
średni
B1

Ewa Lipińska

Z polskim na ty

Kraków

© Copyright by Ewa Lipińska and Towarzystwo Autorów
i Wydawców Prac Naukowych UNIVERSITAS, Kraków 2006

ISBN 83-242-0543-8
TAiWPN UNIVERSITAS

Tłumaczenie na język angielski
Andrzej Kurtyka
Marek Wójcikiewicz

Tłumaczenie na język niemiecki
Dörte Muß-Gorazd

W książce zostały wykorzystane ilustracje autorstwa Andrzeja Mleczki
i Karoliny Ewy Sarkowicz na podstawie udzielonych Wydawnictwu licencji

Redakcja
Wanda Lohman

Projekt okładki i stron tytułowych
Ewa Gray

Przy nagrywaniu płyty swoich głosów użyczyli absolwenci szkół
teatralnych: *Dominika Markuszewska, Maurycy Polaski, Beata
Wojciechowska, Kajetan Wolniewicz*

Nagranie
Studio 19

Realizacja
Jerzy Zając

www.universitas.com.pl

Spis treści

WSTĘP _____ 11

CZĘŚĆ I – GRAMATYCZNA

WPROWADZENIE DO CZĘŚCI I _____ 22

I. Narzędnik _____ 37
   Ćwiczenia _____ 41
II. Stopniowanie przymiotników _____ 47
   Ćwiczenia _____ 50
III. Biernik _____ 54
   Ćwiczenia _____ 59
IV. Czasownik – koniugacje _____ 65
   Ćwiczenia _____ 69
V. Czas przeszły _____ 72
   Ćwiczenia _____ 74
VI. Mianownik – liczba mnoga _____ 78
   Ćwiczenia _____ 80
VII. Przysłówek _____ 86
   Ćwiczenia _____ 86
   Stopniowanie przysłówków _____ 87
   Ćwiczenia _____ 90
VIII. Nieosobowe formy czasownika _____ 93
   Ćwiczenia _____ 94
IX. Dopełniacz _____ 98
   Ćwiczenia _____ 104
X. Czas przyszły _____ 113
   Czas przyszły złożony _____ 113
   Ćwiczenia _____ 114
   Czas przyszły prosty _____ 116
   Ćwiczenia _____ 117
XI. Aspekt czasowników _____ 121
   Ćwiczenia _____ 123
XII. Miejscownik _____ 128
   Ćwiczenia _____ 132
XIII. Tryb przypuszczający (warunkowy) _____ 139
   Ćwiczenia _____ 141
XIV. Strona zwrotna czasowników _____ 146
   Ćwiczenia _____ 147
XV. Tryb rozkazujący _____ 151
   Ćwiczenia _____ 153
XVI. Celownik _____ 159
   Ćwiczenia _____ 162

ANEKS _____ 167
Wołacz _____ 167
Rzeczowniki o nietypowej odmianie _____ 168

CZĘŚĆ II – MOZAIKOWA

I. ZAINTERESOWANIA I ROZRYWKI _____ 170
 Ćwiczenia _____ 171
II. SPOSOBY SPĘDZANIA WOLNEGO CZASU _____ 176
 Ćwiczenia _____ 176
III. OPIS WYGLĄDU _____ 185
 Ćwiczenia _____ 186
IV. CECHY CHARAKTERU _____ 191
 Ćwiczenia _____ 191
V. PORÓWNYWANIE _____ 196
 Ćwiczenia _____ 197
VI. RODZINA _____ 202
 Ćwiczenia _____ 202
VII. CHOROBY _____ 210
 Ćwiczenia _____ 212
VIII. POGODA _____ 219
 Ćwiczenia _____ 220
IX. PORY ROKU _____ 225
 Ćwiczenia _____ 225
X. OPIS _____ 231
 Ćwiczenia _____ 232
XI. POZDROWIENIA _____ 237
 Ćwiczenia _____ 240
XII. ŻYCZENIA _____ 243
 Ćwiczenia _____ 249
XIII. LISTY PRYWATNE _____ 253
 Ćwiczenia _____ 256
XIV. LISTY PRYWATNE (CD.) _____ 261
 Ćwiczenia _____ 261
XV. LISTY URZĘDOWE _____ 267
 Ćwiczenia _____ 268

Klucz do ćwiczeń _____ 274

Bibliografia _____ 293

Contents

PREFACE _____ 14

PART I – GRAMMAR

INTRODUCTION TO PART I _____ 27

I. The Instrumental _____ 37
   Exercises _____ 41
II. Comparison of adjectives _____ 47
   Exercises _____ 50
III. The Accusative _____ 54
   Exercises _____ 59
IV. The Verb – conjugations _____ 65
   Exercises _____ 69
V. The Past Tense _____ 72
   Exercises _____ 74
VI. The Nominative Plural _____ 78
   Exercises _____ 80
VII. The Adverb _____ 86
   Exercises _____ 86
   Comparison of Adverbs _____ 87
   Exercises _____ 90
VIII. The Impersonal Forms of Verbs _____ 93
   Exercises _____ 94
IX. The Genitive _____ 98
   Exercises _____ 104
X. The Future Tense _____ 113
   The Compound Future Tense _____ 113
   Exercises _____ 114
   The Simple Future Tense _____ 116
   Exercises _____ 117
XI. The Aspect of Verbs _____ 121
   Exercises _____ 123
XII. The Locative _____ 128
   Exercises _____ 132
XIII. The Conditional Mood _____ 139
   Exercises _____ 141
XIV. The Reflexive Voice of Verbs _____ 146
   Exercises _____ 147
XV. The Imperative Mood _____ 151
   Exercises _____ 153
XVI. The Dative _____ 159
   Exercises _____ 162

APPENDIX _____ 167
The Vocative _____ 167
Nouns with irregular inflection _____ 168

PART II – THE MOZAIC OF TOPICS

I. INTERESTS AND ENTERTAINMENT _____ 170
   Exercises _____ 171
II. WAYS OF SPENDING FREE TIME _____ 176
   Exercises _____ 176
III. DESCRIBING APPEARANCE _____ 185
   Exercises _____ 186
IV. DESCRIBING CHARACTER _____ 191
   Exercises _____ 191
V. MAKING COMPARISONS _____ 196
   Exercises _____ 197
VI. FAMILY _____ 202
   Exercises _____ 202
VII. ILLNESS _____ 210
   Exercises _____ 212
VIII. WEATHER _____ 219
   Exercises _____ 220
IX. SEASONS _____ 225
   Exercises _____ 225
X. DESCRIPTION _____ 231
   Exercises _____ 232
XI. GREETINGS AND REGARDS _____ 237
   Exercises _____ 240
XII. WISHES _____ 243
   Exercises _____ 249
XIII. PRIVATE LETTERS _____ 253
   Exercises _____ 256
XIV. PRIVATE LETTERS (cont.) _____ 261
   Exercises _____ 261
XV. OFFICIAL LETTERS _____ 267
   Exercises _____ 268

Answer key _____ 274

Bibliography _____ 293

Inhaltsverzeichnis

VORWORT — 17

TEIL I – GRAMMATIK

EINFÜHRUNG ZU TEIL I — 32

I. Der Instrumental — 37
   Übungen — 41
II. Das Adjektiv – Steigerung — 47
   Übungen — 50
III. Der Akkusativ — 54
   Übungen — 59
IV. Das Verb – Konjugationen — 65
   Übungen — 69
V. Das Präteritum — 72
   Übungen — 74
VI. Der Nominativ Plural — 78
   Übungen — 80
VII. Das Adverb — 86
   Übungen — 86
   Die Steigerung der Adverbien — 87
   Übungen — 90
VIII. Unpersönliche Verbformen — 93
   Übungen — 94
IX. Der Genitiv — 98
   Übungen — 104
X. Das Futur — 113
   Das zusammengesetzte Futur — 113
   Übungen — 114
   Das einfache Futur — 116
   Übungen — 117
XI. Der Verbaspekt — 121
   Übungen — 123
XII. Der Lokativ — 128
   Übungen — 132
XIII. Der Konjunktiv — 139
   Übungen — 141
XIV. Das reflexive Verbgenus — 146
   Übungen — 147
XV. Der Imperativ — 151
   Übungen — 153
XVI. Der Dativ — 159
   Übungen — 162

ANHANG — 167
Der Vokativ — 167
Unregelmäßig deklinierte Substantive — 168

TEIL II – UNTERRICHTSEINHEITEN

I. HOBBYS UND UNTERHALTUNG — 170
Übungen — 171
II. FREIZEITBESCHÄFTIGUNG — 176
Übungen — 176
III. AUSSEHEN — 185
Übungen — 186
IV. CHARAKTEREIGENSCHAFTEN — 191
Übungen — 191
V. VERGLEICHE — 196
Übungen — 197
VI. FAMILIE — 202
Übungen — 202
VII. KRANKHEITEN — 210
Übungen — 212
VIII. WETTER — 219
Übungen — 220
IX. JAHRESZEITEN — 225
Übungen — 225
X. BESCHREIBUNGEN — 231
Übungen — 232
XI. BEGRÜSSUNGEN — 237
Übungen — 240
XII. GLÜCKWÜNSCHE — 243
Übungen — 249
XIII. PRIVATE BRIEFE — 253
Übungen — 256
XIV. PRIVATE BRIEFE (FORTS.) — 261
Übungen — 261
XV. FORMELLE ANSCHREIBEN — 267
Übungen — 268

Übungsschlüssel — 274

Bibliographie — 293

Wstęp

Z polskim na ty – to podręcznik przeznaczony do nauki języka polskiego jako obcego dla cudzoziemców na stopniu *Progowym*[1], czyli najwyższym z poziomu dla początkujących. Jego celem jest odświeżenie i uporządkowanie lub przekazanie i ugruntowanie koniecznej wiedzy językowej oraz rozwijanie sprawności językowych. Jest bardzo przydatny dla osób, które znają polski z domu („ze słuchu"), czyli nie uczyły się go na regularnych kursach.

Program *Z polskim na ty* powstał w oparciu o „Opis kompetencji w języku polskim jako obcym na poziomie progowym"[2], ale podkreślić należy, że zastosowano tu słownictwo wykraczające poza ten poziom. Praktyka wykazała bowiem, że takie są oczekiwania studentów, którzy znaleźli się w tej fazie nauki. Jest to m.in. powód, dla którego nie powinni, a najczęściej sami tego nie chcą, uczyć się z podręczników dla początkujących, czyli od zera.

Z polskim na ty składa się z dwóch części – *gramatycznej* i *mozaikowej*[3]. Materiał gramatyczny został podany w uproszczeniu, za to jest dużo przykładów, służących m.in. rozwiązywaniu następujących po nich licznych ćwiczeń, które są zróżnicowane jeśli chodzi o typy i stopień trudności. Każda lekcja zawiera ćwiczenia na tekstach ciągłych i dialogach oraz ćwiczenia tłumaczeniowe. Ponieważ podręcznik nie jest skierowany do żadnej konkretnej grupy językowej, należy przetłumaczyć podane zdania ilustrujące omówione zagadnienie na język ojczysty piszącego, który po jakimś czasie musi je z powrotem przełożyć na polski. Wtedy porównuje wynik z oryginałem i stwierdza, czy udało mu się podkreślone wyrazy odpowiednio przetworzyć na własny język. Ćwiczenie to stanowi też materiał powtórzeniowy.

Część druga ma za zadanie nauczyć słownictwa, rozumienia tekstów i pisemnego komunikowania się oraz rozwijać umiejętność mówienia i słuchania na przykładzie wybranych zagadnień (*cykli tematycznych*). Pomysł takiego układu materiału powstał w oparciu o technikę *nauczania blokowego*, a dokładniej stanowi realizację jednego z jej typów – bloku *przedmiotowego*[4], polegającego na łączeniu kilku 'przedmiotów' w blok, za który odpowiada jeden nauczyciel[5]. Zaletą tego progra-

---

[1] Zob. W. Martyniuk, „Nauczanie języka polskiego jako obcego/drugiego. Propozycja systemu certyfikatowego", w: *Język polski jako obcy. Programy nauczania na tle badań współczesnej polszczyzny*, pod red. W. Miodunki, UJ, Kraków 1991, s. 171 (tab. 1).

[2] Zob. „Opis poziomów kompetencji językowej dla potrzeb certyfikacji znajomości języka polskiego jako obcego. Wersja 2", MEN, Komisja ds. Certyfikacji Znajomości Języka Polskiego jako Obcego, Materiały Robocze nr 4/2000, oprac. W. Martyniuk, wrzesień 2000, s. 12–32.

[3] „Mozaika" – to dobór wielu zadań do wykonania, organizowanie ćwiczeń z kilku grup sprawności, na przykład czytania i pisania albo rozumienia języka, mówienia i czytania. Zob. J. Sylwestrowicz, *Lekcja języka obcego*, WSiP, Warszawa 1979, s. 67.

[4] Powinien nosić nazwę bloku *sprawnościowego* ze względu na to, że w nauczaniu języka polskiego jako obcego przedmiotami są poszczególne sprawności i kompetencja lingwistyczna.

[5] Zob. A. Leszczyńska, *Wyzwanie. Rola polonisty w nauczaniu blokowym*, Nowa Polszczyzna, nr 5, 1998.

mu jest jego duża spójność, skuteczność i atrakcyjność. W trakcie jego realizacji studenci stopniowo przekonują się, że pozornie niezwiązane ze sobą techniki i metody ćwiczenia oraz rozwijania poszczególnych umiejętności prowadzą do opanowywania i coraz lepszej znajomości języka polskiego, który zaczyna się układać w logiczną całość (mozaikę).

W części II duży nacisk kładzie się na umiejętność pisania, która znakomicie kształtuje kompetencję językową przy jednoczesnym rozwijaniu pozostałych sprawności językowych, uczy także śmiałości w wyrażaniu swoich opinii, o co łatwiej niż w wypowiedzi ustnej, ponieważ popełniane błędy nie są tak widoczne (słyszalne). Przygotowując wypowiedź pisemną, studenci mają więcej czasu do namysłu i możliwość autokorekty. Przy współpracy z nauczycielem przyswajają sobie też w pewnym zakresie język literacki. Potrzeba opanowania sprawności pisania jest przez wielu uczących się nieuświadamiana aż do pierwszego testu czy egzaminu – wtedy staje się koniecznością.

W podręczniku *Z polskim na ty* zostały zamieszczone teksty autentyczne lub w niewielkim stopniu opracowane. Te, których stopień trudności wykracza poza poziom Progowy, przeznaczone są dla osób znających polski z domu oraz tych, których znajomość poszczególnych sprawności językowych nie odpowiada żadnemu konkretnemu poziomowi. Teksty wymagają wykonania na nich różnorodnych operacji (uzupełnienia, uporządkowania, odpowiedzi na pytania, transformacji itp.), co służy urozmaiceniu pracy i większemu zaangażowaniu studentów. Przede wszystkim jednak teksty te stanowią dla uczących się pewien wzorzec[6], na podstawie którego mogą wykonywać zadania pisemne w parach, grupkach i samodzielnie.

Podręcznik może być wykorzystywany w całości albo tylko jego część *gramatyczna* lub *mozaikowa*. Kolejność przerabiania tematów w podanym układzie nie jest obowiązkowa, ale sugerowana. Jeśli chodzi o część gramatyczną, zagadnienia są tak ułożone, że przeplatają się różne części mowy (a nie na przykład omawiane są po kolei przypadki) o różnym stopniu trudności. Zaleca się, aby po I zagadnieniu z części gramatycznej przerabiać I cykl tematyczny z części mozaikowej itd. W II części bowiem także zastosowano pewną gradację trudności i użyteczności tematów. Wprawdzie w każdym cyklu są teksty i ćwiczenia łatwe i trudne, które w zależności od odbiorcy mogą być przerabiane w całości albo wybiórczo, ale przy końcu ćwiczeń bardzo łatwych już nie ma, natomiast są coraz bardziej skomplikowane zadania pisemne. „Korespondencja" ponadto może być wykorzystana w pełni po jak najszerszym zapoznaniu się z materiałem gramatycznym i poprzednimi tematami z części mozaikowej. Na początku natomiast wprowadzono tematy, które są potrzebne przy nawiązywaniu znajomości i integracji, a więc zainteresowania, ulubione rozrywki i sposoby spędzania wolnego czasu.

Stosując dowolność w kolejności przerabianego materiału warto zastosować

---

[6] A. Pado w artykule *Poprawność gramatyczno-ortograficzna pisemnych zadań komunikacyjnych* (Języki Obce w Szkole, nr 2, 1999) mówi, że pisemne zadania komunikacyjne są zawsze rezultatem wcześniejszych działań, dających bazę do formułowania wypowiedzi pisemnych. Działania przygotowawcze – to np. „zapoznanie się z gotowymi wzorami różnych dokumentów, lektura tekstu itp." (s. 118).

logiczny porządek, a więc np. przed opisem wyglądu i cech charakteru przerobić przymiotnik i jego stopniowanie, a przed pogodą i porami roku – przysłówek. Wołacz jest potrzebny do korespondencji, trybu rozkazującego itp.

Podręcznikowi towarzyszy płyta kompaktowa z nagranymi tekstami i ćwiczeniami tekstowymi wspomagająca rozwijanie umiejętności słuchania. Przy pomocy tej ilustracji dźwiękowej studenci mogą ćwiczyć wymowę i przyzwyczajać się do innych głosów i sposobów mówienia, a nauczyciel może wykorzystać większość nagranych tekstów do ćwiczeń według własnego uznania i zgodnie z potrzebami uczących się.

Chociaż na końcu zamieszczono klucz do ćwiczeń, podręcznik ten nie jest przeznaczony do samodzielnej nauki.

W pierwszej części podręcznika wykorzystano rysunki Andrzeja Mleczki oraz żarty z *Vademecum ucznia* ilustrujące poszczególne zagadnienia gramatyczne, a w drugiej „humory zeszytów" związane z omawianymi tematami.

Teksty oznaczone 🎧 znajdują się na CD.

Wykaz skrótów

M – mianownik
D – dopełniacz
C – celownik
B – biernik
N – narzędnik
Msc – miejscownik
W – wołacz

r., rodz. – rodzaj
r.ż., rodz. ż. – rodzaj żeński
r.m., rodz. m. – rodzaj męski
r.n., rodz. n. = rodzaj nijaki
l.p., l. poj. – liczba pojedyncza
l.mn. – liczba mnoga
os. – osoba
osob. – osobowy
nieosob. – nieosobowy
dk – dokonany
ndk – niedokonany

np. – na przykład
itp. – i temu podobne
itd. – i tak dalej
cd. – ciąg dalszy
na podst. – na podstawie
art. – artykuł
fragm. – fragment
nr – numer
r. – rok
zeb. – zebrał(a)
oprac. – opracował(a)
zakończ. – zakończony
spłgł. – spółgłoska

Preface

"Z polskim na ty" is a textbook designed for teaching Polish as a foreign language to foreigners at the Threshold level[1] (i.e. the highest for beginners). Its aim is to brush up and order or convey and consolidate the necessary knowledge of Polish, and to develop language skills. It will also prove useful for people who know Polish from home ("from hearing"), i.e. they have never studied it at a regular course.

The program of **"Z polskim na ty"** was designed on the basis of "Opis kompetencji w języku polskim jako obcym na poziomie progowym"[2] („The description of competence in Polish as a foreign language at the Threshold level"), but it should be pointed out that the vocabulary used in the textbook is beyond this level. Practice has shown that such are the expectations of students at this stage of language learning. It is one of the reasons why they should not (and they often do not) use textbooks for total beginners.

"Z polskim na ty" consists of two parts: Grammar and The Mosaic of Topics[3]. The grammatical material is presented in a simplified way, and instead there is a wide selection of examples which help the learner in doing numerous exercises that follow them. The exercises are diversified in type and level of difficulty. Each lesson contains exercises based on texts and dialogs, and on translation. As the textbook is not addressed to any particular group of students, the sentences given should be translated into the student's native language. After some time the student has to translate them back into Polish. Comparing the result with the original helps them to realize if the underlined words have been properly rendered in their native tongue. The exercise also serves as revision of the material.

The second part is aimed at teaching vocabulary, reading comprehension, communication in writing, and at developing speaking and listening skills in the context of selected topics. The idea of arranging the material in this way stems from a technique of integrated teaching, and in particular represents one of its types – integrated subjects block[4]. It combines several 'subjects' in a block for which one teacher is responsible[5]. The advantage of such a program is its coher-

---

[1] See W. Martyniuk, "Nauczanie języka polskiego jako obcego/drugiego. Propozycja systemu certyfikatowego" [in:] *Język polski jako obcy. Programy nauczania na tle badań współczesnej polszczyzny*, ed. W. Miodunka, UJ, Kraków 1991, p. 171 (chart 1).

[2] See "Opis poziomów kompetencji językowej dla potrzeb certyfikacji znajomości języka polskiego jako obcego. Wersja 2", MEN, Komisja ds. Certyfikacji Znajomości Języka Polskiego jako Obcego, Materiały Robocze nr 4/2000, prepared by W. Martyniuk, September 2000, pp. 12–32.

[3] A "mosaic" is a selection of a number of tasks, putting together exercises that practice several skills at a time, e.g. reading and writing, or listening, speaking and reading. See J. Sylwestrowicz, *Lekcja języka obcego*, WSiP, Warszawa 1979, p. 67.

[4] It should be called an integrated *skills* block, as in teaching Polish as a foreign language the topics are individual skills and a general linguistic competence.

[5] See A. Leszczyńska, *Wyzwanie. Rola polonisty w nauczaniu blokowym*, Nowa Polszczyzna, nr 5, 1998.

ence, effectiveness and attractiveness. The students gradually realize that apparently unrelated techniques and methods of drilling and developing individual skills lead to a better knowledge of Polish which begins to make logical sense (a mosaic).

Part II puts great emphasis on teaching writing, which perfectly shapes linguistic competence while developing other language skills. It encourages the learners to express opinions, which is easier than in speaking as errors are not so evident (they are not heard). Working on a written text, students have more time and are able to correct their own mistakes. Assisted by a teacher, they are to some extent also able to become acquainted with literary language. The students often do not realize the need to learn the writing skill until the first test or examination – then it becomes a necessity.

The textbook **"Z polskim na ty"** contains authentic texts or texts with minor adjustments. Those which go beyond the threshold level are designated for learners who know Polish from their homes or for those whose competence in particular language skills does not match any concrete level. The texts require performing various tasks (completing, ordering, answering questions, transforming, etc.) which adds to variety and enhances students' involvement. First of all, however, the texts constitute a model[6] on the basis of which they may complete written tasks in pairs or groups, or individually.

The textbook may be used in its entirety or in part – either Grammar or Mosaic of Topics. The order of the topics is not obligatory, only suggested. Problems in the grammatical part are arranged so that various parts of speech are interwoven at various levels of difficulty (instead of, for example, discussing each case in turn). It is suggested that topic number 1 from the grammatical part be followed by topic number 1 from the Mosaic section, etc. Part II is also graded by difficulty and usefulness of topics. Although every topic contains both easy and difficult texts and tasks, which, depending on the student, may be discussed as a whole or selectively, the last topics do not contain very easy exercises, only more and more complex writing tasks instead. "Letters" may be used after thorough study of the grammatical material and the preceding topics. At the beginning, on the other hand, there are topics necessary in meeting new people and socializing, i.e. interests, entertainment, free time.

When changing the order of material it is good to follow a logical sequence, i.e. for example to discuss the adjective and its comparison before describing people's appearance and character, or discuss the adverb before proceeding to weather and the seasons. The vocative is necessary for correspondence and the imperative mood, etc.

---

[6] In the article entitled "Poprawność gramatyczno-ortograficzna pisemnych zadań komunikacyjnych" ("Gramatical and orthographic accuracy of written communicative tasks") (Języki Obce w Szkole, no. 2, 1999), A. Pado says that written communicative tasks always result from earlier activities which are the basis for formulating utterances in writing. Preparation activities include e. g. "familiarization with models of various documents, reading a text, etc." (p. 118).

The textbook is accompanied by a CD with texts and text – based exercises, which helps develop listening skills. Students can also practice pronunciation and become used to a variety of voices and ways of speaking, while the teacher may use most of the recorded texts according to his or her preferences and students' needs.

Although the textbook has an answer key, it is not aimed for self-study.

In the first part of the book, grammatical problems are illustrated with drawings by Andrzej Mleczko and with jokes from the *Vademecum ucznia*; in the second part "school notebook humor" serves the same purpose.

Texts marked with 🎧 are to be found on CD.

Abbreviations

M	–	nominative
D	–	genitive
C	–	dative
B	–	accusative
N	–	instrumental
Msc	–	locative
W	–	vocative

r., rodz. – gender
r.ż., rodz. ż. – feminine
r.m., rodz. m. – masculine
r.n., rodz. n. – neuter
l.p., l. poj. – singular
l.mn. – plural
os. – person
osob. – personal
nieosob. – impersonal
dk – perfective
ndk – imperfective

np. – e.g.
itp. – etc. / and the like
itd. – etc. / and so on
cd. – continuation / continued
na podst. – based on
art. – article
fragm. – fragment / excerpt
nr – number
r. – year
zeb. – collected by
oprac. – prepared by
zakończ. – completed / finished
spłgł. – consonant

Vorwort

„**Z polskim na ty**" [**Mit Polnisch auf Du und Du**] ist ein Lehrbuch der polnischen Sprache für das *Kontaktschwellenniveau*[1], das die Anfängerkurse abschließt. Sein Ziel ist es, sprachliche Kenntnisse und Fähigkeiten aufzufrischen, zu ordnen und zu festigen, bzw. sie neu zu vermitteln. Besonders angesprochen werden mit diesem Lehrwerk Personen, die von ihren Eltern Polnisch gelernt haben (als zweite Muttersprache), ohne Kurse zu besuchen.

Das Programm „**Z polskim na ty**" [**Mit Polnisch auf Du und Du**] entstand auf der Grundlage der „Beschreibung der Fertigkeiten für Polnisch als Fremdsprache auf Kontaktschwellenniveau"[2] der Kommission des Polnischen Bildungsministeriums für die Zertifizierung der Kenntnisse des Polnischen als Fremdsprache. Allerdings geht der verwendete Wortschatz über den des beschriebenen Fertigkeitsniveaus hinaus, um den Erwartungen der Lernenden, wie sie sich aus der Unterrichtspraxis ergeben, entgegenzukommen. Diese relativ hohen Erwartungen der Lernenden an den ihnen zu vermittelnden Wortschatz sind auch der Grund, weshalb die Verwendung von Lehrbüchern für Anfänger im Unterricht mit dieser Zielgruppe nicht sinnvoll und zumeist auch nicht erwünscht ist.

„**Z polskim na ty**" [**Mit Polnisch auf Du und Du**] besteht aus zwei Teilen, dem *Grammatikteil* und dem *Mosaikteil*. „Mosaik" bedeutet hier die Auswahl zahlreicher Aufgaben und Übungen, die sich auf mehrere sprachliche Fertigkeiten gleichzeitig beziehen, z.B. auf Lesen und Schreiben oder auf Hörverstehen, Sprechen und Lesen.[3] Die Vermittlung der Grammatik erfolgt in vereinfachter Form, es werden jedoch viele Beispiele werden angeführt, die u.a. bei der Lösung der ihnen folgenden zahlreichen, hinsichtlich Art und Schwierigkeitsgrad differenzierten Übungen hilfreich sind. Jede Lektion enthält Übungen zu Fließtexten und Dialogen sowie Übersetzungsübungen. Weil sich das Lehrwerk an keine bestimmte Gruppe von Muttersprachlern richtet, müssen die angegebenen Sätze, die jeweils ein grammatische Phänomen illustrieren, in die Muttersprache des Lernenden übersetzt werden, der sie nach einiger Zeit dann wieder zurück ins Polnische übersetzt. Durch Vergleich mit dem Original stellt man fest, ob es dem Schüler gelungen ist, die unterstrichenen Ausdrücke korrekt in seine eigene Sprache zu übersetzen. Diese Übungen eignen sich auch gut zur Wiederholung und Festigung bestimmter Fertigkeiten.

Der zweite Teil dient am Beispiel ausgewählter Phänomene (*Themenzyklen*) der Erweiterung des Wortschatzes, der Verbesserung von Textverständnis und

---

[1] S. W. Martyniuk, „Nauczanie języka polskiego jako obcego/drugiego. Propozycja systemu certyfikatowego" [in:] *Język polski jako obcy. Programy nauczania na tle badań współczesnej polszczyzny*, Hrg. W. Miodunka, UJ, Kraków 1991, Ss. 171 (1 Bildtafel).

[2] S. „Opis poziomów kompetencji językowej dla potrzeb certyfikacji znajomości języka polskiego jako obcego. Wersja 2", Bildungsministerium der Republik Polen, Kommission für die Zertifizierung der Kenntnisse des Polnischen als Fremdsprache, Arbeitsmaterialien Nr. 4/2000, bearbeitet von W. Martyniuk, September 2000, S. 12–32.

[3] S. J. Sylwestrowicz, „Lekcja języka obcego", Verlag WSiP, Warszawa 1999, s. 67.

schriftlicher Kommunikationsfähigkeit sowie der Entwicklung von Sprechen und Hörverstehen. Diese Anordnung des Unterrichtsmaterials basiert auf der Technik des *Blockunterrichts*, insbesondere des *Themenblocks*[4], d.h. die Verbindung mehrerer „Fächer" zu einer Unterrichtseinheit, für die ein einziger Lehrer verantwortlich ist[5]. Der Vorteil dieses Programms liegt in seiner großen Kohärenz, Effizienz und Attraktivität. Im Verlauf des Unterrichts stellen die Sprachschüler fest, dass sie dank der scheinbar unzusammenhängenden Übungstechniken und -methoden sowie der Ausbildung einzelner Fertigkeiten die polnische Sprache immer besser beherrschen und einen logischen Überblick über ihre Struktur gewinnen – dass sich wie bei einem Mosaik scheinbar bedeutungslose Einzelteile zu einem sinnvollen Ganzen ergänzen.

In Teil 2 wird großer Wert auf die Fähigkeit zur Erstellung von schriftlichen Texten gelegt, die äußerst hilfreich bei der Ausbildung der globalen Sprachkompetenz ist und gleichzeitig auch der Weiterentwicklung der übrigen Fertigkeiten dient. Gleichzeitig wird so der Mut zum eigenen Ausdruck gefördert, da die begangenen Fehler hier nicht für alle sichtbar bzw. hörbar sind. Bei der Erstellung eines Textes haben die Lernenden die Möglichkeit zum Nachdenken und zur Selbstkorrektur. In Zusammenarbeit mit dem Lehrer eignen sie sich zudem bis zu einem gewissen Grade die Eigenheiten der Schriftsprache an. Die Notwendigkeit, Texte in der zu erlernenden Fremdsprache zu verfassen, ist vielen Lernenden nicht bewusst, bis sie ihre erste Prüfung bestehen müssen, wo diese Fertigkeit unabdingbar ist.

Das Lehrwerk **„Z polskim na ty"** [Mit Polnisch auf Du und Du] enthält authentische bzw. nur geringfügig bearbeitete Texte. Jene Texte, deren Schwierigkeitsniveau über den des Kontaktschwellenniveaus hinausgeht, sind für die Schüler bestimmt, die Polnisch als zweite Muttersprache erlernt haben, sowie für diejenigen, deren Kenntnisse in den einzelnen Fertigkeitsbereichen keinem bestimmten Niveau zuzuordnen ist. Die Texte dienen als Grundlage für verschiedene Operationen – Vervollständigen, Ordnen, Beantwortung von Fragen, Umwandlungen usw. – was die Arbeit abwechslungsreicher macht und das Interesse der Lernenden aufrecht hält. Vor allem jedoch stellen die Texte für die Lernenden eine Art Muster dar[6], auf dessen Grundlage sie die schriftlichen Aufgaben zu zweit, in Kleingruppen oder allein lösen können.

Außer der Verwendung des Lehrwerks als Ganzes ist es auch möglich, den Grammatikteil oder einzelne Einheiten des Mosaikteils gesondert heranzuziehen. Die Bearbeitung der Themen in der angegebenen Reihenfolge ist nicht

---

[4] Eigentlich sollte besser von einem *Kompetenzblock* gesprochen werden, da im Unterricht von Polnisch als Fremdsprache einzelne sprachliche Fertigkeiten und Kompetenzen vermittelt werden sollen.

[5] S. A. Leszczyńska, *Wyzwanie. Rola polonisty w nauczaniu blokowym*, Nowa Polszczyzna, Nr. 5, 1998.

[6] A. Pado schreibt in seinem Aufsatz „Poprawność gramatyczno-ortograficzna pisemnych zadań komunikacyjnych" (Języki Obce w Szkole, Nr. 2, 1999), dass Aufgaben zur schriftlichen Kommunikation stets das Ergebnis vorangegangener Aktivitäten sein müssen, die die Grundlage für die Formulierung schriftlicher Aussagen schaffen. Diese Vorbereitung besteht z.B. im „Kennenlernen typischer Textsorten, Textlektüre usw." (S. 118).

unbedingt notwendig, wird aber empfohlen. Im Grammatikteil sind die Sachthemen so angeordnet, dass verschiedenen Wortarten mit unterschiedlichem Schwierigkeitsgrad miteinander abwechseln (statt z.B. die grammatischen Kasus der Reihe nach zu besprechen). Es wird empfohlen, abwechselnd jeweils ein Thema aus dem Grammatikteil und ein Themenzyklus aus dem Mosaikteil zu besprechen. Auch im zweiten Teil wurde nämlich auf eine gewisse Steigerung des Schwierigkeitsgrads und eine sinnvolle Anordnung der Themen geachtet. Zwar befinden sich in jedem Themenzyklus leichte und schwierige Texte und Übungen, die je nach Schülergruppe als Ganzes oder teilweise bearbeitet werden können, jedoch finden sich in den Einheiten am Ende des Buches keine sehr leichten Übungen mehr, statt dessen aber zunehmend schwierigere schriftliche Aufgaben. Der „Briefwechsel" kann zudem vollständig erst nach der möglichst breiten Einführung der Grammatik und der Bearbeitung der vorangegangenen Themen des Mosaikteils genutzt werden. An den Anfang wurden dagegen Themen gestellt, die bei der Schließung von Bekanntschaften und für die Gruppenintegration erforderlich sind, d.h. Hobbys und Freizeitbeschäftigungen.

Wenn man sich für eine Abänderung der Reihenfolge bei der Bearbeitung des Materials entscheidet, sollte man eine gewisse logische Ordnung einhalten, z.B. vor der Beschreibung von Aussehen und Charaktereigenschaften das Adjektiv und seine Steigerungsformen bearbeiten, und vor dem Wetter und den Jahreszeiten das Adverb. Der Vokativ dagegen ist erforderlich für den Briefwechsel und den Imperativ.

Das Lehrwerk ist mit einer CD ausgestattet, auf der Texte und Textaufgaben zur Verbesserung des Hörverstehens aufgenommen wurden. Mit Hilfe dieser akustischen Illustration können die Studenten ihre Aussprache verbessern und sich an andere Stimmen und Sprechweisen gewöhnen. Der Lehrer kann den größten Teil der Hörverstehenstexte für selbst gestaltete Übungen heranziehen.

Am Ende des Lehrbuchs befindet sich ein Lösungsschlüssel zu den Übungen, jedoch ist das Lehrwerk nicht für den Selbstunterricht geeignet.

Im ersten Teil des Lehrbuchs befinden sich Illustrationen von Andrzej Mleczko sowie Witze aus dem *Vademecum ucznia*, mit deren Hilfe einzelne grammatische Phänomene erläutert werden; im zweiten Teil wurden Textbeispiele aus *Humor zeszytów szkolnych* herangezogen, die sich auf die besprochenen Themen beziehen.

Die mit 🎧 gekennzeichneten Texte sind auf dem CD zu finden.

Verwendete Abkürzungen

M	–	Nominativ
D	–	Genitiv
C	–	Dativ
B	–	Akkusativ
N	–	Instrumental
Msc	–	Lokativ
W	–	Vokativ

r., rodz. – Genus
r.ż., rodz. ż. – Femininum
r.m., rodz. m. – Maskulinum
r.n., rodz. n. – Neutrum
l.p., l. poj. – Singular
l.mn. – Plural
os. – Person
osob. – persönlich
nieosob. – unpersönlich
dk – perfektiv
ndk – imperfektiv

np. – zum Beispiel
itp. – und Ähnliches
itd. – und so weiter
cd. – Fortsetzung
na podst. – nach
art. – Aufsatz
fragm. – Fragment
nr – Nummer
r. – Jahr
zeb. – zusammengestellt von
oprac. – bearbeitet von
zakończ. – fertiggestellt
spłgł. – Konsonant

Część I
GRAMATYCZNA

WPROWADZENIE DO CZĘŚCI I*

CZĘŚCI MOWY
A: odmienne
    rzeczownik, np. *dom, dzień, mama, mysz, oko, ćwiczenie*
    przymiotnik, np. *duży, głęboki, miła, niebieska, zimne, polskie*
    zaimek, np. *ja, nasz, ktoś, to*
    liczebnik, np. *dwa, drugi, dwoje, dwóch, dwie*
    czasownik, np. *czytać, być, znać*

* Czasownik podlega **koniugacji**; pozostałe części mowy – **deklinacji**. Przymiotniki **stopniują się**
– w sposób prosty, np.   stopień równy – *głupi*
                          stopień wyższy – *głupszy*
                          stopień najwyższy – *najgłupszy*
– w sposób opisowy, np. stopień równy – *ambitny*
                              stopień wyższy – *bardziej (mniej) ambitny*
                              stopień najwyższy – *najbardziej (najmniej) ambitny*

B: nieodmienne
    przysłówek, np. *szybko, mało, wygodnie, powoli*
    przyimek, np. *do, na, w*
    spójnik, np. *więc, ale, bo*
    partykuła, np. *czy, niech*
    wykrzyknik, np. *ach!, ojej!*
Przysłówki stopniują się według schematu przymiotnika.

PRZYPADKI deklinacji
- **mianownik** *kto? co?* np. *kot, siostra* – To jest kot. To jest moja siostra.
- **dopełniacz** *kogo? czego? czyj?* np. *kota, siostry* – Nie ma tu mojego kota? Idę do siostry.
- **celownik** *komu? czemu?* np. *kotu, siostrze* – Daj kotu mleka. Powiem to twojej siostrze.
- **biernik** *kogo? co?* np. *kota, siostrę* – Mam ślicznego czarnego kota. Widziałeś moją siostrę?

---

* Informacje opracowano na podst. cz. I. W. Miodunka, J. Wróbel, „Polska po polsku", t. II, Interpress, Warszawa 1986.

- **narzędnik** *kim? czym?* np. *kotem, siostrą* – Julia ma zdjęcie z kotem. Martwię się naszą siostrą.
- **miejscownik** *(w, o) kim? czym?* np. *kocie, siostrze* – Opowiem ci bajkę o kocie. Znalazłem w siostrze przyjaciela.
- **wołacz** *o!* np. *kocie! siostro!* – Mój kocie, tu nie wolno wchodzić! Kochana siostro, zadzwoń do mnie!

RODZAJ
męski
    żywotny, np. *pies, tygrys, mąż, student*
    nieżywotny, np. *zeszyt, park*
    osobowy, np. *mąż, student*
    nieosobowy, np. *pies, tygrys, zeszyt, park*
żeński, np. *kobieta, książka, miłość*
nijaki, np. *okno, imię, akwarium*

Liczba pojedyncza, np. *student, zeszyt, kobieta, książka, okno, ćwiczenie*
Liczba mnoga, np. *studenci, zeszyty, kobiety, książki, okna, ćwiczenia*

Podstawową formą czasownika jest bezokolicznik.
Czasownik odmienia się przez
- **osoby**, np. *(ja) piszę, (ty) piszesz, (on, ona, ono) pisze, (my) piszemy, (wy) piszecie, (oni, one) piszą*
- **rodzaje**, np. *(ja) pisałem – pisałam, (ty) pisałeś – pisałaś, (on) pisał – (ona) pisała, (my) pisaliśmy – pisałyśmy, (wy) pisaliście – pisałyście, (oni) pisali – (one) pisały*
- **liczby**, np. *(ja) czytam – (my) czytamy, (ty) jadłeś – (wy) jedliście, (on) pojedzie – (oni) pojadą*

Czasownik ma formy
- **czasu teraźniejszego**, np. *dzisiaj, teraz* – *studiuję, pracujesz, jest, czekamy, idziecie, oglądają*
- **czasu przyszłego prostego**, np. *jutro, zaraz* – *powiem, poszukasz, znajdzie, weźmiemy, zrobicie, dadzą*
- **czasu przyszłego złożonego**, np. *jutro, zaraz* – *będę pisać (pisał, pisała), będziesz gotować (gotował, gotowała), będzie mieć (miał, miała), będziemy pić (pili, piły), będziecie dzwonić (dzwonili, dzwoniły), będą kupować (kupowali, kupowały)*
- **czasu przeszłego**, np. *wczoraj, przedtem* – *studiowałem (studiowałam), powiedziałeś (powiedziałaś), był (była), czekaliśmy (czekałyśmy), zamówiliście (zamówiłyście), oglądali (oglądały)*

*Aspekt czasowników.** Czas przeszły w zależności od rodzaju czynności wymaga użycia **czasownika dokonanego**, np. *napisać, przeczytać, zjeść, wypić* (czynność skończona) lub **niedokonanego**, np. *pisać, czytać, jeść, pić* (czynność trwająca dłużej, nie skończona), np. *Zjadłem wszystkie czekoladki. Jadłem właśnie obiad, gdy zgasło światło.*

Czasownik ma formy
- **trybu oznajmującego**, np. *pracuję, będę czytać, narysuję, widziałem, tańczyliśmy*
- **trybu rozkazującego**, np. *pracuj! czytaj! narysuj! zobacz! tańczymy! przyjdźcie!*
- **trybu przypuszczającego**, np. *pracowałbym, czytałabym, narysowałbyś, zobaczyłby, tańczylibyśmy, przyszlibyście, zostaliby*

Czasownik ma formy
- **strony czynnej**, np. *myję, zapraszam, zapisuję*
- **strony biernej**, np. *będę zaproszony (zaproszona), zostałem zapisany (zostałam zapisana), jest myty (myta), byli poszukiwani (były poszukiwane)*
- **strony zwrotnej**, np. *czeszę się, martwiliśmy się, zastanowimy się, uśmiechnij się! uczesałabyś się*

Czasowniki dzielą się na **przechodnie**, np. *zapraszać, czytać, jeść, pić, myć, akceptować* i **nieprzechodnie**, np. *iść, dzwonić, być, mieć, móc, woleć.*
Czasowniki mogą występować w **formie nieosobowej**, np. *oczekuje się, pisze się, będzie się organizowało, mówiło się, mówiono, czytano, sprzedano, bito.*

******

Samogłoski w języku polskim: **i – u – o – a – e – y – ą – ę**
Spółgłoski – pozostałe

Temat – to część wyrazu, która pozostaje po oddzieleniu końcówek paradygmatu. Temat zawiera znaczenie wyrazu, natomiast końcówka określa jego funkcję. *Końcówka* jest odmiennym morfemem, który zmienia się w deklinacji lub koniugacji. Zazwyczaj końcówka pełni rolę syntaktyczną; może także pełnić funkcję semantyczną. Wszystkie odmienne wyrazy posiadają temat i końcówkę. Istnieją również odmienne słowa, które nie mają końcówki. Wtedy mówi się o końcówce „zero" (∅).

Ogólne informacje o alternacjach spółgłoskowych i samogłoskowych*

Wymiany samogłoskowe:

e // ∅	o // ó
ogórek – ogórka	moda – mód
∅ // e	e // o
sałatka – sałatek	ziele – zioło
a // e	ę // ą
las – lesie	zęby – ząb
ó // o	ą // ę
dół – doły	mąż – męża
ó // e	
kościół – kościele	

Wymiany spółgłoskowe:

twarde	miękkie	twarde	funkcjonalnie miękkie
p	pi mapa – mapie		
b	bi snob – snobie		
f	fi harfa – harfie		
w	wi kawa – kawie		
t	ć / ci student – studencie		
d	dź / dzi broda – brodzie		
s	ś / si nos – nosie		
z	ź / zi obraz – obrazie		
k	ki rok – rokiem	k	c Polak – Polacy
		k	cz człowiek – człowiecze
g	gi droga – drogi	g	ż Bóg – Boże!
		g	dz noga – nodze
ch	ś / si cichy – cisi	ch	sz mucha – musze
m	mi mama – mamie		
n	ń / ni tron – tronie		
		r	rz aktor – aktorzy
		ł	l stół – stole
		ł	li – miły – mili

* Wymiany samogłosek i spółgłosek wg J. Pyzik, *Przygoda z gramatyką*, Universitas, Kraków 2000, s. 11–12.

oraz:

st > ść   list – o liście
ż > ź   duży – duzi
c > cz   głupiec – głupcze
zd > źdź   gwiazda – o gwieździe

sz > si   pierwszy – pierwsi
dz > ż   ksiądz – księże!
sł > śl   dorosły – dorośli

Części zdania:
podmiot, np. ***Paweł*** *myje samochód.*
orzeczenie, np. *Paweł **myje** samochód.*
dopełnienie bliższe, np. *Paweł myje **samochód**.*
dopełnienie dalsze, np. *Paweł pomaga **ojcu**.*
przydawka (przymiotna), np. *język* **polski**, **czerwony** *beret*

INTRODUCTION TO PART I*

PARTS OF SPEECH

A: inflected
    noun: e.g. *dom, dzień, mama, mysz, oko, ćwiczenie*
    adjective: e.g. *duży, głęboki, miła, niebieska, zimne, polskie*
    pronoun: e.g. *ja, nasz, ktoś, to*
    numeral: e.g. *dwa, drugi, dwoje, dwóch, dwie*
    verb: e.g. *czytać, być, znać*

*Verb is **conjugated**; other parts of speech are **declined**. Adjectives undergo **comparison**

– in a direct way e.g.
    positive degree – *głupi*
    comparative degree – *głupszy*
    superlative degree – *najgłupszy*

– in a descriptive way e.g.
    positive degree – *ambitny*
    comparative degree – *bardziej (mniej) ambitny*
    superlative degree – *najbardziej (najmniej) ambitny*

B: uninflected
    adverb: np. *szybko, mało, wygodnie, powoli*
    preposition: e.g. *do, na, w*
    conjunction: e.g. *więc, ale, bo*
    particle: e.g. *czy, niech*
    exclamation: e.g. *ach! ojej!*

* Adverbs are compared in the same way as adjectives.

CASES – declension
- **nominative:** *kto? co?* e.g. *kot, siostra* – To jest kot. To jest moja siostra.
- **genitive:** *kogo? czego? czyj?* e.g. *kota, siostry* – Nie ma tu mojego kota? Idę do siostry.
- **dative:** *komu? czemu?* e.g. *kotu, siostrze* – Daj kotu mleka. Powiem to twojej siostrze.
- **accusative:** *kogo? co?* e.g. *kota, siostrę* – Mam ślicznego czarnego kota. Widziałeś moją siostrę?

---

* Based on W. Miodunka and J. Wróbel, "Polska po polsku", Vol. II, Interpress, Warszawa 1986.

- **instrumental:** *kim? czym?* e.g. *kotem, siostrą* – Julia ma zdjęcie z kotem. Martwię się naszą siostrą.
- **locative:** *(w, o) kim? czym?* e.g. *kocie, siostrze* – Opowiem ci bajkę o kocie. Znalazłem w siostrze przyjaciela.
- **vocative:** *o!* e.g. *kocie! siostro!* – Mój kocie, tu nie wolno wchodzić! Kochana siostro, zadzwoń do mnie!

GENDER
masculine:
  animate: e.g. *pies, tygrys, mąż, student*
  inanimate: e.g. *zeszyt, park*
  personal: e.g. *mąż, student*
  impersonal: e.g. *pies, tygrys, zeszyt, park*
feminine: e.g. *kobieta, książka, miłość*
neuter: e.g. *okno, imię, akwarium*

Singular: e.g. *student, zeszyt, kobieta, książka, okno, ćwiczenie*
Plural: e.g. *studenci, zeszyty, kobiety, książki, okna, ćwiczenia*

The basic form of the verb is the infinitive.
Verbs are conjugated according to:
- **person**, e.g. *(ja) piszę, (ty) piszesz, (on, ona, ono) pisze, (my) piszemy, (wy) piszecie, (oni, one) piszą*
- **gender**, e.g. *(ja) pisałem – pisałam, (ty) pisałeś – pisałaś, (on) pisał – (ona) pisała, (my) pisaliśmy – pisałyśmy, (wy) pisaliście – pisałyście, (oni) pisali – (one) pisały*
- **number**, e.g. *(ja) czytam – (my) czytamy, (ty) jadłeś – (wy) jedliście, (on) pojedzie – (oni) pojadą*

Verbs appear in the following tenses:
- **present**, e.g. *dzisiaj, teraz – studiuję, pracujesz, jest, czekamy, idziecie, oglądają*
- **simple future**, e.g. *jutro, zaraz – powiem, poszukasz, znajdzie, weźmiemy, zrobicie, dadzą*
- **compound future**, e.g. *jutro, zaraz – będę pisać (pisał, pisała), będziesz gotować (gotował, gotowała), będzie mieć (miał, miała), będziemy pić (pili, piły), będziecie dzwonić (dzwonili, dzwoniły), będą kupować (kupowali, kupowały)*
- **past**, e.g. *wczoraj, przedtem – studiowałem (studiowałam), powiedziałeś (powiedziałaś), był (była), czekaliśmy (czekałyśmy), zamówiliście (zamówiłyście), oglądali (oglądały)*

***Aspect**. The past tense, depending on the type of activity, requires using either a **perfective** form of the verb, e.g. *napisać, przeczytać, zjeść, wypić* (completed action), or an **imperfective** one, e.g. *pisać, czytać, jeść, pić* (longer, incomplete action), e.g. *Zjadłem wszystkie czekoladki. Jadłem właśnie obiad, gdy zgasło światło.*

Verbs appear in the following moods:
- **indicative**, e.g. *pracuję, będę czytać, narysuję, widziałem, tańczyliśmy*
- **imperative**, e.g. *pracuj! czytaj! narysuj! zobacz! tańczmy! przyjdźcie!*
- **conditional**, e.g. *pracowałbym, czytałabym, narysowałbyś, zobaczyłby, tańczylibyśmy, przyszłybyście, zostaliby*

Verbs appear in the following forms of voice:
- **active**, e.g. *myję, zapraszam, zapisuję*
- **passive**, e.g. *będę zaproszony (zaproszona), zostałem zapisany (zostałam zapisana), jest myty (myta), byli poszukiwani (były poszukiwane)*
- **reflexive**, e.g. *czeszę się, martwiliśmy się, zastanowimy się, uśmiechnij się! uczesałabyś się*

Verbs are divided into **transitive**, e.g. *zapraszać, czytać, jeść, pić, myć, akceptować* and **intransitive**, e.g. *iść, dzwonić, być, mieć, móc, woleć*.
Verbs may appear in **impersonal forms**, e.g. *oczekuje się, pisze się, będzie się organizowało, mówiło się, mówiono, czytano, sprzedano, bito.*

******

Vowels: i – u – o – a – e – y – ą – ę
Consonants – other

The **stem** is the part of the word which remains after elimination of all paradigm endings. The stem carries the meaning of the word, while the ending marks the function of this word in the phrase. The **ending** is an inflectional morpheme which changes in declension or conjugation of a given word. Essentially, the ending expresses a syntactic function of the word in the phrase. The ending may also have a semantic function. Every inflected word has the stem and the ending. There are also inflected words without endings. In such cases we say that the word has a "zero" ending (∅).

General information about consonantal and vocalic alterations*:

Vocalic alterations:

e // ∅	o // ó
ogórek – ogórka	moda – mód
∅ // e	e // o
sałatka – sałatek	ziele – zioło
a // e	ę // ą
las – lesie	zęby – ząb
ó // o	ą // ę
dół – doły	mąż – męża
ó // e	
kościół – kościele	

Consonantal alterations:

hard	soft	hard	functionally soft
p	pi mapa – mapie		
b	bi snob – snobie		
f	fi harfa – harfie		
w	wi kawa – kawie		
t	ć / ci student – studencie		
d	dź / dzi broda – brodzie		
s	ś / si nos – nosie		
z	ź / zi obraz – obrazie		
k	ki rok – rokiem	k	c Polak – Polacy
		k	cz człowiek – człowiecze
g	gi droga – drogi	g	ż Bóg – Boże!
		g	dz noga – nodze
ch	ś / si cichy – cisi	ch	sz mucha – musze
m	mi mama – mamie		
n	ń / ni tron – tronie		
		r	rz aktor – aktorzy
		ł	l stół – stole
		ł	li – miły – mili

---

* Based on J. Pyzik, *Przygoda z gramatyką*, Universitas, Kraków 2000.

and:
st > ść   list – o liście
ż > ź   duży – duzi
c > cz   głupiec – głupcze
zd > źdź   gwiazda – o gwieździe

sz > si   pierwszy – pierwsi
dz > ż   ksiądz – księże!
sł > śl   dorosły – dorośli

Parts of the sentence:
subject, e.g. ***Paweł*** *myje samochód.*
predicate, e.g. *Paweł **myje** samochód.*
direct object, e.g. *Paweł myje **samochód**.*
indirect object, e.g. *Paweł pomaga **ojcu**.*
attributive, e.g. *język* **polski, czerwony** beret

EINFÜHRUNG ZU TEIL I*

WORTARTEN

A: flektierbar

Substantiv, z.B. *dom, dzień, mama, mysz, oko, ćwiczenie*
  Adjektiv, z.B. *duży, głęboki, miła, niebieska, zimne, polskie*
  Pronomen, z.B. *ja, nasz, ktoś, to*
  Zahlwort, z.B. *dwa, drugi, dwoje, dwóch, dwie*
  Verb, z.B. *czytać, być, znać*

*Verben werden **konjugiert**, die anderen Wortarten **dekliniert**. Adjektive verfügen über **Steigerungsformen**:
– einfache, z.B.: Positiv (Grundstufe) – *głupi*
  Komparativ – *głupszy*
  Superlativ – *najgłupszy*
– zusammengesetzte, z.B.: Positiv (Grundstufe) – *ambitny*
  Komparativ – *bardziej (mniej) ambitny*
  Superlativ – *najbardziej (najmniej) ambitny*

B: unflektierbar

  Adverb, z.B. *szybko, mało, wygodnie, powoli*
  Präposition, z.B. *do, na, w*
  Konjunktion, z.B. *więc, ale, bo*
  Partikel, z.B. *czy, niech*
  Interjektion, z.B. *ach! ojej!*
* Adverbien werden wie Adjektive gesteigert.

KASUS (Deklination)

- **Nominativ:** *kto? co?* z.B. *kot, siostra* – To jest kot. To jest moja siostra.
- **Genitiv:** *kogo? czego? czyj?* z.B. *kota, siostry* – Nie ma tu mojego kota? Idę do siostry.
- **Dativ:** *komu? czemu?* z.B. *kotu, siostrze* – Daj kotu mleka. Powiem to twojej siostrze.
- **Akkusativ:** *kogo? co?* z.B. *kota, siostrę* – Mam ślicznego czarnego kota. Widziałeś moją siostrę?

---

* Nach W. Mioduńka, J. Wróbel, „Polska po polsku", II, Aufl. Interpress, Warszawa 1986.

- **Instrumental:** *kim? czym?* z.B. *kotem, siostrą* – Julia ma zdjęcie z kotem. Martwię się naszą siostrą.
- **Lokativ:** *(w, o) kim? czym?* z.B. *kocie, siostrze* – Opowiem ci bajkę o kocie. Znalazłem w siostrze przyjaciela.
- **Vokativ:** *o!* z.B. *kocie! siostro!* – Mój kocie, tu nie wolno wchodzić! Kochana siostro, zadzwoń do mnie!

GENUS
Maskulinum:
    belebt, z.B. *pies, tygrys, mąż, student*
    unbelebt, z.B. *zeszyt, park*
    persönlich, z.B. *mąż, student*
    unpersönlich, z.B. *pies, tygrys, zeszyt, park*
Femininum, z.B. *kobieta, książka, miłość*
Neutrum, z.B. *okno, imię, akwarium*

Singular, z.B. *student, zeszyt, kobieta, książka, okno, ćwiczenie*
Plural, z.B. *studenci, zeszyty, kobiety, książki, okna, ćwiczenia*

Grundform des Verbs ist der Infinitv.
Verben werden konjugiert nach:
- **Person**, z.B. *(ja) piszę, (ty) piszesz, (on, ona, ono) pisze, (my) piszemy, (wy) piszecie, (oni, one) piszą*
- **Genus**, z.B. *(ja) pisałem – pisałam, (ty) pisałeś – pisałaś, (on) pisał – (ona) pisała, (my) pisaliśmy – pisałyśmy, (wy) pisaliście – pisałyście, (oni) pisali – (one) pisały*
- **Numerus**, z.B. *(ja) czytam – (my) czytamy, (ty) jadłeś – (wy) jedliście, (on) pojedzie – (oni) pojadą*

Das Verb besitzt Formen des
- **Präsens**, z.B. *dzisiaj, teraz* – *studiuję, pracujesz, jest, czekamy, idziecie, oglądają*
- **Einfachen Futur**, z.B. *jutro, zaraz* – *powiem, poszukasz, znajdzie, weźmiemy, zrobicie, dadzą*
- **Zusammengesetzten Futur**, z.B. *jutro, zaraz* – *będę pisać (pisał, pisała), będziesz gotować (gotował, gotowała), będzie mieć (miał, miała), będziemy pić (pili, piły), będziecie dzwonić (dzwonili, dzwoniły), będą kupować (kupowali, kupowały)*
- **Präteritum**, z.B. *wczoraj, przedtem* – *studiowałem (studiowałam), powiedziałeś (powiedziałaś), był (była), czekaliśmy (czekałyśmy), zamówiliście (zamówiłyście), oglądali (oglądały)*

***Der Verbaspekt:** Das Präteritum erfordert je nach Art der beschriebenen Tätigkeit die Verwendung des **perfektiven** Aspekts, z.B. *napisać, przeczytać, zjeść, wypić* (abgeschlossene Tätigkeiten), oder des **imperfektiven Aspekts**, z.B. *pisać, czytać, jeść, pić* (länger andauernde Tätigkeiten, die nicht abgeschlossen wurden), z.B.: *Zjadłem wszystkie czekoladki. Jadłem właśnie obiad, gdy zgasło światło.*

Das Verb besitzt Formen des
- **Indikativ**, z.B. *pracuję, będę czytać, narysuję, widziałem, tańczyliśmy*
- **Imperativ**, z.B. *pracuj! czytaj! narysuj! zobacz! tańczmy! przyjdźcie!*
- **Konjunktiv**, z.B. *pracowałbym, czytałabym, narysowałbyś, zobaczyłby, tańczylibyśmy, przyszlibyście, zostaliby*

Das Verb besitzt Formen des
- **Aktiv**, z.B. *myję, zapraszam, zapisuję*
- **Passiv**, z.B. *będę zaproszony (zaproszona), zostałem zapisany (zostałam zapisana), jest myty (myta), byli poszukiwani (były poszukiwane)*
- **Reflexiv**, z.B. *czeszę się, martwiliśmy się, zastanowimy się, uśmiechnij się! uczesałabyś się*

Es gibt **transitive**, z.B. *zapraszać, czytać, jeść, pić, myć, akceptować*, und **intransitive Verben**, z.B. *iść, dzwonić, być, mieć, móc, woleć*.
Verben können zudem in der **unpersönlichen Form** auftreten, z.B. *oczekuje się, pisze się, będzie się organizowało, mówiło się, mówiono, czytano, sprzedano, bito.*

******

Im Polnischen auftretende *Vokale*: **i – u – o – a – e – y – ą – ę**
Die übrigen im Polnischen auftretenden Laute sind ***Konsonanten***.

Der **Wortstamm** ist jener Teil eines Wortes, der nach dem Streichen der Paradigmenendungen verbleibt. Der Stamm enthält die Bedeutung des Wortes, die Wortendung dagegen bestimmt seine Funktion. Die **Endung** ist ein veränderliches Morphem, das sich bei der Deklination oder Konjugation verändert. Für gewöhnlich erfüllt die Endung eine syntaktische Funktion; sie kann aber auch eine semantische Funktion haben. Jedes flektierbare Wort besteht aus Wortstamm und Endung. Es gibt aber auch flektierbare Wörter, die keine Endungen haben. In solchen Fällen spricht man von einer Nullendung (∅). Im Stamm können Vokal- und Konsonantenveränderungen auftreten.

Allgemeines zur Vokal- und Konsonatenveränderung*:

Vokalveränderungen:

e / / ∅	o / / ó
ogórek – ogórka	moda – mód

∅ / / e	e / / o
sałatka – sałatek	ziele – zioło

a / / e	ę / / ą
las – lesie	zęby – ząb

ó / / o	ą / / ę
dół – doły	mąż – męża

ó / / e
kościół – kościele

Konsonantenveränderungen:

hart	weich	hart	funktional (historisch) weich
p	pi mapa – mapie		
b	bi snob – snobie		
f	fi lufa – lufie		
w	wi kawa – kawie		
t	ć / ci student – studencie		
d	dź / dzi broda – brodzie		
s	ś / si nos – nosie		
z	ź / zi obraz – obrazie		
k	ki rok – rokiem	k	c Polak – Polacy
		k	cz człowiek – człowiecze
g	gi droga – drogi	g	ż Bóg – Boże!
		g	dz noga – nodze
ch	ś / si cichy – cisi	ch	sz mucha – musze
m	mi mama – mamie		
n	ń / ni tron – tronie		
		r	rz aktor – aktorzy
		ł	l stół – stole
		ł	li – miły – mili

---

* Vokal- und Konsonantenveränderungen nach J. Pyzik, *Przygoda z gramatyką*, Universitas, Kraków 2000, S. 11–12.

sowie:

st > ść list – o liście
ż > ź duży – duzi
c > cz głupiec – głupcze
zd > źdź gwiazda – o gwieździe

sz > si pierwszy – pierwsi
dz > ż ksiądz – księże!
sł > śl dorosły – dorośli

Satzglieder:
Substantiv, z.B. ***Paweł*** *myje samochód.*
Prädikat, z.B. *Paweł **myje** samochód.*
Direktes Objekt, z.B. *Paweł myje **samochód**.*
Indirektes Objekt, z.B. *Paweł pomaga **ojcu**.*
(adjektivisches) Attribut, z.B. *język* **polski**, **czerwony** *beret*

I. Narzędnik
(z) kim? (z) czym?

RZECZOWNIK

liczba pojedyncza

rodz. ż.	-ą	studentką, Polką, książką
rodz. m.	-em	Polakiem, zeszytem, piórem
rodz. n.		

* k > ki, g > gi

liczba mnoga

rodz. ż.		
rodz. m.	-ami (-mi)	Polkami, studentami, piórami
rodz. n.		

PRZYMIOTNIK

liczba pojedyncza

rodz. ż.	-ą	ładną, wesołą, polską, drogą
rodz. m.	-ym/-im = Msc	ładnym, wesołym, polskim, drogim
rodz. n.		

liczba mnoga

rodz. ż.		
rodz. m.	-ymi/-imi	ładnymi, wesołymi, polskimi, drogimi
rodz. n.		

Przykłady:

rodz. żeński

mianownik l.p.	***narzędnik l.p.***	***narzędnik l.mn.***
To jest	*Umawiam się z*	*Umawiam się z*
piękna kobieta	piękną kobietą	pięknymi kobietami
Gdzie jest...?	*Cieszę się*	*Cieszę się*
japońska lalka	japońską lalką	japońskimi lalkami
nowa sukienka	nową sukienką	nowymi sukienkami
Teraz jest	*Skończ to przed*	*Kończ to zawsze przed*
wspólna lekcja	wspólną lekcją	wspólnymi lekcjami
	Wrócił	*Czytam zawsze*
późna noc	późną nocą	późnymi nocami (*rzadko*)
Czy to jest...?	*Zmartwiłam się*	*Zmartwiłam się*
smutna wiadomość	smutną wiadomością	smutnymi wiadomościami
To jest	*Nie mogę ruszać*	*Nie mogę ruszać*
prawa dłoń	prawą dłonią	obydwiema dłońmi

rodz. męski

mianownik l.p.	***narzędnik l.p.***	***narzędnik l.mn.***
To jest	*Umawiam się z*	*Umawiam się z*
miły pan	miłym panem	miłymi panami
przystojny doktor	przystojnym doktorem	przystojnymi doktorami
znany poeta	znanym poetą	znanymi poetami
Gdzie jest...?	*Interesuję się*	*Interesuję się*
syberyjski tygrys	syberyjskim tygrysem	syberyjskimi tygrysami
teatralny parasol	teatralnym parasolem	teatralnymi parasolami
cyrkowy koń	cyrkowym koniem	cyrkowymi końmi
Czy to jest..?	*Lubię rysować*	*Lubię rysować*
nowy ołówek	nowym ołówkiem	nowymi ołówkami
	Alkoholizm jest	*Specjalista zajmuje się*
poważny nałóg	poważnym nałogiem	poważnymi nałogami

rodz. nijaki

mianownik l.p.	*narzędnik l.p.*	*narzędnik l.mn.*
To jest	*Opiekuję się*	*Opiekuję się*
małe dziecko	małym dzieckiem	małymi dziećmi
	Karmię dziecko	*Karmię dziecko*
smaczne jajko	smacznym jajkiem	smacznymi jajkami
Czy to jest...?	*Jeżdżę*	*Jeżdżę*
stare auto	starym autem	starymi autami
Gdzie jest...?	*Chwalę się*	*Chwalę się*
piernikowe serce	piernikowym sercem	piernikowymi sercami
	Interesuję się	*Interesuję się*
nowe muzeum	nowym muzeum	nowymi muzeami
dzikie zwierzę	dzikim zwierzęciem	dzikimi zwierzętami

ZAIMKI OSOBOWE

liczba pojedyncza

ja	mną
ty	tobą
on /ono	nim
ona	nią

liczba mnoga

my	nami
wy	wami
oni /one	nimi

Niektóre **czasowniki**, po których występuje narzędnik:

interesować się	Helena **interesuje się** *literaturą francuską i teatrem.*
zajmować się	Ona **zajmuje się** *chorymi córkami.*
zachwycać się	Wszyscy **zachwycaliśmy się** *wspaniałymi widokami.*
martwić się	**Martwię się** *twoją chorobą.*
cieszyć się	Rodzice **cieszą się** *z nami naszym nowym mieszkaniem.*
jeść	Jasio umie już **jeść** *łyżką.*
rysować	Dziecko **rysuje** *nowym ołówkiem.*
pisać	Wolę **pisać** *piórem niż długopisem.*
czesać się	Kasia **czesze się** *gęstą szczotką.*
myć się	Wujek zawsze **myje się** *zimną wodą.*

smarować	Mama **smaruje** chleb *masłem*.
bawić się	Hania **bawi się** *z Pawełkiem*.
zarazić się	Uważaj, żebyś się w szpitalu nie **zaraził** *żółtaczką*.
zmęczyć się	Strasznie się **zmęczyliśmy** *tą wizytą*.
ruszać	Po wypadku nie mógł **ruszać** *nogami*.
rządzić	Nasza Łucja **rządzi** *całą grupką* dzieci.
kierować	Policjant **kierował** *ruchem*, bo sygnalizacja była nieczynna.
pachnieć	Powietrze **pachniało** *bzem* i *konwaliami*.
jechać	Danka **jedzie** *taksówką*, a Jurek *swoim samochodem*.
jeździć	Lubię **jeździć** *tramwajem*, a mój brat *autobusem*.
lecieć	Prezydent **leciał** *prywatnym samolotem*.
płynąć	**Pływali** po jeziorze *niewielkim kajakiem*.
chwalić się	Janek ciągle **chwali się** *swoimi osiągnięciami* w sporcie.

Niektóre **przyimki**, po których występuje narzędnik:

z / za	Spotkała się **z** *Adamem* **za** *rogiem*.
nad	**Nad** *moimi znajomymi* mieszka znany śpiewak.
	Zasnął dopiero **nad** *ranem*.
między	Winda stanęła **między** *piętrami*.
przed	Nie pij alkoholu **przed** *egzaminem*.
	Wrócę **przed** *piątą*.
pod	Grupa „**Pod** *Budą*" wystąpi dziś na Rynku.

Uwaga! Przyimki: *z, nad, przed, pod* występujące przed zaimkiem *ja* w narzędniku (czyli *mną*) przybierają formę *ze, nade, przede, pode*, np.: Idziesz **ze** mną? Usiądź **przede** mną.

Funkcje narzędnika w zdaniu

1. Rzeczownik w narzędniku występuje w zdaniach, które określają „kto jest kim" lub „co jest czym", np. *Krzysztof jest <u>aktorem</u>. Czy katar jest <u>chorobą</u>?*
2. Najczęściej narzędnik pełni w zdaniu funkcję dopełnienia dalszego, określając narzędzie, czas, miejsce, przyczynę lub skutek, sposób czynności, np. *Jechaliśmy <u>pociągiem</u>, a potem <u>autobusem</u>. Piszę tylko <u>piórem</u>.*
3. Rzadziej pełni funkcję dopełnienia bliższego, np. *Król rządził <u>krajem</u> przez dwadzieścia lat.*

Piotr jedzie samochodem z babcią.
- *czym* jedzie Piotr z babcią? – *samochodem*
- **z** *kim* jedzie Piotr samochodem? – **z** *babcią*

Kasia bawi się z Jackiem klockami Lego
- *czym* Kasia bawi się z Jackiem? – *klockami Lego*
- **z** *kim* Kasia bawi się klockami Lego? – **z** *Jackiem*

Mama smaruje chleb masłem. Ona lubi chleb z masłem.
- *czym* mama smaruje chleb? – *masłem*
- **z** *czym* mama lubi chleb? – **z** *masłem*

*****

– *Jak nazwiemy człowieka, który ciągle mówi i mówi, chociaż nikt go nie słucha? – pyta się pani uczniów.*
– *Takiego człowieka nazwiemy nauczycielem – odpowiada Jasio.*

Ćwiczenia

I. Proszę podkreślić właściwą formę.
Przykład: Andrzej rozmawia (**z Basią** – Basią).

1. Studenci spotkają się jutro (z nauczycielami – nauczycielami).
2. Pojedziesz do domu (z pociągiem – pociągiem)?
3. Pojadę (z autobusem – autobusem), bo jest szybciej.
4. Mamy kłopoty (z pieniędzmi – pieniędzmi).
5. Nauczycielka zawsze pisze (z żółtą kredą – żółtą kredą) na tablicy.
6. Kroił mięso (z nożem – nożem).
7. Wczoraj jedliśmy obiad (z doktorem YY – doktorem YY).
8. Od wielu lat przyjaźnię się (z moją sąsiadką – moją sąsiadką).
9. Mieszkam (z moją babcią – moją babcią).
10. Słyszeliście, że Iksiński został (z senatorem – senatorem)?

II. Podane w nawiasie formy proszę przekształcić na narzędnik.
Przykład: Maria jest (francuska studentka) *francuską studentką*.

1. Julia jest (niemiecka nauczycielka) ....
2. Ewa i Krystyna są (polskie studentki) ....
3. Kasia jest (wesoła dziewczyna) ....
4. Henio jest (spokojne dziecko) ....
5. Mój kuzyn jest (dobry lekarz) ....
6. Adam i Piotr są (znani aktorzy) ....
7. Polski jest (trudny język) ....
8. Oni są (Chińczycy) ...., a one (Szwedki) ....
9. Jego sąsiad jest (kierowca wyścigowy) ....
10. Pan Szymański jest ich (trener) ....

III. Podane w nawiasie formy proszę przekształcić na narzędnik.
1. Mama zajmuje się (nasz dom) ....
2. Interesujemy się (muzyka klasyczna) ....
3. Proszę smarować twarz (tłusty krem) ....
4. Musicie się zająć tym (nieśmiały chłopiec) ....
5. Kot bawi się (mała piłeczka) ....
6. Jurek jeździ (sportowy samochód) ....
7. Agnieszka pisze (czarne pióro) ....
8. Jego dziadek je zupę (srebrna łyżka) ....
9. Umyj ręce (ciepła woda i mydło) ....
10. Nie lubię latać (balon) .... ani pływać (łódka) ....

IV. Podane w nawiasie formy proszę przekształcić na narzędnik.
1. Eliza lubi tańczyć z (dobry tancerz) ....
2. Umyj ręce przed (obiad) ....
3. Paweł rozmawia z (australijski profesor) ....
4. Proszę kawę z (ciepłe mleko) ....
5. Edward chodzi zawsze z (duży parasol) ....
6. Pies śpi pod (tamten stół) ....
7. Mam kłopot z (polskie końcówki) ....
8. Jego motocykl stoi przed (mały garaż) ....
9. Sklep z pamiątkami znajduje się między (księgarnia i jubiler) ....
....
10. Za tym (stary kościół) .... jest ładny park.

V. Proszę zastąpić wyrazy w nawiasie zaimkami osobowymi w narzędniku.
Przykład: Maciuś stoi za (ojcem) *nim*.

1. Chciałbym spotkać się z (ty) . . . . jutro wieczorem.
2. Babcia chwali się (on) . . . . przy każdej okazji.
3. Tomek bawi się (klocki). . . . . od dwóch godzin.
4. Pójdziesz ze (ja) . . . . do miasta?
5. Usiądź między (one) . . . .
6. Kto mieszka pod (wy) . . . .?
7. Stanął przede (ja) . . . . bardzo wysoki pan i niewiele widziałem.
8. Twoja siostra zajmowała się (on) . . . . przez cały wieczór.
9. Edward ma grypę – zaraził się (ona) . . . . od kolegi.
10. Nie przejmuj się (my) . . . . – damy sobie radę!

VI. Proszę połączyć wyrazy z kolumn A i B w logiczne pary, zapisać obok, przekształcić na narzędnik i ułożyć z nimi zdania.

a.

A	B
zagraniczna	spotkanie
stary	filmy
miłe	miłość
znany	zegar
wielka	okulista
niemieckie	praktyka

b.

A	B
machać	kreda
kierować	entuzjazm
zarazić się	papuga
pisać	taksówka
interesować się	sport i muzyka
opiekować się	ręce

VII. Podane w nawiasie formy proszę przekształcić na narzędnik. Proszę wyjaśnić konieczność użycia narzędnika (np. po jakim czasowniku).

a.
Jerzy X, który jest (znany krakowski artysta) . . . .
. . . ., miał wczoraj niegroźny wypadek. Jechał swoim

(stary samochód) .... (nowa autostrada)
.... do Katowic i prawdopodobnie zasnął
za (kierownica) .... Zderzył się z (wielka ciężarówka).
..........................., ale na szczęście nic mu się nie stało.
Ma tylko siniaka pod (prawe oko) ...., rozcięte czoło
i kilka zadrapań nad (kolano) ....

b.
Teresa wracała do domu (taksówka) .... i myślała
o swoich problemach. Martwiła się (syn) ...., który miał
w szkole kłopoty z (nauka) .... Pewnie dlatego, że od
miesiąca spotykał się z (Renata) .... i nie miał ochoty
zajmować się (książki) .... Renata była (ładna i miła
dziewczyna) ...., ale
niezbyt przejmowała się (szkoła) ...., interesowała się przede
wszystkim (moda i jazz) .... Jej (idol) ....
był Brad Pitt, więc oglądała wszystkie filmy ze swoim (ulubiony aktor)
....

c.
W ubiegłą niedzielę moi rodzice pojechali (nowy ford) ....
.... na wycieczkę za miasto z (babcia i dziadek) ....
.... Pogoda była śliczna, więc po godzinie jazdy zatrzymali
się przed (mały lasek) .... Samochód zaparkowali
między (drzewa) ...., a sami usiedli na polance. Zaczęli
jeść śniadanie: bułeczki z (masło) ...., (wędlina) ....
i (ser) ...., sałatę z (sos włoski) ....
z (rzodkiewka) ...., posypaną (szczypiorek) ......
..............., pomidory i ogórki. Babcia piła herbatę z (cukier)
............., mama i dziadzio sok z (woda mineralna) ....
..............., a tato tonik z (lód) .... Potem poszli
na niedługi spacer, zachwycali się (las, kwiaty, piękna zieleń) ....,
..............., ... oraz (śpiew) ....
ptaków. Po powrocie na polankę zjedli ciasto z (owoce) ....
.... i ciasteczka z (krem) .... i wypili kawę ze
(śmietanka)......................... Cieszyli się (cudna pogoda)
...., tym, że mają pod (nogi)
.... trawę, nad (głowy) .... słońce,
a przed (oczy) .... wiosnę.

VIII. Proszę przetłumaczyć na swój język.

1. Nie mogę sobie poradzić **z tym ćwiczeniem**.
2. Adam kieruje **tą firmą** od wielu lat
3. W domu pachniało **grzybami** i **kapustą**.
4. Czy rybę można jeść **nożem** i **widelcem**?
5. Podobno Ludwik Domira był **pianistą**, potem **kompozytorem**, a teraz został **dyrektorem** filharmonii.
6. Najbardziej lubię podróżować **z moją siostrą** jej **starym fiatem**, a najmniej – **z babcią pociągiem**.
7. Mieszkam w akademiku **z Belgijką**. Często spędzamy wieczory z naszymi sąsiadami – **Portugalczykiem** i **Węgrem**.
8. Teresa często się chwali **swoimi sukcesami**.
9. W tym filmie Bogusław Linda lata **helikopterem**, **samolotem**, a nawet **rakietą**.
10. Marysia ma kłopoty **z nadwagą** i dlatego nie lubi stawać między **Teresą** i **Dorotą**, które są bardzo **szczupłymi dziewczynami**.
11. Za bardzo martwię się **moim zdrowiem**, a za mało cieszę się **życiem**.
12. Bardzo się spieszę! Chyba pojadę **taksówką**, bo mam ważne spotkanie **z włoskim profesorem** i **jego żoną**. Będą na mnie czekać przed **wejściem** do muzeum.

IX. Proszę z powrotem przetłumaczyć na polski zdania z ćwiczenia VIII.

NOTATKI

II. Stopniowanie przymiotników

Przymiotniki występują w

stopniu równym	miły	elegancki
stopniu wyższym	milszy	bardziej elegancki
stopniu najwyższym	najmilszy	najbardziej elegancki

STOPNIOWANIE PROSTE

Stopień wyższy tworzy się przez dodanie do stopnia równego zakończonego na *pojedynczą spółgłoskę* przyrostka *-szy*. Występują tu alternacje spółgłoskowe i samogłoskowe, np.

miły	milszy	ł > l
gruby	grubszy	
ciekawy	ciekawszy	
długi	dłuższy	g > ż
tani	tańszy	n > ń
wesoły	weselszy	o > e ł > l

Przymiotniki zakończone na: *-ki, -oki, -eki* tracą te przyrostki, np.

kró<u>tki</u>	krótszy	
wą<u>ski</u>	węższy	ą > ę s > ż
bryz<u>dki</u>	brzydszy	
bli<u>ski</u>	bliższy	s > ż
cię<u>żki</u>	cięższy	
szer<u>oki</u>	szerszy	
dal<u>eki</u>	dalszy	

Jeśli przymiotnik jest zakończony na *grupę spółgłosek*, do stopnia równego dodaje się przyrostek *-ejszy*, np.

mą<u>dr</u>y	mądrzejszy	r > rz
doro<u>sł</u>y	doroślejszy	sł > śl
nu<u>dn</u>y	nudniejszy	n > ni
cie<u>pł</u>y	cieplejszy	ł > l

> *Wyjątki:* **lekki – lżejszy, twardy – twardszy, prosty – prostszy, częsty – częstszy**

Stopień najwyższy tworzy się przez dodanie przedrostka ***naj-*** do stopnia wyższego, np.

jasny	jaśniejszy	najjaśniejszy	s > ś	n > ni
niski	niższy	najniższy	s > ż	
stary	starszy	najstarszy		

Nieregularnie stopniują się:

dobry	*lepszy*	*najlepszy*
zły	*gorszy*	*najgorszy*
mały	*mniejszy*	*najmniejszy*
duży	*większy*	*największy*
wielki	*większy*	*największy*

STOPNIOWANIE OPISOWE zachodzi przy pomocy wyrazów *bardziej* i *mniej* w stopniu wyższym oraz *najbardziej* i *najmniej* w stopniu najwyższym, np.

chory – *bardziej* (*mniej*) chory – *najbardziej* (*najmniej*) chory
interesujący – *bardziej* (*mniej*) interesujący – *najbardziej* (*najmniej*) interesujący
kolorowy – *bardziej* (*mniej*) kolorowy – *najbardziej* (*najmniej*) kolorowy

Niektóre przymiotniki stopniujące się **wyłącznie w sposób opisowy:**
a. siwy, rudy, łysy, płaski, krzywy, gorzki, śliski, mokry, papierowy, kwadratowy itp.
b. wysportowany, opalony, zmęczony, błyszczący, palący itp. (imiesłowy pełniące funkcję przymiotnika)

Większość przymiotników stopniuje się zarówno w sposób prosty, jak i opisowy, np.
zdrowy – zdrowszy / bardziej zdrowy – najzdrowszy / najbardziej zdrowy
zimny – zimniejszy / bardziej zimny – najzimniejszy / najbardziej zimny
nudny – nudniejszy / bardziej nudny – najnudniejszy / najbardziej nudny
ciekawy – ciekawszy / mniej ciekawy – najciekawszy / najmniej ciekawy
zdolny – zdolniejszy / mniej zdolny – najzdolniejszy / najmniej zdolny

Funkcje stopnia wyższego i najwyższego przymiotnika

1. PORÓWNYWANIE wyraża się przy pomocy konstrukcji:
a. stopień wyższy przymiotnika + niż + mianownik, np. Gruszka jest *słodsza* niż *jabłko*. Książka jest *lepsza* niż *film*;
b. stopień wyższy przymiotnika + od + dopełniacz, np. Gruszka jest *słodsza* od *jabłka*. Książka jest *lepsza* od *filmu*;
c. stopień najwyższy przymiotnika + z(e) + dopełniacz liczby mnogiej, np. Gruszka jest *najsłodsza* z *tych owoców*;
d. stopień najwyższy przymiotnika + w + miejscownik, np. On jest *najzdolniejszy* w *całej klasie*.
2. Za pomocą *coraz* przed stopniem wyższym lub *coraz bardziej* (*mniej*) przed stopniem równym przymiotnika można wyrazić stopniowe *natężanie się* lub *osłabianie* cechy, np. Noce są **coraz** zimniejsze. On jest **coraz mniej** sympatyczny.

- Zygmunt jest mądrzejszy *niż* (kto?) – Mateusz.
- Zygmunt jest mądrzejszy *od* (kogo?) – Mateusza.
- Zygmunt jest najmądrzejszy *w* (czym?) – całej grupie.
- Zygmunt jest najmądrzejszy *z* (czego?) – całej grupy.

*****

Lekarz po zbadaniu pacjenta:
– Pański stan zdrowia koniecznie wymaga dłuższego pobytu nad morzem. Czy to jest możliwe?
– To nie problem, jestem marynarzem!

Ćwiczenia

I. Proszę podkreślić właściwą formę.
Przykład: Ten obraz jest (cenniejszy – <u>najcenniejszy</u>) z całej kolekcji.

1. Mercedes jest (droższy – najdroższy) od poloneza.
2. To jest (starsza – najstarsza) kamienica w mieście.
3. Tomek jest (szczuplejszy – najszczuplejszy) niż Edek.
4. W górach powietrze jest (czystsze – najczystsze) niż na wsi.
5. Przesyłam Ci (serdeczniejsze – najserdeczniejsze) pozdrowienia z wakacji.
6. Dzisiejsza dyskusja była (gorętsza – najgorętsza) od wczorajszej.
7. Z tego rezultatu (mniej – najmniej) zadowolona jest Magda.
8. Jesteś (bardziej – najbardziej) opalony ode mnie.
9. To (bardziej – najbardziej) kolorowe skarpetki, jakie widziałam!
10. Alex jest (zdolniejszym – najzdolniejszym) studentem ze wszystkich.

II. Podane w nawiasie przymiotniki proszę przekształcić na stopień wyższy.
Przykład: Sok pomarańczowy jest (kwaśny) *kwaśniejszy* niż sok jabłkowy.

1. Twój krawat jest (wąski) .... niż mój.
2. Ta walizka jest (lekka) .... niż tamta.
3. Kraków jest (stary) .... niż Sydney.
4. Hanka jest (gruba) .... niż ja.
5. Kto jest (młody) .... – Ala czy Ola?
6. Jola ma (ciemne) .... włosy niż Edyta.
7. Ta noc jest (ciepła) .... niż wczorajsza.
8. Chyba tort był (smaczny) .... niż ciasto.
9. On ma (mały) .... stopy niż jego syn.
10. Ten kraj jest (biedny) .... niż Niemcy.

III. Podane w nawiasie przymiotniki proszę przekształcić na stopień wyższy.

1. Ten tekst jest (łatwy) .... od tamtego.
2. Ta wieża jest (wysoka) .... od tamtej.
3. Jurek jest (mądry) .... od Franka.
4. Morze jest (głębokie) .... od jeziora.
5. Album jest (duży) .... od książki.
6. To ćwiczenie jest (trudne) .... od poprzedniego.
7. Chińczyk jest (niski) .... od Szweda.

8. Moja spódnica jest (szeroka) .... od twojej.
9. Marek jest (wysportowany) .... od Staszka.
10. Który film jest (dobry) .... : „Cwał" czy „Historie miłosne"?

IV. Podane w nawiasie przymiotniki proszę przekształcić na stopień najwyższy.
Przykład: Ta ulica jest (szeroka) *najszersza* w naszym mieście.

1. To jest (elegancki) .... garnitur w całej kolekcji.
2. Tola jest (zła) .... uczennicą w naszej klasie.
3. Włożyłem moje (wygodne) .... buty.
4. Zainteresowaliśmy się tą (nowa) .... metodą.
5. To jest (piękna) .... melodia, jaką kiedykolwiek słyszałam!
6. Wydaje mu się, że jest (mądry) ....
7. Napisz to (cienki) .... długopisem, jaki masz.
8. Wynajęliśmy (szybka) .... łódź motorową.
9. Romek zje (wielka) .... porcję lodów.
10. To jest (śliski) .... odcinek drogi.

V. Proszę przekształcić zdania według wzoru.
Przykład: Helena jest wesoła. *Helena jest coraz weselsza.*

1. Henryk jest bogaty..............................
2. Mój ojciec jest siwy ....
3. Herbata jest zimna ....
4. Twoje włosy są jasne ....
5. Nasz sąsiad jest sympatyczny ....
6. Wykład był nudny ....
7. Pani Krysia jest tęga............................
8. Z minuty na minutę film stawał się śmieszny ....
9. Dziecko jest niegrzeczne ....
10. Aldona jest ambitna ....

VI. Podane w nawiasie przymiotniki proszę przekształcić na *stopień najwyższy* prosty lub opisowy albo *wyższy* – prosty, opisowy lub z „coraz".

a.
Zakupy z Justyną – to koszmar! Jest (niezdecydowana) ....
.... z moich koleżanek. Kiedyś poszłam z nią kupić sukienkę.
E – Jakiej sukienki szukasz?
J – Chciałabym, żeby nadawała się na uroczyste okazje – wesele, bal, czy coś takiego.
E – A w jakim ma być kolorze?
J – W (jasny) .... niż twój płaszcz.
E – To znaczy w jasnozielonym?
J – No, może też być w żółtym, ale (ciemny) .... niż cytryna.
E – A długa, czy krótka?
J – (Krótka) .... niż ta, ale (długa) ....
od twojej.
E – Może ta?
J – Nie, ta jest niemodna. Muszę mieć trochę (modna) ....
E – A ta?
J – Coś ty? Jest (brzydka) .... ze wszystkich w tym sklepie!
E – No, nie przesadzaj! Nie jest wcale zła, a chyba (tania) ....
od tamtych.
J – Nie, nie podoba mi się. Zobacz – może ta?
E – Która? Ta?!? Chyba żartujesz?
J – Nie, jest (oryginalna) .... w tej całej kolekcji.
E – Raczej – zwariowana! A jaka droga!
J – No, jest troszkę (droga) .... niż się spodziewałam, ale za to jedyna!!
E – Różowa w cytrynowe kwiatki i fioletowe kropki na zielonej kratce! Już nic (kolorowy) .... nie mogłaś znaleźć?
J – Jest prześliczna! Wezmę ją!
E – Wiesz, stajesz się (szalona) ....

b.
Wczorajsza wycieczka w góry była znacznie (udana) ....
.... niż ta sprzed tygodnia. Przede wszystkim pogoda była (dobra) .... – było słonecznie, ale niezbyt ciepło. Poza tym w naszej pięcioosobowej grupie zamiast Adama, który ciągle na wszystko narzekał, znalazł się Rafał. Jest on (wysportowany) ....
.... i (dowcipny) .... z nas wszystkich.
Przez całą drogę opowiadał (śmieszne) .... anegdoty, jakie kiedykolwiek słyszeliśmy, więc nie zmartwiliśmy się zbytnio, gdy w pewnym momencie zaczął padać deszcz. Wreszcie doszliśmy do schro-

niska, które było o wiele (duże) .... niż myśleliśmy.
Zjedliśmy tam (wspaniały) .... bigos na świecie
(może dlatego nam tak smakował, że byliśmy (głodni) ....
od wilków?) i wypiliśmy herbatę (aromatyczna) ....
.. od tej, którą robi pani Nela. Wracaliśmy do domu znów w słoneczną
pogodę, (bogaci) .... o nowe wrażenia.

VII. Proszę przetłumaczyć na swój język.

1. Jestem **silniejszy** i **zdrowszy** od mojego brata.
2. Jestem **młodsza** i **weselsza** niż moja siostra.
3. Wasz samochód jest **szybszy** od naszego.
4. Studenci byli **coraz bardziej zdenerwowani** przed egzaminem.
5. Film był o wiele **bardziej nudny** niż się spodziewaliśmy.
6. Nowa sekretarka jest **mniej sympatyczna** od poprzedniej.
7. Ten **najmniejszy** obraz jest **najdroższy**!
8. Kto jest **wyższy** – ty czy twój syn?
9. Henryk jest **najbardziej złośliwym** człowiekiem, jakiego znam.
10. Wujek jest **bardziej chory** niż myśleliśmy.
11. To jest **najsmaczniejsza** czekolada, jaką kiedykolwiek jadłem!
12. Edward włożył na bankiet **najlepszy** garnitur i **najnowsze** buty.

VIII. Proszę z powrotem przetłumaczyć na polski zdania z ćwiczenia VII.

III. Biernik
(kogo? co?)

RZECZOWNIK

liczba pojedyncza

rodz. m.	żywotny	-a = D	pana, studenta, psa, tygrysa
	nieżywotny*	= M	zeszyt, stół, samochód
rodz. n.		= M	dziecko, piwo, imię, zdanie
rodz. ż.		-ę	aktorkę, książkę, (**panią**)
	(zakończone na spłgł.) = M		mysz, noc, kość, miłość

* Niektóre rzeczowniki w rodz. męskim nieosobowym mają końcówkę **-a**: dolara, rubla, krakowiaka, mazura, grzyba, papierosa itd.

liczba mnoga

rodz. m. osobowy	-ów = D	studentów, panów, aktorów
	-y (po rz) = D	lekarzy, dziennikarzy
	-i (po l i po spłgł. miękkich) = D	nauczycieli, gości
rodz. m. nieosobowy	-y = M	koty, zeszyty, kwiaty
	-i (po k, g) = M	koniaki, słowniki, rogi
	-e (po spłgł. miękkich, funkcjonalnie miękkich oraz *p* i *b*) = M	słonie, liście, klucze, talerze, fotele, karpie, gołębie
rodz. n.	-a = M	okna, muzea, jabłka
rodz. ż.	-y = M	żony, kobiety, dziewczyny
	-i (po k, g) = M (po spłgł. miękkich) = M	córki, książki, nogi, kości, powieści, brwi
	-e (po *ź, ń, dź* oraz zakończone na spłgł. miękkie i sufiksem *-yni*) = M	nowele, noce, przyjaźnie, kolacje, wieże, mistrzynie

PRZYMIOTNIK

liczba pojedyncza

rodz. m. żywotny	**-ego = D**	małego, inteligentnego, tęgiego
rodz. m. nieżywotny	= M	mały, dobry, zimny
rodz. n.	= M	małe, miłe, zimne
rodz. ż.	-ą	wysoką, polską, czerwoną (tę)

liczba mnoga

rodz. m. osobowy	-ych / -ich = D	mądrych, młodych, drogich
rodz. m. nieosob., ż., n.	-e = M	małe, drogie, ciche, zielone

Przykłady:

rodz. żeński

mianownik l.p.	*biernik l.p.*	*biernik l.mn.*
To jest	Malarz szkicuje tę	Malarz szkicuje te
wysoka kobieta	wysoką kobietę	wysokie kobiety
Czy jest...?	Chcę kupić	Chcę kupić
zielona bluzka	zieloną bluzkę	zielone bluzki
zabytkowa waga	zabytkową wagę	zabytkowe wagi
ciekawa powieść	ciekawą powieść	ciekawe powieści
To jest	Znam skądś tę	Znam skądś te
miła twarz	miłą twarz	miłe twarze
Ona wygląda jak	Przypomina	(One) Przypominają
grecka bogini	grecką boginię	greckie boginie

rodz. męski

mianownik l.p.	*biernik l.p.*	*biernik l.mn.*
Czy to jest...?	Znam dość dobrze	(On) znał dobrze wszystkich
węgierski prezydent	węgierskiego prezydenta	węgierskich prezydentów
Gdzie jest...?	Zadzwoń po	Zadzwoń po
znajomy taksówkarz	znajomego taksówkarza	znajomych taksówkarzy
	Zawołaj	Zawołaj
nowy uczeń	nowego ucznia	nowych uczniów

To jest	*Poznaj*	*Poznaj*
mój bliski kolega	mojego bliskiego kolegę	moich bliskich kolegów
	Chciałbym sprzedać	*Chciałbym sprzedać*
egzotyczny ptak	egzotycznego ptaka	egzotyczne ptaki
drogi zegarek	drogi zegarek	drogie zegarki
	Dostałam	*Ostatnio dostaję*
smutny list	smutny list	smutne listy
	Narysuj mi	*Narysuj mi*
jesienny liść	jesienny liść	jesienne liście

rodz. nijaki

mianownik l.p.	**biernik l.p.**	**biernik l.mn.**
Gdzie jest	*Muszę zobaczyć*	*Muszę zobaczyć*
twoje śliczne dziecko	twoje śliczne dziecko	twoje śliczne dzieci
to słynne krzesło	to słynne krzesło	te słynne krzesła
wasze nowe akwarium	wasze nowe akwarium	wasze nowe akwaria
to groźne zwierzę	to groźne zwierzę	te groźne zwierzęta
To jest	*Lubię*	*Lubimy*
oryginalne imię	swoje oryginalne imię	nasze oryginalne imiona

ZAIMKI OSOBOWE

liczba pojedyncza

ja	mnie
ty	cię / ciebie
on	go / jego / niego
ona	ją / nią
ono	je / nie

liczba mnoga

my	nas
wy	was
oni	ich / nich
one	je / nie

Uwaga! Zaimki zaczynające się od **ni-** (*niego, nią, nie, nich*) występują za przyimkami, np. na **niego**, pod **nimi**, o **nie** itp.
Krótsze formy zaimków (*go, cię, ją* itp.) są używane po czasowniku; natomiast dłuższe formy (*mnie, ciebie* itp.) – na początku zdania oraz w celu wzmocnienia, podkreślenia, wyraźnego zaznaczenia (zwykle z odpowiednią intonacją), np.:

Ciebie nie pytam o zdanie, tylko **jego**!
Nie pytam **cię**, gdzie byłaś.
Zaproszę **ją** jutro, ale **jego** nie chcę tu widzieć!
Mnie to nic nie obchodzi!

Niektóre **czasowniki**, po których występuje biernik:

znać	**Znasz** *tego chłopca?*
zwiedzić	**Zwiedziliśmy** *interesującą wystawę.*
odwiedzić	**Odwiedziłem** wczoraj *twoich rodziców.*
kochać	Ona naprawdę **kocha** *taniec.*
kupić	**Kupił** mi *piękne kwiaty.*
zbierać	Mój ojciec **zbiera** *stare monety.*
pić	**Piję** tylko *ciemne piwo.*
mieć	Gdzie **masz** *pieniądze?*
pisać	Pan Jan **pisze** zawsze *długie listy.*
jeść	**Zjedliśmy** *wszystkie cukierki.*
lubić	Bardzo **lubimy** *owoce morza.*
dostać	Chciałbym **dostać** *nowy rower.*
(na)rysować	Proszę **narysować** *swój pokój.*
sprzedać	**Sprzedam** *nową lodówkę.*
brać	Babcia musi **brać** *antybiotyki.*
budować	Jadzia **buduje** *wieżę* z klocków.
widzieć	**Widzę** tam *włoską restaurację.*
czytać	**Czytam** *ciekawą powieść* Iksińskiego.
otworzyć	Czy możesz mi **otworzyć** *puszkę* kukurydzy?
zamknąć	**Zamknij** *nasze walizki!*
prosić	**Proszę** *o ciszę!* **Proszę** (o) *kawę!*
robić	Pani Julia **robi** *pyszną zupę pomidorową.*

Niektóre **przyimki**, po których występuje biernik:

przez	Rozmawiałam z nim **przez** *telefon.*
	Czytałem wczoraj **przez** *całą noc.*
na	Profesor pojechał do Wrocławia **na** *konferencję.*
	Gdzie jedziesz **na** *wakacje?*
nad	Najpierw jadę z rodzicami **nad** *morze,* a potem z kolegami **nad** *jezioro.*
pod	Piłka wpadła **pod** *samochód.*

po	Idę **po** *gazetę*, a ty? **Po** *papierosy*.
w / we	Ciocia przyjedzie **we** *środę*.
	W *sobotę* idziemy do Oli na imieniny.
	Zbyszek jedzie jutro **w** *góry*.
za	**Za** *godzinę* zacznie się film.
o	Martwię się **o** *wujka* – ostatnio ciągle choruje.

Funkcje biernika w zdaniu

Biernik po czasownikach tranzytywnych pełni funkcję dopełnienia bliższego, np. *Codziennie rano karmię **psa** i **kota**. Czekam na ważny **telefon**.*

Elwira musi brać antybiotyki przez tydzień.
- *co* musi brać Elwira przez tydzień? – *antybiotyki*
- (*przez co? przez ile?*) *jak długo* Elwira musi brać antybiotyki? – *przez tydzień*

Trzeba napisać na jutro krótki esej.
- (*na co?*) *na kiedy* trzeba napisać krótki esej? – *na jutro*
- *co* trzeba napisać na jutro? – *krótki esej*

Muszę odwiedzić ciocię Stenię.
- *kogo* musisz odwiedzić? – *ciocię Stenię*

Ola ma imieniny w sobotę.
- *Co* Ola ma w sobotę? – *imieniny*
- (*w co?*) *kiedy* Ola ma imieniny? – *w sobotę*

Podam ci te dokumenty przez kierowcę.
- *co* mi podasz przez kierowcę? – *te dokumenty*
- *przez kogo* podasz mi te dokumenty? – *przez kierowcę*

*****

– *Słyszałem, że odziedziczył pan sto tysięcy dolarów. Co na to pańska żona?*
– *Zupełnie straciła mowę!*
– *Mój Boże, w czepku się pan urodził. Tyle szczęścia naraz!*

Ćwiczenia

I. Proszę podkreślić poprawną formę.
Przykład: On sprzedaje (dojrzałymi truskawkami – dojrzałych truskawek – <u>dojrzałe truskawki</u>).

1. Narysuj mi (małym tygrysem – mały tygrys – małego tygrysa).
2. Zwiedzajcie (polskie miasta – polskimi miastami – polskich miast).
3. Myj (rękami – rąk – ręce) przed jedzeniem.
4. Lubię czytać (francuskimi powieściami – francuskie powieści – francuskich powieści).
5. Odwiedziliśmy wczoraj (panie Julię – panią Julię – panią Julią).
6. Elżbieta miała (wypadkiem – wypadku – wypadek) – wpadła pod (samochód – samochodu – samochodem).
7. Kup mi (ta czerwona róża – tę czerwoną różę – tą czerwoną różą).
8. Znam (twoją sąsiadkę – twoją sąsiadką – twoją sąsiadka).
9. Czekam na (pociągiem ekspresowym – pociąg ekspresowy – pociąg ekspresowego).
10. Nasz pies bardzo lubi (gotowanym mięsem – gotowanego mięsa – gotowane mięso).

II. Podane w nawiasie wyrazy proszę przekształcić na biernik.
Przykład: Katarzyna lubi (mój brat) *mojego brata*.

1. Bardzo kocham (moja córka) ....
2. Widzicie (nasz lektor)? .... ?
3. Znasz (jakaś hiszpańska piosenka) .... ?
4. Oni malują (wielki obraz) ....
5. Jurek chce sprzedać (antyczne krzesło) ....
6. One jedzą (wytworna kolacja) ....
7. Mamy w domu (egzotyczny ptak) ....
8. Chcesz kupić (japońskie radio) .... ?
9. Basia ma (przystojny kuzyn) ....
10. Obserwujemy (młody kangur) ....

III. Podane w nawiasie wyrazy proszę przekształcić na biernik.

1. Zaprosimy na Wielkanoc (Janek Maderski) ....?
2. Jutro musimy zacząć (solidna powtórka) .... gramatyki.
3. Czytam (interesująca powieść) ....

4. Powinna pani przepisać (swoja praca) ....,
bo jest w niej za dużo błędów.
5. Spotkałyśmy wczoraj (nasz kolega) ....
ze studiów.
6. Pan Nowak uprawia (zimowe sporty) ....
7. Zapamiętaj (ten mężczyzna) ....
8. Muszę sobie kupić (mały pies) ....
9. Proszę napisać na jutro (krótka recenzja) ....
10. Oglądaliście („Jaś Fasola") ....?

IV. Podane w nawiasie wyrazy proszę przekształcić na biernik.

1. Czekam na (mój mąż) ....
2. Sekretarka prosiła o (szybki kontakt) ....
3. Spóźniliśmy się przez (nasz dziadek) ....
4. Dziękowała za (nasza pomoc) ....
5. Bilety na (nowa sztuka) .... Mrożka są
dość drogie.
6. Jadę nad (morze) ...., mój brat w (góry) ....
a Ewelina na (Sycylia) ....
7. Kot ze strachu wszedł pod (niska ławka) ....
8. Zadzwoń po (pogotowie ratunkowe) ....
9. Panowie z zachwytem patrzyli na (zgrabna modelka) ....
....
10. Szukali go przez (cały tydzień) ....

V. Proszę wpisać odpowiednie przyimki.

1. Wjechali ..... most, żeby przeczekać deszcz.
2. Powiedzieli, że wrócą .... pół godziny.
3. Szedł ..... park .... spacer z psem.
4. Chciałabym pojechać .... morze we wrześniu.
5. ...... cały dzień bolała mnie głowa.
6. Proszę ... uwagę!
7. Przepraszamy za spóźnienie, ale to .... naszego syna.
8. Była bardzo zdenerwowana i uderzyła go ..... twarz.
9. Gdzie jest Irena? Poszła .... owoce.
10. Sąsiedzi zaprosili nas ..... podwieczorek.

VI. Wyrazy w nawiasie proszę zastąpić zaimkami w bierniku.
Przykład: Rodzice martwią się o (dzieci) *nie*.

1. Znam (Małgosię) ..... od 15 lat, ale chodzę z (ona) ..... na judo od niedawna.
2. Prosiliśmy (wy) ..... o zwrot tego dokumentu dwa tygodnie temu.
3. Wiem, że wujek Jan bardzo (ja) .... lubi, ale (ty) .... uwielbia!
4. Czekamy na (goście) .... z niecierpliwością.
5. Zapytaj (policjanci) ..... o drogę.
6. Często (dziadek) .... odwiedzasz? (On) .... odwiedzam dużo rzadziej niż (wy) .....
7. Idź po (brat) ......, bo już jest późno.
8. Zaproś (koleżanki) ..... na sobotę, a (koledzy) .... na niedzielę.
9. Przez (ty) ..... się spóźnimy.
10. Podobno profesor pytał o (my) ....

VII. Proszę połączyć wyrazy z kolumn A i B w logiczne pary, zapisać obok i ułożyć z nimi zdania w bierniku.

A	B
francuski	żołnierz
ciekawa	liść
tęgi	sos
szybki	kuzynka
stary	mężczyzna
mądry	dziecko
sympatyczne	noc
gorąca	powieść
żółty	nauczyciel
moja	koń

VIII. Podane w nawiasie wyrazy proszę przekształcić na biernik.
a.
Adam – Co zjesz dziś na (kolacja) ....?
Leszek – Zdecyduję się na (zupa ogórkowa) ...., (frytki) ...., (kurczak) .... z grilla i (zielona sałata) ....
A – A do picia?
L – Wezmę (czerwone wino) ...., a ty?
A – Ja zjem (śledź) .... w śmietanie, (żurek) ...., (kotlet schabowy) ...., (ziemniaki)

.... i (kapusta) .... Do tego (woda mineralna). . . . .
L – Weźmiemy deser?
A – Tak, ja poproszę (tort czekoladowy) . . . .
i (biała kawa) . . . .
L – A ja (galaretka truskawkowa) . . . .,
(szarlotka) . . . . i (herbata) . . . .

b.
– Lubisz (polska wódka) . . . .?
– Owszem, ale (czysta) . . . . i mocno (ochłodzona) . . . ., a ty?
– Tak sobie, ale bardzo mi smakuje (ciemne piwo) . . . . A jakie lubisz desery?
– Najbardziej lubię (lody bakaliowe) . . . .
i (kremówki) . . . . A ty?
– Ja uwielbiam (pączki) . . . . i (gorzka czekolada) . . . .

c.
Wczoraj zwiedziliśmy dużo zabytków: (gotycka katedra, barokowy kościół, renesansowy zamek, muzeum etnograficzne i biblioteka uniwersytecka) . . . .
Potem usiedliśmy w parku i pisaliśmy (widokówki i listy) . . . . Piliśmy (pepsi-cola) . . . ., Janek palił (fajka) . . . ., Justyna (papierosy) . . . ., a Edward żuł (gumę) . . . . Rozmawialiśmy o naszych rodzicach i okazało się, że ojciec Edwarda, podobnie jak mój, zbiera (polskie znaczki) . . . ., ojciec Justyny kolekcjonuje (stare fotografie) . . . ., mama Janka bardzo lubi (opera) . . . ., mama Edwarda kocha (balet) . . . ., a moja i Justyny uwielbiają (muzyka współczesna) . . . . Kiedy odpoczęliśmy, poszliśmy na zakupy. Kupiłam sobie (piękna spódnica) . . . ., (biały sweter) . . . . i (skórzany pasek) . . . ., a mojej siostrze (srebrna broszka) . . . . i (najnowsza płyta) . . . . zespołu QQ. Nagle zobaczyliśmy (znany reżyser) . . . . i zrobiliśmy sobie z nim (zdjęcia)

.... Poprosiliśmy go też o (autograf) ....
Zrobiło się późno, więc postanowiliśmy wrócić do hotelu i tam zjeść (obfita kolacja) ....

IX. Proszę przetłumaczyć na swój język.

1. W **poniedziałek** będziemy zwiedzać **miasto**, a we **wtorek** pójdziemy na **zakupy**.
2. Halina zawsze je **kolację** o 8^{00}, potem ogląda **telewizję** do 22^{00} albo czyta **książki**.
3. Proszę przejść przez **Rynek**, a potem skręcić w **pierwszą ulicę** w lewo.
4. Chyba znam **twojego brata** – on ma **dużego czarnego psa**, prawda?
5. Biorę **tabletki** na **apetyt**, bo przez **ostatni miesiąc** schudłam 3 kg.
6. Lubię **inteligentnych i taktownych ludzi**.
7. Ygrekowie mają **piękny nowy samochód** i chcieliby wynająć lub kupić **garaż**.
8. Eliza kocha **swojego męża** i nawet lubi **swoją teściową**.
9. Renata sprząta **mieszkanie**, ojciec odkurza **dywany**, Teresa myje **łazienkę**, Jurek czyści **buty**, mama gotuje **obiad**, a Bartek przygotowuje **deser**.
10. Za **dwie godziny** przyjdą goście na **imieniny** do naszego sąsiada.
11. Chciałabym dostać od świętego Mikołaja **małe kolczyki, ciepły szalik** i **książkę**.
12. Ewa szła przez **łąkę**, zbierała **kwiaty** i śpiewała **ludowe piosenki**.

X. Proszę z powrotem przetłumaczyć na polski zdania z ćwiczenia IX.

NOTATKI

IV. Czasownik – koniugacje

W języku polskim istnieją 4 koniugacje. Kryterium ich wyróżnienia stanowią końcówki 1. i 2. osoby liczby pojedynczej (ja, ty) w czasie teraźniejszym.

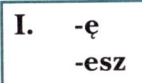

Np.   *pisać*

ja	*pisz* *-ę*
ty	*pisz* *-esz*
on, ona, ono	*pisz* *-e*

my	*pisz* *-emy*
wy	*pisz* *-ecie*
oni, one	*pisz* *-ą*

Niektóre czasowniki należące do I koniugacji:

myć	ja myję, ty myjesz
szyć	ja szyję, ty szyjesz
żyć	ja żyję, ty żyjesz
pić	ja piję, ty pijesz
tyć	ja tyję, ty tyjesz
czuć	ja czuję, ty czujesz
brać	ja biorę, ty bierzesz
nieść	ja niosę, ty niesiesz
iść	ja idę, ty idziesz
jechać	ja jadę, ty jedziesz
móc	ja mogę, ty możesz
chcieć	ja chcę, ty chcesz

Czasowniki z infiksem *-owa-*, który zamienia się na *-uj-*

Np.   *kup<u>owa</u>ć*

ja	*kupuj* *-ę*
ty	*kupuj* *-esz*
on, ona, ono	*kupuj* *-e*

my	*kupuj* *-emy*
wy	*kupuj* *-ecie*
oni, one	*kupuj* *-ą*

Według tego wzoru odmieniają się:

bud**ować**	ja bud**uję**, ty bud**ujesz**
studi**ować**	ja studi**uję**, ty studi**ujesz**
prac**ować**	ja prac**uję**, ty prac**ujesz**
dzięk**ować**	ja dzięk**uję**, ty dzięk**ujesz**
cał**ować**	ja cał**uję**, ty cał**ujesz**
got**ować**	ja got**uję**, ty got**ujesz**
denerw**ować**	ja denerw**uję**, ty denerw**ujesz**
żart**ować**	ja żart**uję**, ty żart**ujesz**
kier**ować**	ja kier**uję**, ty kier**ujesz**

Czasowniki, w których następuje wymiana *-wa-* na *-j-* (czasowniki niedokonane)

Np.   *da**wa**ć*

ja	*daj* -*ę*	my	*daj* -*emy*
ty	*daj* -*esz*	wy	*daj* -*ecie*
on, ona, ono	*daj* -*e*	oni, one	*daj* -*ą*

Według tego wzoru odmieniają się:

zda**wać**	ja zdaję, ty zdajesz
dosta**wać**	ja dostaję, ty dostajesz
odda**wać**	ja oddaję, ty oddajesz
pozna**wać**	ja poznaję, ty poznajesz
sprzeda**wać**	ja sprzedaję, ty sprzedajesz

```
II.   -ę
      -isz/-ysz
```

Np.   *myśleć*

ja	*myśl* -*ę*	my	*myśl* -*imy*
ty	*myśl* -*isz*	wy	*myśl* -*icie*
on, ona, ono	*myśl* -*i*	oni, one	*myśl* -*ą*

Według tego wzoru odmieniają się:

mówić   ja mówię, ty mówisz
lubić   ja lubię, ty lubisz
widzieć   ja widzę, ty widzisz
dzwonić   ja dzwonię, ty dzwonisz
robić   ja robię, ty robisz
płacić   ja płacę, ty płacisz
musieć   ja muszę, ty musisz
woleć   ja wolę, ty wolisz

Np. *liczyć*

ja	*licz* **-ę**
ty	*licz* **-ysz**
on, ona, ono	*licz* **-y**

my	*licz* **-ymy**
wy	*licz* **-ycie**
oni, one	*licz* **-ą**

Według tego wzoru odmieniają się:

kończyć   ja kończę, ty kończysz
tańczyć   ja tańczę, ty tańczysz
tłumaczyć ja tłumaczę, ty tłumaczysz
ważyć   ja ważę, ty ważysz
marzyć   ja marzę, ty marzysz
słyszeć   ja słyszę, ty słyszysz
milczeć   ja milczę, ty milczysz
należeć   ja należę, ty należysz

III. **-am**
          -asz

Np. *czytać*

ja	*czyt* **-am**
ty	*czyt* **-asz**
on, ona, ono	*czyt* **-a**

my	*czyt* **-amy**
wy	*czyt* **-acie**
oni, one	*czyt* **-ają**

Niektóre czasowniki należące do III koniugacji:

czekać	ja czekam, ty czekasz
znać	ja znam, ty znasz
oglądać	ja oglądam, ty oglądasz
powtarzać	ja powtarzam, ty powtarzasz
nazywać	ja nazywam, ty nazywasz
słuchać	ja słucham, ty słuchasz
szukać	ja szukam, ty szukasz
otwierać	ja otwieram, ty otwierasz
zamykać	ja zamykam, ty zamykasz
pływać	ja pływam, ty pływasz
grać	ja gram, ty grasz
kochać	ja kocham, ty kochasz
pytać	ja pytam, ty pytasz
przepraszać	ja przepraszam, ty przepraszasz
dać	ja dam, ty dasz
mieć	ja mam, ty masz

IV. -em
    -esz

umieć (i *rozumieć*)

ja	umi -*em*	my	umi -*emy*
ty	umi -*esz*	wy	umi -*ecie*
on, ona, ono	umi -*e*	oni, one	umi -*eją*

jeść (i *wiedzieć*)

ja	j -*em*	my	j -*emy*
ty	j -*esz*	wy	j -*ecie*
on, ona, ono	j -*e*	oni, one	j -*edzą*

Być	ja	**jestem**	my	**jesteśmy**
	ty	**jesteś**	wy	**jesteście**
	on	**jest**	oni	**są**

> *Nauczyciel na lekcji języka polskiego pyta uczniów:*
> *– Jaki to czas: ja się kąpię, ty się kąpiesz, on się kąpie...*
> *– Sobota wieczór, proszę pana – odpowiada Henio.*

Ćwiczenia

I. Podane w nawiasach czasowniki proszę napisać w odpowiednich formach osobowych.
Przykład: Jurek (iść) *idzie* wieczorem do kina.

1. Co (wy – robić) .... dzisiaj wieczorem?
2. Czy (ty – móc) .... mi pożyczyć 10 złotych?
3. Basia (studiować) .... architekturę.
4. Zawsze rano (ja – pić) .... kawę z mlekiem.
5. Kto teraz (zdawać) .... egzamin?
6. Nie (my – umieć) .... mówić po niemiecku.
7. Kot (spać) .... na dywanie.
8. Sąsiad głośno (śpiewać) ...., ale (robić) .... to naprawdę ładnie.
9. Dzieci (jeść) .... teraz podwieczorek.
10. Michał szybko (liczyć) .... po portugalsku.

II. Podane w nawiasach czasowniki proszę napisać w odpowiednich formach osobowych.

1. Oni (tańczyć) .... już godzinę i wcale nie (być) ...... zmęczeni.
2. Bardzo ci (ja – dziękować) .... za piękny prezent.
3. (ty – rozumieć) ...., co mówi nauczyciel?
4. (wy – lubić) .... pływać w basenie?
5. Nie (my – kupować) .... kiełbasy w tym sklepie.
6. Wszyscy cię (szukać) ....!
7. One (należeć) .... do zespołu dopiero od roku.
8. Celina ciągle (tyć) ...., chociaż niedużo (jeść) ....
9. Co (ty – gotować) .... na obiad?
10. (ty – pisać) .... bardzo niewyraźnie i nie mogę odczytać kilku słów.

III. Podane w nawiasie bezokoliczniki proszę zamienić na formę osobową.

– Sławna, ładna, zgrabna – to (mówić) **mówią** nawet pełne podziwu kobiety. Jak to (ty – robić) ....?
– (Śpiewać) .... i (uprawiać) .... sporty. (grać) .... w tenisa, na kortach w Rzevnicy, tam, gdzie zaczynała Navratilova! To tylko 9 kilometrów od Rztiki, gdzie (mieszkać) ....
– Dla kogo dziś (ty – śpiewać)................................?
– Dla wszystkich. (Wracać) .... moda na lata 70., na melodyjne, przebojowe piosenki. W Londynie musical „Mamma mia" z piosenkami Abby (bić) .... rekordy powodzenia. Nie (ja – szukać) .... powodzenia ani publiczności – to ona mnie (wołać) ....

(*Super Helena* – rozmowa z Heleną Vondračkovą, piosenkarką (fragm.), „Kobieta i Styl" nr 7/8, 2000 r.)

IV. Podane w nawiasie bezokoliczniki proszę zamienić na formę osobową.

Siostra Leokadia Harasimowicz, obecna dyrektorka ośrodka, powoli (parkować) **parkuje** bagażowego volkswagena pod drzewem. (Być) .... już późno, dzieci (spać) .... Na korytarzach w domu (palić) .... się tylko małe nocne lampki. Siostra (zaglądać) .... jeszcze do sypialni maluchów, (poprawiać) .... główkę, która zsunęła się z poduszki.
– Śpij maleńka, śpij – (szeptać) .... cichutko. Dziewczynka nie (budzić) .... się nawet na chwilę. Słychać oddechy pozostałych dzieci. W dyżurce obok (czuwać) .... opiekunka, która przyszła na nocną zmianę. W pokoju na poddaszu (mieszkać) .... pielęgniarka – siostra Fabiana. Zdrowym dzieciom (towarzyszyć) .... najczęściej gwar, śmiech, rozbieganie. W tym domu (mieszkać) .... aż trzydzieścioro dzieci, a przecież prawie ich nie słychać.
Dzień (zaczynać) .... się o szóstej. Siostry (gromadzić) .... się na modlitwie w kaplicy. W pięciu sypialniach (odzywać) .... się ciche westchnienia i pomrukiwania, (otwierać) .... się zaspane oczy dzieci. (Pochylać)

.... się nad nimi troskliwie poranna zmiana opiekunek, w kuchni panie (szykować) .... śniadanie. O siódmej cały dom (żyć) .... już na pełnych obrotach. Siostra Leokadia (sprawdzać) .... czy wszystko w porządku.

(*Misja wielkiego serca i troski*, „Jestem", 7/2001 r.)

V. Proszę przetłumaczyć na swój język.
1. Helena **kupuje** tu codziennie świeże bułeczki.
2. Nie **umiem** grać w tenisa.
3. Oni nie **rozumieją** po grecku – **musisz** być ich tłumaczem.
4. Julia **szyje** suknie ślubne, ale nie **zarabia** na tym zbyt dużo.
5. Oni **patrzą** na wszystkich z góry, bo **mają** dużo pieniędzy i **myślą**, że to jest w życiu najważniejsze.
6. Odkąd dziadzio **wie** o chorobie swojego brata, ciągle **milczy**.
7. – Ile **ważysz**? – Za dużo! **Marzę** o tym, żeby schudnąć.
8. Kiedy **zdajecie** ten egzamin?
9. O której twoi rodzice zwykle **jedzą** kolację?
10. **Planujemy** wyjazd do Meksyku, ale na razie **brakuje** nam pieniędzy.
11. **Studiuję** na uniwersytecie i **pracuję** w banku.
12. **Chcesz** trochę tortu?

VI. Proszę z powrotem przetłumaczyć na polski zdania z ćwiczenia V.

V. Czas przeszły

Dla wszystkich czterech koniugacji jest **jeden** wspólny czas przeszły. Formy czasu przeszłego tworzy się od tematu bezokolicznika (czyli odcina się od bezokolicznika -*ć*), dodaje się **ł** dla liczby pojedynczej, a w liczbie mnogiej **ł** dla rodzaju żeńskiego, **l** dla rodzaju męskoosobowego i odpowiednią końcówkę.

Np. *czytać*

ja czyta	ł	-am
ja czyta	ł	-em
ty czyta	ł	-aś
ty czyta	ł	-eś
on czyta	ł	
ona czyta	ł	-a
ono czyta	ł	-o

my czyta	ły	-śmy
my czyta	li	-śmy
wy czyta	ły	-ście
wy czyta	li	-ście
oni czyta	li	
one czyta	ły	
one czyta	ły	

czyli:

rodz. żeński	ja	czyta**łam**	my	czyta**łyśmy**
	ty	czyta**łaś**	wy	czyta**łyście**
	ona (pani)	czyta**ła**	one (panie)	czyta**ły**

rodz. męski	ja	czyta**łem**	my	czyta**liśmy**
	ty	czyta**łeś**	wy	czyta**liście**
	on (pan)	czyta**ł**	oni (panowie, państwo)	czyta**li**

| *rodz. nijaki* | ono | czyta**ło** | one | czyta**ły** |

Np. *pisać*

ja pisa	ł	-am
ja pisa	ł	-em
ty pisa	ł	-aś
ty pisa	ł	-eś
on pisa	ł	
ona pisa	ł	-a
ono pisa	ł	-o

my pisa	ły	-śmy
my pisa	li	-śmy
wy pisa	ły	-ście
wy pisa	li	-ście
oni pisa	li	
one pisa	ły	
one pisa	ły	

czyli:

rodz. żeński	ja pisa*łam*	my pisa*łyśmy*
	ty pisa*łaś*	wy pisa*łyście*
	ona pisa*ła*	one pisa*ły*

rodz. męski	ja pisa*łem*	my pisa*liśmy*
	ty pisa*łeś*	wy pisa*liście*
	on pisa*ł*	oni pisa*li*

rodz. nijaki	ono pisa*ło*	one pisa*ły*

W czasownikach zakończonych na **-eć** w formach męskoosobowych w liczbie mnogiej występuje **e** zamiast **a**.

Np. *chcieć*

rodz. żeński	ja chciałam	my chciałyśmy
	ty chciałaś	wy chciałyście
	ona chciała	one chciały

rodz. męski	ja chciałem	my chci**e**liśmy
	ty chciałeś	wy chci**e**liście
	on chciał	oni chci**e**li

rodz. nijaki	ono chciało	one chciały

Inne czasowniki zakończone na *-eć*, w których występuje *e* zamiast *a*:

	r.ż.	r.m.
rozumieć	my rozumiałyśmy	my rozumieliśmy
mieć	my miałyśmy	my mieliśmy
musieć	my musiałyśmy	my musieliśmy
myśleć	my myślałyśmy	my myśleliśmy
woleć	my wolałyśmy	my woleliśmy
widzieć	my widziałyśmy	my widzieliśmy
powiedzieć	my powiedziałyśmy	my powiedzieliśmy
słyszeć	my słyszałyśmy	my słyszeliśmy
zapomnieć	my zapomniałyśmy	my zapomnieliśmy
jeść	my jadłyśmy	my jedliśmy

> – *Co kupiłeś swojej żonie w prezencie świątecznym?*
> – *Małą encyklopedię.*
> – *To zrobiłeś jej na pewno dużą niespodziankę...*
> – *Zapewne – spodziewała się futra!*

Ćwiczenia

I. Podkreślone czasowniki proszę zamienić na liczbę mnogą.
Przykład: Dziewczyna **czekała** niecierpliwie. Dziewczyny *czekały* niecierpliwie.

1. **Byłam** wczoraj u dentysty . . . .
2. On **spał** do 11^{00} . . . .
3. **Przetłumaczyłaś** mu ten list? . . . .
4. **Miałem** rano niespodziewanego gościa . . . .
5. Ona **pracowała** przedtem w banku . . . .
6. Nie **wiedziałem**, którędy iść . . . .
7. **Szukałaś** okularów w łazience? . . . .
8. Dziecko nie **posprzątało** swoich zabawek . . . .
9. Klient **zapłacił** kartą kredytową . . . .
10. Samochód **jechał** bardzo ostrożnie . . . .

II. Podkreślone czasowniki proszę zamienić na liczbę pojedynczą.
Przykład: Modelki **prezentowały** nowe suknie. Modelka *prezentowała* nowe suknie.

1. **Widzieliście** już nowy film Wajdy? . . . .
2. Dzieci **szły** do parku . . . .
3. Studenci **denerwowali się** przed egzaminem . . . .
4. Nie **chcieliśmy** wam przeszkadzać . . . .
5. Co **jedliście** na obiad? . . . .
6. **Śmiałyśmy się** przez cały film . . . .
7. **Dzwoniłyście** już do Bożeny? . . . .
8. **Musieliśmy** czekać na babcię . . . .
9. Moi koledzy **zapomnieli** dokumentów . . . .
10. Nauczycielki **usłyszały** hałas na korytarzu . . . .

III. Proszę zamienić na czas przeszły.
Przykład: (myślę r.m.) *Myślałem* o tobie.

1. (Piszemy – r.ż.) .... właśnie list do redakcji.
2. Kociątko (leży) .... w koszyku, obok matki.
3. Nigdy nie (lubię – r.m.) .... spacerować wcześnie rano.
4. (Grasz – r.ż.) .... kiedyś w szachy?
5. Zawsze (płacicie – r.m.) .... gotówką?
6. Lucyna (płacze) .... po telefonie od niego.
7. Dawniej (zapraszamy – r.m.) .... go częściej.
8. Zwykle (słucham – r.ż.) .... radia przed snem.
9. O czym on (mówi) ....?
10. Jak często (myjecie – r.ż.) .... samochód?
11. Co (pijesz – r.m.) .... do kolacji?
12. (Zwiedzamy – r.ż.) .... to muzeum bardzo dokładnie.

IV. Podane bezokoliczniki proszę zamienić na odpowiednie formy czasu przeszłego.
Przykład: Chór (śpiewać) *śpiewał* bardzo nierówno.

1. Wszyscy aktorzy (grać) .... wczoraj znakomicie.
2. Mama (ugotować) .... egzotyczną potrawę.
3. (ty – r.ż. – znaleźć) .... swoje klucze?
4. Przez cały wieczór ciocia (opowiadać) .... dowcipy.
5. Nie (ja – r.ż. podziękować) .... ci jeszcze za prezent.
6. Mój brat (wygrać) .... konkurs fotograficzny.
7. (my – r.m. – woleć) .... tamten pokój.
8. Dlaczego tak (ty – r.m. – krzyczeć) ....?
9. (my – r.ż. – pytać) .... go o drogę, ale on nie mówi po polsku.
10. Jak się (wy – r.m. – czuć) .... po tej imprezie?

V. Podane bezokoliczniki proszę zamienić na odpowiednie formy czasu przeszłego.

1. On nigdy nie (kochać) .... swojego dziadka.
2. Dlaczego (ty – r.ż. – przyjechać) .... nocnym pociągiem?
3. (my – r.ż. – dostać) .... sporo listów od uczniów.
4. Ona (prosić) .... nas o twój adres.
5. Bardzo się (ja – r.m. – bać) .... tej burzy.

6. Nie (wy – r.ż. – przywitać się) .... z nim zbyt serdecznie.
7. (my – r.m. – mieć) .... wczoraj dużo lekcji.
8. Nie (ja – r.ż. – kupić) .... mleka ani ciastek.
9. Do kogo (wy – r.m. – telefonować) .... ?
10. Które biurko (ty – r.m. – wybrać) .... ?

🎧

VI. Podane w nawiasie bezokoliczniki proszę zamienić na odpowiednie formy czasu przeszłego.

„(...) Kiedy (być) **byłam** w ciąży, (czuć) .... się bezgranicznie szczęśliwa, bo (spotkać) .... mnie wielkie wyróżnienie – będę matką. Nic poza tym mnie nie (obchodzić) .... Teraz nadal jestem szczęśliwa, ale już nie potrafię być tak spokojna. (...) Jakiś czas po porodzie (pracować) .... mniej. Ale nie (wytrzymać) .... i już dwa miesiące po narodzinach Jasia (pojechać) .... na koncert. Nie (móc) .... się go doczekać. Strasznie (tęsknić) .... za występami, ale (bać) .... się bardzo, czy wszystko będzie jak dawniej, czy nie (zapomnieć) ...., jak to jest. (Wyjść) .... na scenę i (poczuć) .... się jak ryba w wodzie. (Czuć) .... się fantastycznie, a publiczność ciepło mnie (przyjąć) .... Jasio (być) .... ze mną, (czekać) .... za kulisami. Gdy ja (być) .... na scenie, (zajmować) .... się nim Maja. Ma doskonałe podejście do małego, wiem, że mogę jej zaufać. Wtedy też (poprosić) .... ją, żeby zamieszkała z nami. Teraz, gdy mam nagrania albo długotrwałą sesję zdjęciową, albo po prostu muszę się wyspać, ona zajmuje się małym. (...)"

(Fragm. wywiadu z Natalią Kukulską pt. *Mam Jasia – to dodaje mi sił*, „Olivia" nr 6, czerwiec 2001)

🎧

VII. Proszę przetłumaczyć na swój język.

1. Mój ojciec też **studiował** na tym uniwersytecie.
2. Pływaczki **trenowały** w Argentynie.
3. Studenci **słuchali** wykładu z uwagą.
4. Przez cały dzień źle **się czułem**.
5. **Czytała** pani tę książkę?
6. Co **robiliście** przez cały tydzień?
7. **Przynieśliśmy** wam słowniki.

8. Nie **mogłam** wczoraj przyjść, bo **miałam** gości.
9. **Znaleźliśmy** w tramwaju 100 złotych.
10. Jak długo **podróżowałaś** po Europie?
11. Dzieci **powtarzały** słowa piosenki.
12. **Myślałeś** o zmianie mieszkania?

VIII. Proszę z powrotem przetłumaczyć na polski zdania z ćwiczenia VII.

VI. Mianownik – liczba mnoga

RZECZOWNIK

rodz. n.	-a	te okna, jajka, ćwiczenia, **dzieci**
rodz. ż.	-y, -i, -e	te kobiety, myszy, książki, powieści, noce, podróże
rodz. m. nieosobowy	-y, -i, -e	te koty, ołówki, konie
rodz. m. osobowy	-owie	ci panowie, królowie, synowie, ojcowie
	-i	(*t > ci*): Szkoci, studenci, prezydenci (*d > dzi*): Szwedzi, sąsiedzi
	-y	(*k > cy*): Polacy, lotnicy (*r > rzy*): aktorzy, kelnerzy (*ec > cy*): chłopcy, cudzoziemcy
	-e	(po *rz*): lekarze, malarze (po *cz*): poszukiwacze, karierowicze (po *sz*): listonosze, smakosze, kustosze (po *l*): nauczyciele, przyjaciele
		oraz goście, kibice, lenie, złodzieje **i** rzeczowniki zakończone na *-anin*: Amerykanie, Indianie, poganie

Rzeczowniki męskie zakończone na *-a* w liczbie mnogiej kończą się na **-i** lub **-y**: mężczyźni, poeci, artyści, turyści, specjaliści, okuliści, kierowcy, koledzy, psychiatrzy

Uwaga! Niektóre rzeczowniki mają po dwie formy w liczbie mnogiej, np.
królowie – króle (w kartach, w kolędach)
dyrektorzy – dyrektorowie
profesorzy – profesorowie

PRZYMIOTNIK

rodz. męskoosobowy	-y /-i	dobrzy, wysocy, mili, ciekawi
rodz. m. nieosob., ż., n.	-e	duże, wysokie, inteligentne, słodkie

Przymiotniki zakończone na *-i* w liczbie pojedynczej mają tę samą końcówkę w liczbie mnogiej (z wyjątkiem zakończonych na *-ki* i *-gi*), np. *głupi* (kierowca) – *głupi* (kierowcy), *ostatni* (pacjent) – *ostatni* (pacjenci)

Przymiotniki zakończone w liczbie pojedynczej na *-cy, -czy, -dzy* oraz imiesłowy przymiotnikowe czynne zakończone na *-ący* mają w liczbie mnogiej tę samą końcówkę, np. *obcy* (człowiek) – *obcy* (ludzie), *czarujący* (Francuz) – *czarujący* (Francuzi), *uroczy* (Szwed) – *uroczy* (Szwedzi), *cudzy* (prezydent) – *cudzy* (prezydenci)

Niektóre formy przymiotników męskoosobowych w liczbie mnogiej:

-chy > -si   głuchy – głusi, cichy – cisi
-dy > -dzi   twardy – twardzi, młody – młodzi
-gi > -dzy   drogi – drodzy, ubogi – ubodzy, nagi – nadzy
-ki > -cy   polski – polscy, angielski – angielscy, elegancki – eleganccy
-ły > -li   mały – mali, nieśmiały – nieśmiali, zły – źli, wesoły – weseli
-ry > -rzy   dobry – dobrzy, mądry – mądrzy, stary – starzy
-szy > -si   pierwszy – pierwsi, lepszy – lepsi, starszy – starsi
-ty > -ci   bogaty – bogaci, pracowity – pracowici, uparty – uparci
-ży > -zi   duży – duzi

Funkcje mianownika w zdaniu

1. Mianownik jest przypadkiem podmiotu, np. *Studenci dyskutowali na korytarzu.*
2. Występuje po wyrazie **to**, np. *Ci panowie – to znani artyści.*
* Mianownik l. poj. jest podstawową formą rzeczownika podawaną w słownikach jako hasło. Jest przypadkiem niezależnym.

Na spotkanie z premierem przybyli znani sportowcy.
• *kto* przybył na spotkanie z premierem? – *znani sportowcy*

Mój samochód stoi na parkingu.
- Co stoi na parkingu? – *mój samochód*

*****

Żona do męża w czasie kłótni:
– Mam nadzieję, że w raju kobiety są oddzielone od mężczyzn!
– Oczywiście. Inaczej cóż to byłby za raj!

Ćwiczenia

I. Proszę podkreślić odpowiednią formę przymiotnika.
Przykład: Tej wiosny w modzie są (jasne – jaśni) kolory.

1. Bardzo mi się podobają (czarne – czarni) samochody.
2. (Ciekawe – ciekawi) filmy można obejrzeć na kanale X.
3. Na następną konferencję zostali zaproszeni (interesujące – interesujący) wykładowcy.
4. (Białe – biali) ludzie nie powinni się intensywnie opalać.
5. (Dorosłe – dorośli) żółwie jedzą rzadziej, ale więcej.
6. (Niebezpieczne – niebezpieczni) bandyci są poszukiwani przez policję.
7. (Dobre – dobrzy) przewodnicy są bardzo zajęci.
8. (Dokładne – dokładni) przewodniki są drogie.
9. Drużynę Roma nazywa się („Niebieskie" – „Niebiescy").
10. (Szybkie – szybcy) konie nie zawsze wygrywają wyścigi.
11. To są (miłe – mili) chłopcy.
12. Czekają na was (nasze – nasi) nauczyciele.
13. Koty są (inteligentne – inteligentni), a psy są (wierne – wierni).
14. (Peruwiańskie – peruwiańscy) Indianie mają specyficzną urodę.
15. Moi synowie wracają (uśmiechnięte – uśmiechnięci), więc chyba mają dobre nowiny.

II. Podane w nawiasie słowa proszę zamienić na liczbę mnogą.

1. W tej sali leżą (chore dziecko) . . . .

2. Na parkingu znajdują się bardzo (ekskluzywne auto) ....
3. (Zielone jabłko) .... są zwykle kwaśne.
4. To są (trudne ćwiczenie) ....
5. (Kolorowe zdjęcie) .... są droższe niż czarno-białe.
6. Specjalnością tej restauracji są (indonezyjskie danie) ....
7. (Małe zwierzę) .... boją się ludzi.
8. (Głębokie jezioro) .... będą oczyszczane jesienią.
9. (To muzeum) .... będą jutro zamknięte.
10. (Szwajcarskie miasto) .... są bardzo czyste.

III. Podane w nawiasie słowa proszę zamienić na liczbę mnogą.

1. W pokoju stoją (duża szafa) ....
2. To są (porcelanowa filiżanka) .... z XVIII wieku.
3. (Stara melodia) .... wywołują miłe wspomnienia.
4. (Wysoka góra) .... są niebezpieczne w zimie.
5. Wszystkie (ciężka praca) .... zostały wykonane przez żołnierzy.
6. (Powieść historyczna) .... stoją po lewej stronie.
7. (Młoda nauczycielka) .... mają zwykle dużo entuzjazmu.
8. (Dzisiejsza gazeta) .... podają nowy skład rządu.
9. (Daleka podróż) .... są męczące.
10. (Elegancka kobieta) .... ubierają się w sklepie CBA.

IV. Podane w nawiasie słowa proszę zamienić na liczbę mnogą.

1. Na ścianie wiszą (cenny obraz) ....
2. Na obrazie są (czarny koń) ....
3. (Ten miś) .... są dość drogie.

4. (Gruby sweter) .... leżą na górnej półce.
5. (Skórzany piórnik) .... są teraz niemodne.
6. Podobają ci się (czerwony talerz) ....?
7. (Długi spacer) .... poprawiają mi samopoczucie.
8. To są (włoski but) ....
9. (Żółty szalik) .... są najtańsze.
10. Wszędzie sprzedawano (najnowszy kalendarz) ....

V. Podane w nawiasie słowa proszę zamienić na liczbę mnogą.

1. (Wrocławski kibic) .... przyjechali do Katowic na mecz.
2. W konkursie biorą udział (ambitny uczeń) ....
3. (Ten cudzoziemiec) .... dobrze znają język polski.
4. W tym filmie (stary aktor) .... grają młodych ludzi.
5. (Pracowity kierowca) .... więcej zarabiają.
6. Nad nami mieszkają (hałaśliwy sąsiad) ....
7. Na Rynku występują (boliwijski Indianin) ....
8. (Wierny przyjaciel) .... zawsze mogą na siebie liczyć.
9. (Szczęśliwy ojciec) .... przyszli do kliniki zobaczyć swoje nowo narodzone dzieci.
10. (Wysoki pan) .... usiądą z tyłu.

VI. Proszę zamienić na liczbę pojedynczą.

1. Głupie odpowiedzi – ....
2. Grube gałęzie – ....
3. Silne dłonie – ....
4. Romantyczne miłości – ....
5. Główne role – ....
6. Białe myszy – ....
7. Delikatne szyje – ....
8. Dobre gospodynie – ....
9. Awangardowe idee – ....
10. Niepotrzebne rzeczy – ....

VII. Proszę zamienić na liczbę pojedynczą.

1. Złośliwi koledzy – ....
2. Antyczni bogowie – ....
3. Młodzi widzowie – ....
4. Zarozumiali dziennikarze – ....
5. Uparci synowie – ....
6. Czarujący goście – ....
7. Brazylijscy chrześcijanie – ....
8. Zazdrośni poeci – ....
9. Towarzyscy mężczyźni – ....
10. Źli pacjenci – ....

VIII. Podane słowa proszę zamienić na liczbę pojedynczą.

1. Trudne zadania ....
2. Małe akwaria ....
3. Miłe dzieci ....
4. Zielone oczy ....
5. Nieświeże jajka ....
6. Ładne imiona ....
7. Okrągłe mydła ....
8. Duże uszy ....
9. Dzikie zwierzęta ....
10. Słodkie ciasta ....

IX. Proszę połączyć w logiczne pary wyrazy z kolumn A i B, zapisać je z boku, zamienić na liczbę mnogą i ułożyć z nimi zdania.

A	B
stary	premier
młody	góral
hałaśliwy	aktor
uprzejmy	Austriak
afrykański	aptekarz
nieśmiały	obcokrajowiec
bogaty	brat
nagi	król
starszy	sprzedawca
stanowczy	turysta

X. Podane w nawiasie słowa proszę zamienić na liczbę mnogą.

To był przedziwny bal. Byli tam (prezydent) .... i (ambasador).................... (Ich (syn) .... i (córka) .... bawili się w śródmiejskiej dyskotece). Zaproszeni zostali też (znakomity reżyser teatralny i filmowy) ...., (znany aktor) ...., (najlepszy sportowiec) ...., (wybitny naukowiec) ...., (słynny kompozytor) ...., (muzyk) .... i (instrumentalista) .... Wszyscy prezentowali (świetny garnitur, smoking i frak) ...., ... i ...., a panie (wytworna suknia i kostium) .... i .... Dwie (różna orkiestra) .... grały naprawdę świetnie! (Doskonały walc, tango, samba, fokstrot) ...., ..., ..., ..., a nawet (ognisty mazur) ...., (szalona polka) .... i (stateczny polonez) .... porywały wszystkich. (Dziennikarz, fotoreporter, sprawozdawca radiowy i komentator telewizyjny) ...., ..., ... i.. pracowali prawie całą noc. Obsługa była też znakomita. (Kelner i kelnerka) .... i .... mieli pełne ręce roboty. Największą popularnością cieszyły się (sok owocowy) ...., (szampan) .... oraz (koktajl alkoholowy) ... .

XI. Proszę przetłumaczyć na swój język.

1. **Najstarsi listonosze** z naszej dzielnicy są zaproszeni na Święto Poczty.
2. **Agresywni kibice** zostali zatrzymani przez policję.
3. Tam siedzą **odważni ratownicy górscy**.
4. Teraz wystąpią **niemieccy żonglerzy**.
5. **Niecierpliwi widzowie** przyszli 3 godziny przed koncertem.
6. Przy tej ulicy mieszkają **bogaci dentyści**.
7. **Najzdolniejsi uczniowie** otrzymali dyplomy i nagrody.

8. Dwaj **znani profesorowie** z naszego uniwersytetu są kandydatami na ministrów.
9. Jutro przyjadą do Torunia **włoscy fryzjerzy**.
10. Denerwują mnie **leniwi koledzy**.
11. **Sprytni złodzieje** udawali cudzoziemców.
12. Obydwaj **dyrektorzy** tej firmy są **pracowici** i **uczciwi**.

XII. Proszę z powrotem przetłumaczyć na polski zdania z ćwiczenia XI.

VII. Przysłówek

Przysłówek jest nieodmienną częścią mowy i odpowiada na pytanie *jak?*

Określa zwykle	czasownik, np. Tadek *świetnie* gra na gitarze.
rzadziej	przymiotnik, np. Lidka jest *ciągle* zmęczona.
lub	przysłówek, np. Marta mówi *bardzo* cicho.

Ćwiczenia

I. Proszę połączyć wyrazy z kolumn A i B w logiczne pary i ułożyć z nimi zdania.

A	B
ubierać się	długo
przetłumaczyć	głośno
pozdrawiać	szybko
wyglądać	niewyraźnie
czuć się	modnie
jechać	błędnie
czekać	regularnie
mówić	źle
gimnastykować się	młodo
śpiewać	serdecznie

II. Przysłówki z ramki proszę wstawić w puste miejsca.

strasznie, wcześnie, aktualnie, stopniowo, jednocześnie, <u>nisko</u>, prawdopodobnie, szalenie, biegle, fatalnie, dosłownie, wyjątkowo, przeważnie, świetnie, nieczytelnie, wspólnie

Przykład: Helikopter policyjny leciał *nisko* i patrolował granicę.

1. Karol mówi . . . . po francusku i po rosyjsku.
2. Po całym dniu podróży był . . . . zmęczony.

3. Codziennie muszę wstawać dość ...., a dzisiaj ....
   wstałem dopiero o 9⁰⁰.
4. Przygotowali .... cały bankiet.
5. Moja siostra .... jest na stypendium we Włoszech i ....
   .... zostanie tam jeszcze przez rok.
6. Przetłumacz mi tę sentencję ....!
7. Lekarze .... piszą recepty ....
8. .... podoba mi się ta rzeźba!
9. „............. wyglądasz!" – powiedzieli ....
10. Z początku czuła się tam ...., ale ....
    poprawiał się jej humor.

Stopniowanie przysłówków

Przysłówki występują w

stopniu równym	tanio	elegancko
stopniu wyższym	taniej	bardziej elegancko
stopniu najwyższym	najtaniej	najbardziej elegancko

STOPNIOWANIE PROSTE

Stopień wyższy tworzy się przez dodanie do stopnia równego przyrostka *-ej*. Występują tu alternacje spółgłoskowe i samogłoskowe.

Np. miło   milej   ł > l
    mocno   mocniej   n > ń
    ciekawie ciekawiej
    długo   dłużej   g > ż
    prosto   prościej   st > ść
    wesoło   weselej   o > e   ł > l
    cicho   ciszej   ch > sz
    gorąco   goręcej   ą > ę
    twardo   twardziej   d > dź

Przysłówki zakończone na: *-ko, -oko, -eko* tracą te przyrostki:
Np. krótko   krócej   k > c
    wąsko   węziej   ą > ę   sk > ź

brzydko	brzydziej	d > dź
prędko	prędzej	d > dz
blisko	bliżej	s > ż
ciężko	ciężej	
szeroko	szerzej	r > rz
daleko	dalej	

Wyjątek: **lekko – lżej**

Stopień najwyższy tworzy się przez dodanie przedrostka *naj-* do stopnia wyższego.

Np.
jasno	jaśniej	najjaśniej	s > ś	n > ni
nisko	niżej	najniżej	s > ż	
staro	starzej	najstarzej	r > rz	

Nieregularnie stopniują się:

dobrze	*lepiej*	*najlepiej*
źle	*gorzej*	*najgorzej*
mało	*mniej*	*najmniej*
dużo	*więcej*	*najwięcej*
wiele	*więcej*	*najwięcej*

STOPNIOWANIE OPISOWE

Stopniowanie opisowe zachodzi przy pomocy przysłówków *bardziej* i *mniej* w stopniu wyższym oraz *najbardziej* i *najmniej* w stopniu najwyższym.
Np. interesująco – *bardziej* interesująco – *najbardziej* interesująco
kolorowo – *mniej* kolorowo – *najmniej* kolorowo

Większość przysłówków stopniuje się zarówno w sposób prosty, jak i opisowy, np.

zdrowo – zdrowiej / bardziej zdrowo – najzdrowiej / najbardziej zdrowo
zimno – zimniej / bardziej zimno – najzimniej / najbardziej zimno
ciekawie – ciekawiej / mniej ciekawie – najciekawiej / najmniej ciekawie
wyraźnie – wyraźniej / mniej wyraźnie – najwyraźniej / najmniej wyraźnie

Funkcje stopnia wyższego i najwyższego przysłówka

1. PORÓWNYWANIE wyraża się przy pomocy konstrukcji:
a. stopień wyższy przysłówka + niż + mianownik np. Dziadek opowiada *ciekawiej* **niż** babcia. Mąż prasuje koszule *lepiej* **niż** żona;
b. stopień wyższy przysłówka + od + dopełniacz, np. On opowiada *ciekawiej* **od** niej. Syn pisze *szybciej* na komputerze **od** ojca;
c. stopień najwyższy przysłówka + z(e) + dopełniacz liczby mnogiej, np. Pantera biega *najszybciej* **ze** wszystkich kotów. On pali *najwięcej* **z** moich znajomych;
d. stopień najwyższy przysłówka + w + miejscownik, np. Ona śpiewa *najpiękniej* **w** całym chórze. Był *najbardziej elegancko* ubrany **w** parlamencie.
2. Za pomocą ***coraz*** przed stopniem wyższym lub ***coraz bardziej (mniej)*** przed stopniem równym przysłówka można wyrazić stopniowe *natężanie się* lub *osłabianie* cechy, np. Zaświeć światło, bo robi się ***coraz*** *ciemniej*. Karol czuje się ***coraz*** *gorzej*. Zachowywał się ***coraz mniej*** *uprzejmie*.

- Urszula opowiada ciekawiej *niż* (kto?) – Wiktoria.
- Urszula opowiada ciekawiej *od* (kogo?) – Wiktorii.
- Urszula opowiada najciekawiej *z* (czego?) – całej klasy.
- Urszula opowiada najciekawiej *w* (czym?) – całej klasie.

*****

– *Kaziu, czy ty wiesz, ile kosztuje mnie twoja nauka?* – *pyta ojciec.*
– *Wiem tato, dlatego staram się uczyć jak najmniej.*

Ćwiczenia (cd.)

III. Proszę wstawić w wykropkowane miejsca słowa: *bardziej* lub *najbardziej* (zależnie od kontekstu) jeśli podany jest znak +, a słowa *mniej* lub *najmniej* jeśli podany jest znak –.
Przykład: Dorota spędza czas (+) *bardziej* pracowicie niż ty.

1. Jego brat ubiera się (+) .... elegancko ze wszystkich chłopców, jakich znam.
2. Ten nauczyciel sprawdza prace (–) .... dokładnie niż dyrektor.
3. Rozmawiajcie z nimi (–) .... formalnie.
4. Na tej imprezie było (–) .... sztywno niż się spodziewaliśmy.
5. Tadek zachowuje się (+) .... agresywnie ze wszystkich obecnych tu panów.
6. Zachowuj się (–) .... swobodnie!
7. On traktuje ją (+) .... serdecznie, niż trzeba.
8. Gdyby ona jeszcze gotowała (–) .... tłusto!
9. Eleonora opowiadała (–) .... ciekawie ze wszystkich uczestników konkursu.
10. Nazwa tego dania brzmi (+) .... egzotycznie, dlatego je zamówię!

IV. Podane w nawiasie przysłówki proszę napisać w stopniu wyższym.
Przykład: Jutro ma być (ciepło) *cieplej* niż dzisiaj.

1. Mów (głośno) ....!
2. Proszę pisać (wyraźnie) ....!
3. W tym sklepie jest (tanio) .... niż w tamtym.
4. Janek biega (szybko) .... od Edka.
5. Moja babcia (dobrze) .... gotuje niż ja.
6. Nie czekajmy na nich (długo) ....!
7. Beata wygląda (staro) .... niż jej matka.
8. Czuję się (źle) .... niż wczoraj.
9. Mam teraz (daleko) .... do szkoły niż przedtem.
10. Skoczył (wysoko) .... od Romka.

V. Podane w nawiasie przysłówki proszę napisać w stopniu najwyższym.
Przykład: Józio zdobył (mało) *najmniej* punktów w całej klasie.

1. Jarek wczoraj wypił (dużo) .... ze wszystkich i dziś kiepsko się czuje.
2. Basia śmiała się (głośno) .... w całym kinie.
3. Te buty podobają mi się (bardzo) .... ze wszystkich.
4. Gdzie tu jest (blisko) .... bank?
5. Piotrek wygląda (młodo) .... w całej ekipie.
6. Tańczyła (lekko) .... ze wszystkich pań.
7. Zaprezentuj się (dobrze) .... jak potrafisz!
8. Postaw biurko tu, gdzie jest (jasno) ....
9. Przychodźcie do nas jak (często) ....!
10. Gdzie ci będzie (wygodnie) .... się uczyć?

VI. Proszę przekształcić zdania według wzoru.
Przykład: Robi się ciemno – chyba będzie deszcz. *Robi się coraz ciemniej – chyba będzie deszcz.*

1. Uśmiechała się do niego miło ....
2. Kasia ubiera się krótko ....
3. Szedł prędko – prawie biegł ....
4. Był bardzo wzruszony i ściskał ją mocno ....
5. Mówił cicho i nudno ....
6. Pies kopał głęboko ....
7. W tym mieście jest czysto ....
8. Iza często płacze ....
9. Robi się gorąco ....
10. W miarę jak mówił, robiło mu się lekko na sercu ....
....

VII. Podane w nawiasie przysłówki proszę zamienić na stopień wyższy.

Odkąd Ania ma komputer, (mało) **mniej** ogląda telewizję i (rzadko) .... chodzi do kina. (Chętnie) .... też się uczy i stara się to robić (krótko) .... niż przedtem, aby mieć (dużo) .... czasu dla siebie. Komputer fascynuje ją (bardzo) .... niż wszystko inne. Lubi nawet robić na nim ćwiczenia ortograficzne. Może dlatego dyktanda w szkole idą jej (dobrze) ...., więc rodzice są też zadowoleni. Natomiast jej kot jest coraz (często) .... w złym humorze, bo Ania nie ma dla niego czasu.

VIII. Proszę przetłumaczyć na swój język.

1. Chcielibyśmy **lepiej** poznać kulturę japońską.
2. Musisz **ostrożniej** przechodzić przez ulicę.
3. Krzysztof coraz **rzadziej** ogląda telewizję.
4. Wytłumacz nam to **jaśniej**!
5. Ciocia **gorzej** wygląda niż rok temu.
6. Teresa ostatnio **więcej** czyta, ale **mniej** się uczy.
7. Podobno **najzabawniej** było na początku imprezy, na którą, niestety, przyszedłem **najpóźniej** ze wszystkich.
8. Im **szybciej** szliśmy, tym **bardziej** nam było **gorąco**.
9. Święta **coraz bliżej**, a my nie mamy prezentów pod choinkę.
10. Pieniądze będą do odebrania **najwcześniej** pojutrze.
11. Kasia **coraz śmielej** mówi po portugalsku przy Brazylijczykach.
12. Czasem wydaje mi się, że im Janusz jest starszy, tym **bardziej infantylnie** się zachowuje.

IX. Proszę z powrotem przetłumaczyć na polski zdania z ćwiczenia VIII.

VIII. Nieosobowe formy czasownika

W formach nieosobowych czasownika podmiot (wykonawca czynności) jest nieznany lub zbiorowy.

* Jednym ze sposobów wyrażania czasownika w formie nieosobowej jest forma 3. osoby liczby pojedynczej (*rodzaj nijaki*) czasownika w stronie czynnej + zaimek zwrotny **się**, np.

mówi się　　　　　　　　　*czeka się*
mówiło się　　　　　　　　*czekało się*
będzie się mówiło (mówić)　*będzie się czekało (czekać)*
mówiłoby się　　　　　　　*czekałoby się*

Przykłady:
W Niemczech *ludzie* **piją** dużo piwa.
W Niemczech *pije się* dużo piwa.
W przyszłości *ludzie* **będą** spędzać wakacje na Marsie.
W przyszłości *będzie się* spędzać wakacje na Marsie.

* Innym sposobem wyrażenia czasownika w formie nieosobowej jest użycie czasowników niefleksyjnych: ***trzeba, wolno, można, warto***, po których następuje **bezokolicznik**, np.
　　Koniecznie *trzeba* tu *posprzątać*!
　　Tutaj nie *wolno palić*.
　　Warto zobaczyć ten film.
　　Można otworzyć okno?

Przez dodanie odpowiednich form czasownika **być** można wyrazić czas przyszły, przeszły, tryb przypuszczający, np.
　　Koniecznie *trzeba będzie* tu *posprzątać*!
　　Tutaj dawniej nie *wolno było palić*.
　　Warto by było zobaczyć ten film.
　　Można będzie otworzyć okno?

　　– Kochanie, kupiłem ci pigułki na odchudzanie.
　　– Dziękuję bardzo. A jak się je stosuje?
　　– Rozrzuca się je na podłogę i zbiera dziesięć razy dziennie!

Ćwiczenia

I. Podane w nawiasach czasowniki proszę napisać w formie nieosobowej.
Przykład: W tym sezonie wiosennym (nosić) *nosi się* zielone kapelusze.

1. U nas w domu kolację (jeść) .... zwykle około 20^{00}.
2. W szatni (zostawić) .... płaszcze i bagaże.
3. Ostatnio dużo (mówić) .... o najbliższych wyborach.
4. Jej opowieści zawsze (słuchać) .... z dużym zainteresowaniem i przyjemnością.
5. W Dzień Wszystkich Świętych (chodzić) .... na cmentarze i (palić) .... znicze.
6. Czy w twoim kraju (obchodzić) .... imieniny?
7. „(Kochać) .... raz, potem drugi i trzeci..."
8. Najlepiej (spać) .... przy otwartym oknie.
9. Pod ten numer (dzwonić) .... za darmo.
10. Autobusem (jechać) .... tam bardzo długo – lepiej wziąć taksówkę.

II. Proszę zamienić podane zdania na zdania bezpodmiotowe.
Przykład: Codziennie (gangi przewożą) *przewozi się* tędy kilogramy narkotyków.

1. W czasie Świąt Wielkanocnych (ludzie przygotowują) .... dużo jedzenia.
2. Jesienią (ludzie kupują) .... więcej parasoli.
3. Od lat (naukowcy prowadzą) .... badania nad nowym lekiem przeciw starzeniu się.
4. (Policja poszukuje) .... groźnego bandyty.
5. W tej szkole (nauczyciele wprowadzają) .... eksperymentalne metody nauczania.
6. Teraz chętnie (wspominamy) .... lata szkolne.
7. Tę melodię (wszyscy śpiewają) .... w innej tonacji.
8. W czasie Juwenaliów (studenci organizują) .... wiele imprez artystycznych.
9. Do tego lekarza (ludzie czekają) .... przynajmniej godzinę.
10. Czy dobrze (ludzie mieszkają) .... blisko lotniska?

III. Podane zdania proszę zamienić na czas przeszły i przyszły.

Przykład: Miło się z tobą rozmawia.
Miło *się* z tobą *rozmawiało*.
Miło *się będzie* z tobą *rozmawiało*.

1. Dużo się czyta o terrorystach.
2. Zimą nosi się grube swetry.
3. W tej instytucji mówi się tylko po hiszpańsku.
4. W tym towarzystwie rozmawia się tylko o pieniądzach.
5. Ten taniec tańczy się trójkami, a nie parami.
6. Sery przechowuje się na najniższej półce w lodówce.
7. Idzie się tam ostro pod górę.
8. Ze względu na brak wody samochody myje się tylko wieczorem.
9. Tego języka uczy się bardzo szybko i łatwo.
10. Płaci się tylko 5 złotych za wstęp na tę wystawę.

IV. Proszę podkreślić odpowiedni wyraz.

Przykład: Czy (<u>można</u> – trzeba) zamknąć okno?

1. Tu nie (warto – wolno) śmiecić.
2. Uważam, że (warto – wolno) przeczytać tę książkę.
3. Co (można – trzeba) kupić na obiad?
4. Czy (można – warto) tam teraz wejść?
5. Nie (można – warto) było iść na ten film – jest po prostu beznadziejny!
6. Jutro Helena ma imieniny – (trzeba – wolno) do niej zadzwonić z życzeniami.
7. Nie (trzeba – wolno) włączać komputera w czasie burzy!
8. W centrum (można – warto) będzie zrobić zdjęcia i od razu je wywołać.
9. (Wolno – Trzeba) było wcześniej pomyśleć, czy naprawdę (wolno – warto) wychodzić tak wcześnie za mąż.
10. Gdyby było cieplej, (trzeba – można) by było pojechać na wycieczkę rowerową.

V. Proszę przekształcić zdania według wzoru.

Przykład: Co trzeba powiedzieć przy powitaniu? *Co się mówi przy powitaniu?*

1. Trzeba czekać na odpowiedź około dwóch tygodni.
2. Nie można dawać dzieciom słodyczy przed obiadem.

3. Te drzwi można otworzyć kartą magnetyczną.
4. Nie wiedziałeś o tym, że Teofilowi nie wolno pożyczać pieniędzy, bo nigdy ich nie oddaje?
5. Którędy można wejść do środka?
6. Nie wolno parkować pod mostem.
7. To lekarstwo trzeba pić na czczo.
8. Tylko matce można ufać bezgranicznie.
9. Nie wolno kopiować tych materiałów bez zgody autora.
10. Do tego klubu nie warto iść przed 22^{00}.

VI. W podanych niżej przepisach proszę zamienić formę 1. osoby liczby mnogiej na formy bezosobowe z **się**.
Przykład: Wszystkie napoje koktajlowe (podajemy) *podaje się* mocno oziębione w lodówce albo z dodatkiem lodu.

Aby krawędź kieliszków koktajlowych pięknie wyglądała, brzegi szkła przy słodkich napojach (smarujemy) .... się białkiem i (zanurzamy) .... w grubym cukrze; przy wytrawnych – sokiem z cytryny i (moczymy) .... w soli, posiekanej pietruszce czy koperku.

Koktajl brzoskwiniowy
Składniki: 60 ml likieru brzoskwiniowego, 60 ml soku brzoskwiniowego, dojrzała brzoskwinia, lód
Przygotowanie: obraną brzoskwinię (kroimy) .... w kostkę. Wszystkie składniki (miksujemy) ....; (podajemy) .... z lodem.

Napój jabłkowo-miętowy
Składniki: 5 gałązek świeżej mięty, 1,5 szklanki soku jabłkowego, szklanka wrzącej wody, sok z cytryny, cukier do ozdoby.
Przygotowanie: we wrzątku (parzymy) .... miętę. Napar (łączymy) .... z sokiem jabłkowym i sokiem z cytryny. (Dolewamy) .... likier miętowy i (chłodzimy) ....

(„Pani Domu", nr 1/97)

VII. Proszę przetłumaczyć na swój język.

1. Najlepiej **podróżuje się** z kimś znajomym.
2. Latem **je się** dużo lodów i **pije (się)** zimne napoje.
3. Kwiaty **podlewa się** rano lub wieczorem.
4. Jaki przedrostek **trzeba dopisać** do tego czasownika?
5. Dawniej **myło się** włosy zwykłym mydłem.
6. Dzisiaj z nim nie **można** spokojnie **rozmawiać**.
7. Książki tego autora **czyta się** z przyjemnością.
8. Za parę lat **będzie się pisać** tylko listy komputerowe.
9. W czasie wykładu nie **wolno rozmawiać**.
10. Czy do tej sałatki **można dodać** trochę papryki?
11. Kiedyś **nosiło się** inne plecaki w góry.
12. Po drodze **warto by było** zwiedzić Malbork.

VIII. Proszę przetłumaczyć z powrotem na polski zdania z ćwiczenia VII.

IX. Dopełniacz
(kogo? czego? czyj?)

RZECZOWNIK

liczba pojedyncza

r.m.	żywotny, nieżywotny	-a	pana, lekarza, psa, konia (= B) zegara, ołówka, ziemniaka
	nieżywotny	-u	zeszytu, stołu, papieru, tortu
r.n.		-a	jabłka, piwa, dziecka, słońca
r.ż.		-y	kobiety, Ewy, Kredy, pracy
	zakończone na spłgł. miękką oraz *k, g*	-i	studentki, historii, Grecji, miłości

Końcówkę **-a** w dopełniaczu przybierają rzeczowniki rodzaju męskiego oznaczające:
- narzędzia i naczynia (*noża, widelca, ołówka, komputera, talerza, dzbanka*)
- miesiące (z wyjątkiem *lutego*: *stycznia, kwietnia, grudnia*)
- części ciała (*nosa, brzucha, żołądka, palca*)
- nazwy miast polskich (*Wrocławia, Lublina, Tarnowa* oraz: *Paryża, Berlina*)
- zakończone na *-ak, -nik* oraz formy zdrobniałe (deminutywne) zakończone na *-ek, -ik/-yk* (*ziemniaka, dziennika, stolika, papierka, kamyka*)

Końcówkę **-u** w dopełniaczu przybierają rzeczowniki rodzaju męskiego:
- niepoliczalne (*piasku, maku*)
- zbiorowe (*tłumu, lasu*)
- abstrakcyjne (*snu, smutku*)
- obcego pochodzenia (*tramwaju, baru*)
- oznaczające nazwy miast niepolskich (*Londynu, Rzymu, Madrytu, Pekinu*)
- zakończone na *-ek* i *-izm/-yzm* (*rachunku, wtorku, piątku, socjalizmu, katolicyzmu*)

Rzeczowniki rodzaju żeńskiego zakończone na *-cja, -sja, -zja* kończą się w dopełniaczu liczby pojedynczej na *-ji* (*kolacji, Rosji, poezji*), a te zakończone na *-ja* poprzedzone samogłoską na *-i* (*nadziei, szyi*).

liczba mnoga

r. m.		-ów*	profesorów, zeszytów, psów
	po -ż, -rz, -sz	-y*	lekarzy, talerzy, węży, koszy
	po spłgł. miękkiej	-i*	nauczycieli, koni, liści, pokoi
r. n. i ż.		-∅	żon, kobiet, bluzek, piw, zdań
	o temacie zakończonym na spłgł. miękką	-i	kawiarni, pieśni, narzędzi
	o temacie zakończonym na spłgł. funkcjonalnie miękką	-y	nocy, myszy, rzeczy, podwórzy

* r.m. osobowy = B

PRZYMIOTNIK

liczba pojedyncza

r. m. i n.	-ego*	małego, nudnego, niecierpliwego
r. ż.	-ej = Msc	szczupłej, francuskiej, nowej

*Końcówka -ego dla r.m. oznaczającego osoby i zwierzęta = D

liczba mnoga

r.m., ż. i n.	-ych/-ich = Msc	małych, starych, niebieskich, szerokich

Przykłady:

rodz. męski

mianownik l.p.	**dopełniacz l.p.**	**dopełniacz l.mn.**
Gdzie jest ten...?	*Nie ma tu*	*Nie ma tu*
miły pan	tego miłego pana	tych miłych panów
sławny lekarz	tego sławnego lekarza	tych sławnych lekarzy
nowy właściciel	tego nowego właściciela	tych nowych właścicieli
To jest	*Szukam*	*Szukam*
prawdziwy artysta	prawdziwego artysty	prawdziwych artystów
bezdomny kot	bezdomnego kota	bezdomnych kotów
porcelanowy słoń	porcelanowego słonia	porcelanowych słoni
ważny dokument	ważnego dokumentu	ważnych dokumentów

rodz. żeński

mianownik l.p.	*dopełniacz l.p.*	*dopełniacz l.mn.*
To jest	Mieszkam naprzeciwko	Mieszkam naprzeciwko
uboga kobieta	ubogiej kobiety	ubogich kobiet
piękna Hiszpanka	pięknej Hiszpanki	pięknych Hiszpanek
	Potrzebuję	*Potrzebujemy*
duża szafa	dużej szafy	dużych szaf
elegancka suknia	eleganckiej sukni	eleganckich sukien
Czy to jest...?	*Nie boję się*	*Nie boimy się*
ciężka praca	ciężkiej pracy	ciężkich prac
trudna miłość	trudnej miłości	trudnych miłości
	Nie pamiętam już	*Nie pamiętam już*
ta mała stacja	tej małej stacji	tych małych stacji
ta długa podróż	tej długiej podróży	tych długich podróży

rodz. nijaki

mianownik l.p.	*dopełniacz l.p.*	*dopełniacz l.mn.*
Czy to jest...?	*Mam cukierki dla*	*Mam cukierki dla*
grzeczne dziecko	grzecznego dziecka	grzecznych dzieci
	Zbieram plany	*Zbieram plany*
zabytkowe miasto	zabytkowego miasta	zabytkowych miast
nowe muzeum	nowego muzeum	nowych muzeów
To jest	*Staram się unikać*	*Staram się unikać*
nieznane miejsce	nieznanego miejsca	nieznanych miejsc
ostre narzędzie	ostrego narzędzia	ostrych narzędzi
duże zwierzę	dużego zwierzęcia	dużych zwierząt

ZAIMKI OSOBOWE

liczba pojedyncza

ja	mnie
ty	cię / ciebie
on	go / jego / niego
ona	jej / niej
ono	go / jego / niego

liczba mnoga

my	nas
wy	was
oni / one	ich / nich

Niektóre **czasowniki**, po których występuje dopełniacz:

życzyć	**Życzymy** wam *wesołych świąt.*
szukać	**Szukam** *mojego klucza.*
bać się	Adaś **boi się** *burzy.*
potrzebować	**Potrzebujemy** *zielonej farby.*
unikać	Musi pani **unikać** *słońca.*
pragnąć	Rodzice **pragną** *szczęścia* dla swoich dzieci.
zazdrościć	**Zazdroszczę** wam *tych wspaniałych podróży.*
spodziewać się	**Spodziewamy się** *miłych gości.*
słuchać	**Słucham** *koncertu Strawińskiego.*
uczyć (się)	Basia **uczy** w liceum *historii,* a wieczorami **uczy się** *języka portugalskiego.*
zapominać	Często **zapominam** *okularów.*
żądać	Strajkujący **żądają** *podwyżki.*
żałować	**Żałuję** *tamtych chwil.*
pilnować	Pies **pilnuje** *domu.*

Niektóre **przyimki**, po których występuje dopełniacz:

bez	Ona pije kawę **bez** *cukru.*
dla	Julian zrobi wszystko **dla** *swojej matki.*
od	Muzeum jest nieczynne **od** *miesiąca.*
do	Sklep będzie zamknięty **do** *środy.*
koło (obok)	Mieszkamy **koło** *wielkiego stadionu.*
naprzeciwko	Mieszkamy **naprzeciwko** *małego parku.*
wśród	Pomnik tego poety stoi **wśród** *pięknych kwiatów.*
u	Byliśmy wczoraj **u** *wujka Piotra* i *cioci Heleny.*
z / ze	Gdy wracam **ze** *szkoły,* zwykle spotykam panią Patyczkową.
z powodu	**Z powodu** *awarii* nie będzie wody do wieczora.
podczas (w czasie)	Czy **podczas** *burzy* trzeba wyłączyć komputer?
oprócz	Jadam wszystko **oprócz** *flaczków* i *cebuli.*

Funkcje dopełniacza w zdaniu

1. Dopełniacz występuje w zdaniu przy negacji biernika.
a. Zmiana przypadka w dopełnieniu bliższym:
Mam złoty zegarek. **Nie mam** *złotego zegarka.*
Znam te kobiety. **Nie znam** *tych kobiet.*
Zawsze kupuję sok wiśniowy. **Nigdy nie kupuję** *soku wiśniowego.*
*b. Zmiana przypadka w podmiocie z czasownikiem **być**:*
Babcia **jest** w salonie. *Babci* **nie ma** w salonie.
Janek **był** w siłowni. *Janka* **nie było** w siłowni.
Kwiaty **będą** w tym pokoju. *Kwiatów* **nie będzie** w tym pokoju.

2. Dopełniacz określa przynależność (posesywność), np.
Czyj to samochód? To samochód *mojego brata.*
Czyja jest ta torebka? To jest torebka *tamtej pani.*
Czyje zdanie powtarzasz? Powtarzam zdanie *księdza.*
Czyi to są synowie? To są synowie *mojej sąsiadki.*
Widziałeś ostatni film *Kieślowskiego?*
Czytam powieść *Henryka Sienkiewicza.*
Czy znasz układ *Mendelejewa?*

3. Dopełniacza używa się po określeniach ilości (*dopełniacz cząstkowy*), np.

butelka *mleka*	dużo *owoców*
torebka *cukru*	mało *słońca*
kieliszek *wina*	parę *jabłek*
paczka *papierosów*	kilka *błędów*
10 dag *kiełbasy*	niewiele *czasu*
kilo *sera*	trochę *cierpliwości*

*Po liczebnikach **dwa** i większych w rodzaju męskoosobowym i **pięć** i większych w rodzaju żeńskim, nijakim i niemęskoosobowym:*

dwóch *studentów*	pięć *studentek*
trzech *braci*	sześć *książek*
czterech *kuzynów*	siedem *tygrysów*
pięciu *turystów*	osiem *zeszytów*
dziesięciu *chłopców*	dziesięć *jajek*

4. Przy pomocy dopełniacza wyraża się daty i relacje czasowe, np.
Urodziłem się *dwunastego maja* tysiąc dziewięćset *sześćdziesiątego roku.*

Ewelina wyszła za mąż *czwartego września* tysiąc dziewięćset *osiemdziesiątego drugiego roku*.
Ostatni egzamin zdałam *dwudziestego drugiego lutego*.
Wróciliśmy do Polski *trzydziestego grudnia ubiegłego roku*.
Poprzedniego dnia oddał pracę profesorowi.
Zeszłego roku dużo chorowaliśmy.
Zeszłej zimy było bardzo mało śniegu.

Spodziewamy się miłych gości z Australii.
- *kogo* się spodziewacie? – *miłych gości*
- *skąd* (z *czego?*) się spodziewacie gości? – *z Australii*

Zazdroszczę wam tej wspaniałej podróży do Afryki.
- *czego* nam zazdrościsz? – *tej wspaniałej podróży*
- podróży *dokąd* (do *czego?*) nam zazdrościsz – do *Afryki*

Katarzyna pije kawę bez cukru.
- Bez *czego* (*jaką?*) kawę pije Katarzyna? – bez *cukru*.

Wczoraj u Nowaków słuchaliśmy koncertu Wieniawskiego.
- u *kogo* słuchaliście koncertu Wieniawskiego? – u *Nowaków*
- *czego* słuchaliście wczoraj u Nowaków? – *koncertu*
- *czyjego* (*jakiego?*) koncertu słuchaliście wczoraj u Nowaków? – *Wieniawskiego*

*****

– *Jest pan ojcem dwójki dzieci – mówi jasnowidz.*
– *Tak pan myśli?* – zaśmiał się mężczyzna. *– Jestem ojcem trójki dzieci!*
– *To pan tak myśli* – zaśmiał się jasnowidz.

Ćwiczenia

I. Proszę podkreślić odpowiednią formę.
Przykład: Nie znamy (te panie – tymi paniami – <u>tych pań</u>).

1. To są dzieci (naszych sąsiadach – naszymi sąsiadami – naszych sąsiadów).
2. Uczę się (tańcem towarzyskim – taniec towarzyski – tańca towarzyskiego).
3. Z powodu (gwałtownej burzy – gwałtowną burzą – gwałtowną burzę) odwołano koncert.
4. Nie mam już (polskie pieniądze – polskich pieniędzy – polskimi pieniędzmi).
5. Nowa firma potrzebuje (zdolnych inżynierów – zdolnymi inżynierami – zdolni inżynierowie).
6. Pożyczyłam mu sześć (grube książki – grubych książek – grubymi książkami).
7. Nie lubię (brzydką pogodę – brzydkiej pogody – brzydką pogodą).
8. To jest zdjęcie (moje siostry – moich sióstr – moimi siostrami).
9. Ela chodzi do (przystojny dentysta – przystojnym dentystą – przystojnego dentysty).
10. Tu jest duży wybór (wieczorowe suknie – wieczorowych sukien – wieczorowymi sukniami).

II. Wyrazy podane w nawiasie proszę napisać w dopełniaczu.
Przykład: Dzieci potrzebują (troskliwa opieka) *troskliwej opieki*.

1. John uczy się (język polski) . . . .
2. To jest najnowsza płyta (Justyna Steczkowska) . . . .
3. Boimy się (rasowe psy) . . . .
4. To są znajomi (moi rodzice) . . . .
5. Życzę ci (zdrowie, szczęście, radość) . . . .
6. Ela spodziewa się (drugie dziecko) . . . .
7. On ciągle szuka (idealna dziewczyna) . . . .
8. Niech pan unika (ciągły pośpiech) . . . .
9. Chętnie słuchamy (dobra muzyka) . . . .
10. Pilnuj (swój nos) . . . . !

III. Wyrazy podane w nawiasie proszę napisać w dopełniaczu.

1. Chcecie (dobra rada) ....?
2. Nasza sąsiadka uczy w podstawówce (fizyka) ...., a jej mąż (hiszpański) ....
3. Brakuje im (nowe pomysły) ....
4. Generał wymaga (absolutna dyscyplina) ....
5. Oni żądają (lepsze warunki) .... w pracy.
6. Teresa zazdrości Agnieszce (przystojny chłopak) ....
7. Bartek zapomniał (wszystkie dokumenty) ....
8. Rysiek szuka w czasopismach (ostatnie zdjęcie) .... prezydenta.
9. Potrzebujesz (cisza i spokój) ....
10. Żałuję (stracony czas) ....

IV. Wyrazy podane w nawiasie proszę napisać w dopełniaczu.
Przykład: Wieczorem pójdziemy do (nasza koleżanka) *naszej koleżanki*.

1. Będę w Warszawie od (poniedziałek) .... do (sobota) ....
2. On robi wszystko dla (nasze dobro) ....
3. Krysia i Piotr pójdą do (klub studencki) ....
4. Usiądźmy koło (tamte ławki) ....
5. Mieszkają naprzeciwko (Teatr Stary) ....
6. Podczas (ostatnie wakacje) .... zakochali się w górach.
7. Z powodu (przewlekła choroba) .... nie będę mógł chodzić do szkoły.
8. Proszę kawę bez (śmietanka) .... i lody bez (alkohol) ....
9. Najlepiej czuję się wśród (moi przyjaciele) ....
10. Na imieninach u (Daniel) .... było bardzo fajnie. Wszystko mi smakowało oprócz (śledzie) .... i (barszcz) ....

V. Podane zdania proszę napisać w negacji.
Przykład: Uwielbiam gorącą herbatę. *Nie znoszę gorącej herbaty.*

1. Oni zdali trudne egzaminy. ....
   ....
2. Zawsze wieczorem piję zimne mleko. ....
   ....
3. Marian zgubił składany parasol. ....
   ....
4. Czy ktoś zbiera przedwojenne znaczki? ....
   ....?
5. Roman ma miłą żonę. ....
   ....
6. Płacimy wysokie rachunki za gaz. ....
   ....
7. Zygmunt zawsze nosi ciemny płaszcz. ....
   ....
8. Mam urocze wnuczki. ....
   ....
9. Widziałeś gdzieś moją torebkę? ....
   ....?
10. Wojtek uwielbia białe wino. ....
    ....

VI. Wyrazy podane w nawiasie proszę napisać w dopełniaczu.
Przykład: Kup parę (dojrzałe banany) *dojrzałych bananów.*

1. Mój mąż ma dużo (jedwabne krawaty) ....
   ....
2. W tej firmie pracuje kilka (zdolne tłumaczki) ....
   ....
3. Zrobili państwo sporo (błędy gramatyczne) ....
   ....
4. Zjadłeś za dużo (kwaśne owoce) ....
5. Proszę pół kilo (szynka) ...., kostkę (masło) ....,
   torebkę (sól) .... i 25 dag (cukierki) ....
6. W tym sklepie jest za mało (letnie sukienki) ....
   ....
7. Zgubili 100 (dolary amerykańskie) ....
   ....

8. Daj mi trochę (mocna kawa) ....
9. W Krakowie jest niemało (zabytkowe kościoły) ....
   ....
10. Na parkingu stało kilkanaście (nowe auta) ....

VII. Wyrazy podane w nawiasie proszę napisać w dopełniaczu (l.mn.).
Przykład: Kupiłam 8 (szklanki) *szklanek* i 10 (spodeczek) *spodeczków*.

1. Na mojej ulicy mieszka dwóch (sławny pisarz)..................
   ....
2. W programie telewizyjnym wystąpiło trzech (warszawski aktor)
   ....
3. Wczoraj w Tatrach zginęło pięciu (niemiecki turysta) ....
   ....
4. Na aukcji sprzedano pięć (cenny obraz) ....
5. To kosztuje 25 (rubel) ....
6. Zaproszono na tę konferencję dziesięciu (lekarz) ....
   i dziesięć (lekarka) .... z Europy.
7. Ta pani ma pięć (czarny kot) ....
8. Przed naszymi oknami rośnie sześć (wysokie drzewo) ....
   ....
9. W czasie wakacji przeczytałem siedem (ciekawa powieść) ......
   ....
10. W czasie wakacji poznałam siedmiu (angielski marynarz) .....
    ....

VIII. Wyrazy podane w nawiasie proszę napisać w dopełniaczu.
Przykład: Moja babcia zmarła (10.08.1975 r.) *dziesiątego sierpnia tysiąc dziewięćset siedemdziesiątego piątego roku.*

1. Mój syn urodził się (4.07.) ...., a mąż (7.04.)
   ....
2. Ewy obchodzą imieniny (24.12.) ....
   ....
3. Wielkanoc przypada w tym roku (17.03) ....
4. Rok szkolny rozpoczyna się (1.09.) ....,
   a rok akademicki – (1.10.) ....
5. Święto Narodowe w Polsce obchodzi się (11.11.) ....
   ....
6. Ferie zimowe będą trwać od (30.01.) ....
   do (12.02.) ....

7. Bardzo źle spałam (ubiegła noc) ....
8. Te meble kupiliśmy (zeszła wiosna) ....
9. (Poprzedni miesiąc) .... zapłaciliśmy wysoki rachunek za telefon.
10. (Przyszły rok) .... chyba pojadę do Paryża.

IX. W puste miejsca proszę wstawić: *wśród, dla, w czasie (podczas), obok (koło), bez.*
Przykład: Usiadł *koło* okna.

1. Nauczyciel źle się poczuł .... ostatniej lekcji.
2. Muszę coś kupić .... mojej córki.
3. Jan mieszka .... kościoła.
4. Nie chcę tam iść .... ciebie.
5. .... ludzi czuję się bezpieczniej.
6. .... trwania spektaklu widzowie nie będą wpuszczani na salę.
7. Przechodzisz .... kiosku? Kup mi gazetę!
8. On zrobi wszystko .... pieniędzy.
9. Musi pani jadać potrawy .... tłuszczu i soli.
10. Zbudowali sobie małą altankę .... drzew.

X. W puste miejsca proszę wstawić: *do, od, naprzeciwko, u, oprócz, z powodu.*

1. .... kogo pożyczyłyście ten słownik?
2. Nasze biuro znajduje się .... baru.
3. Wszyscy przyszli punktualnie .... Oli.
4. Sklep jest zamknięty .... braku prądu.
5. Byliście w restauracji „. . . Stasi"?
6. Idziemy jutro ...... kina. Pójdziecie z nami?
7. Stypendium będzie trwać ...... lutego .... kwietnia.
8. Byłyście ..... Ali? Tak, wracamy ..... niej.
9. Zrobiła pani wszystko dobrze .... ostatniego ćwiczenia.
10. Festyn został odwołany .... ulewy.

XI. Proszę zastąpić podane w nawiasie wyrazy zaimkami w dopełniaczu.
Przykład: Zadzwoń do (oni) *nich.*

1. Szukaliśmy (ty) .... wszędzie.
2. Nie bój się (ptaki) .....
3. Słucham (ta płyta) .... od rana.
4. Bez (one) ...... nigdzie nie pojadę.
5. Brakuje nam tutaj (wy) .....

6. Nie (on) . . . . . . potrzebuję, lecz (ty) . . . . !
7. Idziemy do (on) . . . . . . na kolację.
8. Spodziewamy się (on) . . . jutro.
9. Spotkajmy się u (ona) . . . . o szóstej.
10. Będziecie mieszkać koło (ja) . . . .

XII. Proszę połączyć wyrazy z kolumn A i B w logiczne pary, zapisać z boku i ułożyć z nimi zdania w dopełniaczu.

A	B
długi	mężczyzna
włoski	fotel
wysoki	piwo
wygodny	praca
suchy	lato
upalne	zadanie
ciekawa	liść
piękna	list
zimne	piłkarz
trudne	kobieta

XIII. Podane w nawiasie wyrazy proszę przekształcić na dopełniacz.

a.
Maciuś wczoraj spóźnił się do (szkoła) . . . . Podczas (pierwsza lekcja) . . . . nie uważał i pani kazała mu usiąść koło (Helenka) . . . . Maciuś zapomniał (linijka, atlas i piórnik) . . . ., więc musiał ciągle czegoś pożyczać od (swoja sąsiadka) . . . . W czasie (przerwa) . . . . Maciuś chciał sobie kupić coś do (picie) . . . ., ale sklepik był zamknięty z powodu (choroba) . . . . (sprzedawczyni) . . . . (Geografia) . . . . nie było, za to na matematyce była klasówka z (geometria) . . . . Na biologii był pytany i dostał czwórkę, bo odpowiedział na wszystkie pytania oprócz (jeden) . . . . Kiedy wychodził z (klasa) . . . . . ., zorientował się, że nie ma (blok) . . . . ani (kredki) . . . ., a był pewny, że wziął je z (dom) . . . . Szukał (je) . . . . . wszędzie. Okazało się, że były w gabinecie u (dyrektor) . . . ., który znalazł je na korytarzu. Maciuś wstydził się (swoja nieuwaga) . . . . i przeprosił dyrektora za kłopot.

b.
Moja babcia urodziła się (10.11.1921 r.) ....
.... w niedużym mieście
koło (Kielce) .... Podczas (wojna) .... mieszkała
u (wujek) .... na wsi, bo bała się (aresztowanie) ....
.... z powodu (przynależność) .... do (nielegalna
organizacja) .... W czasie
(pobyt) .... na wsi poznała swojego przyszłego męża –
razem z nim należała do (partyzantka) .... Po
wojnie dziadkowie wzięli ślub (23.06.1946 r.) ....
....
.... i zamieszkali najpierw u (rodzice)
.... (babcia) ...., a potem u (kuzyn) ....
(dziadek) .... w Katowicach. Tam, (7.10.1948 r.)
....
................., urodziła się im córeczka, czyli moja mama.
Wkrótce potem wyprowadzili się z (Katowice) ....
i przenieśli się do (Wrocław) ...., gdzie dziadek otrzymał
pracę. Jednak nie czuli się tam dobrze bez (rodzina) ....
i (przyjaciele) ...., więc po roku przenieśli się do
(Kraków) ...., aby być bliżej (oni) .... Dziadkowie
wybudowali sobie duży dom naprzeciwko (malowniczy lasek) ....
.... koło (mała rzeczka) ....
(2.04.1952 r.) ....
.... urodził im się syn, mój wujek. Niestety,
w październiku (ten sam rok) ....
.... zmarł dziadek, więc babcia przeprowadziła się z dziećmi
do (dom) .... (swoja siostra) ....
i (swój szwagier) .... Mieszkali u (oni)
.... przez 10 lat, a potem przeprowadzili się do (małe mieszkanie) .... w centrum miasta.

c.
– Proszę coś (zimne) .... do (picie) ....
– Jest pepsi-cola, tonik, woda mineralna i mrożona herbata.
– Nie ma (żaden sok) ....?
– Przykro mi, ale nie ma.
– Proszę więc kufel (piwo) ...., 2 szklanki (pepsi-cola) ......
.... bez (lód) ...., szklankę (mrożona herbata)

.... i butelkę (gazowana „kryniczanka")
....
– Czy podać coś do (jedzenie) ....?
– Proszę lody.
– Są wszystkie, które wymieniono w karcie oprócz (bakaliowe i kawowe) .... i ....
– To niech będą waniliowe i czekoladowe, ale bez (owoce) ....
....
– 7 (porcje) ....?
– Tak.
– (Żadne ciastka) ....?
– A co pan poleca?
– Niestety, dziś nie ma (kremówki) .... ani (pączki)
.............., ale są wspaniałe szarlotki, drożdżówki i sernik.
– Nie chcę (drożdżówki) ...., ale proszę 6 (szarlotki)
.... i jeden sernik.
– A może później podać kawę? Jest dziś promocja (doskonała kawa brazylijska) ....
– No, dobrze, ale później, jak się trochę ochłodzimy, proszę podać
5 (kawa) .... bez (śmietanka) .... i 2 herbaty
bez (cytryna) ....
– Czy zechcieliby państwo spróbować (nasz firmowy koktajl) ....
.... o nazwie „Letni wieczór"?
– Oj, chyba dziś za ciepło na alkohol!
– Jednak gorąco polecam – tam jest niewiele (alkohol) ....,
a koktajl jest wyśmienity!!
– No, dobrze, więc proszę podać 5 („Letni wieczór") ....
.............., ale proszę nas na nic więcej nie namawiać!

XIV. Proszę przetłumaczyć na swój język.

1. Mój ojciec pali dużo **papierosów**.
2. Paulina nigdy nie je **mięsa** ani nie pije **alkoholu**.
3. Konferencja będzie trwała od **piątku** do **niedzieli**.
4. Nasza nauczycielka często zapomina **okularów** i **pióra**.
5. Muszę kupić pół kilo **pomidorów**, puszkę **kukurydzy** i butelkę **wody mineralnej**.
6. Nie pamiętam **jego adresu** ani **numeru telefonu**.
7. Andrzej spodziewa się **prestiżowej nagrody**.

8. Naprzeciwko **hotelu** znajduje się pięć **domów**.
9. Kot leżał na trawie wśród **liści**.
10. Nie ma już **pierogów**, **zupy jarzynowej** ani **naleśników**.
11. Pięciu **studentów** nie zdało egzaminu.
12. Agencja zatrudni 6 **nowych modelek**.

XV. Proszę z powrotem przetłumaczyć na polski zdania z ćwiczenia XIV.

X. Czas przyszły

W języku polskim istnieją dwa czasy przyszłe: *złożony i prosty.*

Czas przyszły złożony składa się z form czasu przyszłego czasownika posiłkowego *być* oraz **bezokolicznika** lub **3. osoby liczby pojedynczej** lub **mnogiej czasownika niedokonanego**[*]. Wyraża czynność niedokonaną.

Przykłady: W sobotę **będę powtarzać** gramatykę.
Wieczorem **będziemy oglądać** film.
Piotr **będzie** nam **pomagał** w matematyce.

Np. *czytać*

			r. męski	r. żeński
ja	**będę**	czytać	czytał	czytała
ty	**będziesz**	czytać	czytał	czytała
on, ona	**będzie**	czytać **lub**	czytał	czytała
my	**będziemy**	czytać	czytali	czytały
wy	**będziecie**	czytać	czytali	czytały
oni	**będą**	czytać	czytali	czytały

czyli:

rodz. żeński ja *będę* czytała   my *będziemy* czytały
ty *będziesz* czytała   wy *będziecie* czytały
ona *będzie* czytała   one *będą* czytały

rodz. męski ja *będę* czytał   my *będziemy* czytali
ty *będziesz* czytał   wy *będziecie* czytali
on *będzie* czytał   oni *będą* czytali

rodz. nijaki ono *będzie* czytało   one *będą* czytały

---

[*] Więcej przykładów i informacji dotyczących czasowników dokonanych i niedokonanych znajduje się w następnym rozdziale (aspekt).

Np. *siedzieć*

			r. męski	r. żeński
ja	**będę**	siedzieć	siedział	siedziała
ty	**będziesz**	siedzieć	siedział	siedziała
pan, pani	**będzie**	siedzieć **lub**	siedział	siedziała
my	**będziemy**	siedzieć	siedzieli	siedziały
wy	**będziecie**	siedzieć	siedzieli	siedziały
państwo	**będą**	siedzieć	siedzieli	siedziały

czyli:

rodz. żeński ja *będę* siedziała my *będziemy* siedziały
 ty *będziesz* siedziała wy *będziecie* siedziały
 ona *będzie* siedziała one *będą* siedziały

rodz. męski ja *będę* siedział my *będziemy* siedzieli
 ty *będziesz* siedział wy *będziecie* siedzieli
 on *będzie* siedział oni *będą* siedzieli

rodz. nijaki ono *będzie* siedziało one *będą* siedziały

Tato pyta syna:
– Co robiliście dzisiaj w szkole?
– Na lekcji chemii badaliśmy materiały wybuchowe.
– A co będziecie jutro robić w szkole?
– W jakiej szkole?

Ćwiczenia

I. Podane w nawiasie bezokoliczniki proszę zamienić na formy osobowe.
Przykład: One jutro będą (zwiedzać) *zwiedzały* miasto.

1. Będziemy (r.m. – czekać) . . . . tylko do szóstej.
2. Będziesz (r.m. – pisać) . . . . na komputerze po obiedzie?
3. Będę (r.m. – tęsknić) . . . . za tobą!
4. Nie będziemy (r.ż. – pamiętać) . . . . tylu dat!

5. Dlaczego nie będziesz (r.ż. – studiować) .... na Politechnice?
6. Kto będzie (uczyć) .... grupę IX?
7. Ela nie będzie (móc) .... jutro przyjść na zebranie.
8. O której godzinie dzieci będą (mieć) .... podwieczorek?
9. Boję się, że nie będę (r.m. – umieć) .... zrobić tego ćwiczenia.
10. Już nie będę (r.ż. – farbować) .... włosów na blond!

II. Proszę użyć form osobowych czasu przyszłego.
Przykład: Eliza już nie (przychodzić) *będzie przychodziła* do nas.

Wczoraj Jurek oznajmił, że od najbliższego poniedziałku nie (grać) .... już na gitarze, tylko na flecie, a jego żona nie (śpiewać) .... więcej w chórze, lecz solo. Poza tym oboje (starać się) .... o wyjazd do Mongolii na festiwal rodzin muzykujących. Ich cztery córki także (chcieć) .... z nimi pojechać, ale ich malutkie dziecko (musieć) .... zostać z babcią.
Do Mongolii Jurkowie (lecieć) .... 22 godziny. Mają nadzieję, że (siedzieć) .... w samolocie blisko ekranu, i że (oglądać) .... wszystkie filmy.

III. W poniższym tekście są użyte obie formy czasu przyszłego. Proszę zamienić je na odwrotne, tzn. jeśli w tekście występuje forma z bezokolicznikiem – proszę ją zamienić na formę osobową i odwrotnie.

Będziesz moją panią

<u>Będziesz zbierać</u> kwiaty   *będziesz zbierała*
<u>będziesz się uśmiechać</u>   ....
<u>będziesz liczyć</u> gwiazdy   ....
<u>będziesz</u> na mnie <u>czekać</u>   ....

I ty, właśnie ty, będziesz moją damą
I ty, tylko ty, będziesz moją panią

<u>Będą</u> ci <u>grały</u> skrzypce lipowe, ...
<u>będą śpiewały</u> jarzębinowe   . . . .
drzewa, liście, ptaki wszystkie.
<u>Będę</u> z tobą <u>tańczyć</u>, bajki <u>opowiadać</u>   (r.m.) . . . .
słońce z pomarańczy w twoje dłonie <u>składać</u>   . . . .

I ty, właśnie ty, będziesz moją damą
I ty, tylko ty, będziesz moją panią

<u>Będą</u> ci <u>grały</u> nocą sierpniową   . . . .
wiatry strojone barwą słońca,
<u>będą śpiewały</u>, śpiewały bez końca.   . . . .
<u>Będziesz miała</u> imię jak wiosenna róża, ...
<u>będziesz miała</u> miłość jak jesienna burza.

I ty, właśnie ty, będziesz moją damą
I ty, tylko ty, będziesz moją panią.

(Źródło: A. Danecka, J. Whybra, *Język polski dla studentów polonijnych*,
Wyd. Uniw. Jagiellońskiego, Kraków 1979)

Czas przyszły prosty – to formy czasu teraźniejszego **czasowników dokonanych**. Czas przyszły prosty określa czynność, która będzie zakończona w przyszłości.

Przykłady: Jutro **kupimy** telewizor.
Wieczorem **przeczytam** ten artykuł.
O której **wrócicie**?

przeczytać

ja	*przeczytam*	my	*przeczytamy*
ty	*przeczytasz*	wy	*przeczytacie*
on, ona, ono	*przeczyta*	oni, one	*przeczytają*

zapłacić

ja	*zapłacę*	my	*zapłacimy*
ty	*zapłacisz*	wy	*zapłacicie*
on, ona, ono	*zapłaci*	oni, one	*zapłacą*

powtórzyć

ja	*powtórzę*
ty	*powtórzysz*
on, ona, ono	*powtórzy*

my	*powtórzymy*
wy	*powtórzycie*
oni, one	*powtórzą*

zacząć

ja	*zacznę*
ty	*zaczniesz*
on, ona, ono	*zacznie*

my	*zaczniemy*
wy	*zaczniecie*
oni, one	*zaczną*

Mąż do żony:
– *Kochanie! W przyszłym roku na imieniny kupię ci złote kolczyki.*
– *Najdroższy, jesteś wspaniały! A w tym roku?*
– *W tym roku przekłuj sobie uszy.*

Ćwiczenia

I. Podane bezokoliczniki proszę zamienić na czas przyszły prosty.
Przykład: (ty – powiedzieć) *powiesz* im prawdę?

1. (ja – napisać) .... do ciebie, jak już będę w Londynie.
2. Janek ci dokładnie (opowiedzieć) ...., co się zdarzyło.
3. Moi rodzice (wyjechać) .... jutro o piątej rano.
4. (wy – pójść) .... z nami na wystawę?
5. Teresa na pewno się (spóźnić) ....
6. O tej porze nie (ty – spotkać) .... ich w bibliotece.
7. Jutro (my – poznać) .... naszego sąsiada.
8. (ja – wypić) .... syrop po śniadaniu.
9. Moje koleżanki (przetłumaczyć) .... nam tę instrukcję na polski.
10. Jerzy chyba (dostać) .... nagrodę od prezydenta miasta.

II. Proszę zastąpić podane bezokoliczniki formami czasu przyszłego prostego.
Przykład: Wszystko (pójść) *pójdzie* lepiej, jeśli zrobi się to razem.

Ula (dać) . . . . mi trochę swoich kwiatków, a ja jej (dać) . . . . . . trochę moich i na pewno (my – znaleźć) . . . . czas na tę cudowną maseczkę, która (zrobić) . . . . z nas nastolatki. Ula chętnie się nią ze mną (podzielić) . . . . Najpierw (my – zrobić) . . . . szybko porządek u Uli, a potem u mnie. Potem (my – przesadzić) . . . . roślinki, potem (my – ugotować) . . . . sobie coś zdrowego, potem (my – wziąć) . . . . prysznic, (my – spotkać) . . . . się, (my – nałożyć) . . . . maseczkę i (my – urządzić) . . . . sobie damski wspaniały wieczór.

(Na podst. fragm. art. *Damski wieczór na początek lata*, „Jestem" nr 7, 2001 r.)

III. Proszę pokreślić odpowiednią formę czasownika (w czasie przyszłym prostym lub złożonym) w zależności od tego, czy planowana czynność będzie *zakończona* lub *jednorazowa* czy *niezakończona* lub *trwająca dłużej* bądź *powtarzająca się*.
Przykład: Od jutra Szymek (*będzie grać* – zagra) w naszej drużynie.

1. (Pójdę – będę chodzić) na masaże raz w tygodniu.
2. W przyszłym miesiącu (wezmę – będę brać) urlop.
3. Zaraz (przyjdą – będą przychodzić) moje wnuczki.
4. W nowym sezonie chór (zaśpiewa – będzie śpiewać) pod kierownictwem pana X.
5. Państwo Leśniewscy są już w Krakowie i wkrótce nas (odwiedzą – będą odwiedzać).
6. Nareszcie (obejrzymy – będziemy oglądać) wasze nowe mieszkanie!
7. Kiedy (zaprosisz – będziesz zapraszać) Urszulę – chciałbym ją wreszcie poznać!
8. Za chwilę (zobaczycie – będziecie widzieć) naszego psa.
9. Przez cały wieczór (poćwiczę – będę ćwiczyć) techniki koncentracji.
10. (Zadzwonią – będą dzwonić) do nas co godzinę.

IV. Z podanych par czasowników proszę ułożyć zdania w czasie przyszłym złożonym i przyszłym prostym.
Przykład:
  grać – zagrać
Justyna od czasu do czasu **będzie grała** na tym pianinie.
Za chwilę **zagra** nam poloneza As-dur Chopina.

  jeść – zjeść
W najbliższym czasie *często* **będziemy jedli** pierogi w tym barze.
Zaraz **zjem** moje ulubione danie.

niedokonany	dokonany
pisać	napisać
dawać	dać
zamykać	zamknąć
liczyć	policzyć
robić	zrobić
szukać	poszukać

V. Proszę przetłumaczyć na swój język.
 1. Co **będziecie robili** jutro po południu?
 2. Czy państwo **będą mieszkali** w akademiku?
 3. Heniek trochę się **spóźni**.
 4. Nie **będę** tego więcej **powtarzać**!
 5. **Zaczniemy** kurs komputerowy dopiero za tydzień.
 6. Kto **pójdzie** z psem na spacer?
 7. Za chwilę **zacznie się** transmisja z otwarcia konkursu.
 8. Od jutra **będę się uczyć** tych reguł.
 9. **Zjemy** kolację po koncercie.
 10. On chyba nie **będzie czekał** tak długo.
 11. Co nam jutro **ugotujesz** na obiad?
 12. **Będziemy obserwować** wschód słońca z naszego balkonu.

VI. Proszę z powrotem przetłumaczyć na polski zdania z ćwiczenia V.

NOTATKI

XI. Aspekt czasowników

W języku polskim czasowniki dzielą się na: **dokonane** (*dk*) i **niedokonane** (*ndk*).

W czasie teraźniejszym występują tylko czasowniki *niedokonane* (wszystkie czynności dopiero się odbywają, nie są skończone).

W czasie przyszłym złożonym występują tylko czasowniki *niedokonane* oznaczające czynności *trwające, powtarzające się, nieskończone*, a **w czasie przyszłym prostym** – wyłącznie czasowniki *dokonane*, które oznaczają czynności *jednorazowe, zakończone*.

W czasie przeszłym używa się zarówno czasowników *niedokonanych*, jak i *dokonanych* – w zależności od tego, co mają one wyrażać: czynności *trwające, powtarzające się, nieskończone* czy *jednorazowe, zakończone*.

Dwa czasowniki oznaczające tę samą czynność raz jako trwającą, a raz jako zakończoną tworzą tzw. **parę aspektową**. Czasownikiem podstawowym (w parze aspektowej) jest czasownik *niedokonany*. Od niego tworzy się czasownik dokonany:

a. przy pomocy przedrostka (prefiksu), np.
   pisać (ndk) – **na**pisać (dk)   robić (ndk) – **z**robić (dk)

b. przez wymianę przyrostka (sufiksu) tematycznego, czyli tej części, która poprzedza końcówkę, np.
   dawać (ndk) – dać (dk)   pomagać (ndk) – pom**ó**c (dk)

c. parę aspektową mogą też tworzyć dwa różne czasowniki, np.
   mówić (ndk) – powiedzieć (dk)   brać (ndk) – wziąć (dk)

Najczęściej występujące prefiksy, które wyznaczają aspekt czasownika:

	z-, (s-)		**za-**
ndk	*dk*	*ndk*	*dk*
budować	**z**budować	czekać	**za**czekać
gubić	**z**gubić	dzwonić	**za**dzwonić
jeść	**z**jeść	grać	**za**grać
kończyć	**s**kończyć	nieść	**za**nieść

ndk	dk	ndk	dk
martwić	**z**martwić	palić	**za**palić
próbować	**s**próbować	płacić	**za**płacić
robić	**z**robić	pytać	**za**pytać
rozumieć	**z**rozumieć	śpiewać	**za**śpiewać
pytać	**s**pytać	telefonować	**za**telefonować

	po-		**u-**
ndk	*dk*	*ndk*	*dk*
dziękować	**po**dziękować	gotować	**u**gotować
jechać	**po**jechać	myć	**u**myć
liczyć	**po**liczyć	piec	**u**piec
mylić (się)	**po**mylić (się)	słyszeć	**u**słyszeć
myśleć	**po**myśleć	tyć	**u**tyć
prosić	**po**prosić		
szukać	**po**szukać		

	na-		**wy-**
ndk	*dk*	*ndk*	*dk*
karmić	**na**karmić	pić	**wy**pić
pisać	**na**pisać	prać	**wy**prać
uczyć (się)	**na**uczyć (się)		

Tworzenie czasowników dokonanych przy pomocy zmiany tematu:

ndk	dk
dawać	dać
dostawać	dostać
kupować	kupić
opowiadać	opowiedzieć
otwierać	otworzyć
pomagać	pomóc
pokazywać	pokazać
powtarzać	powtórzyć
spotykać	spotkać
spóźniać się	spóźnić się
wracać	wrócić
wprowadzać	wprowadzić
zaczynać	zacząć
zamykać	zamknąć
zapraszać	zaprosić

Pary aspektowe tworzone przez dwa różne czasowniki:

ndk	dk
brać	wziąć
iść	pójść
kłaść	położyć
oglądać	obejrzeć
widzieć	zobaczyć
wkładać	włożyć
znajdować	znaleźć

Czasowniki: *być, mieć, musieć, móc, spać, umieć, wiedzieć, woleć, życzyć* nie mają formy dokonanej.

Nauczyciel do dzieci:
– Chcę wam wyjaśnić, w jaki sposób powstali pierwsi ludzie.
Mały Jaś podnosi rękę:
– To już wiemy. Teraz chcielibyśmy się dowiedzieć, jak powstali następni...

Ćwiczenia

I. Proszę podkreślić odpowiednią formę czasownika (*dk* lub *ndk*).
Przykład: Spektakl (kończył się – <u>skończył się</u>) o 21^{00}.

1. Teściowa nawet nie (próbowała – spróbowała) tej sałatki.
2. Co (robiliście – zrobiliście) w ostatni weekend?
3. Niestety, (spóźnialiśmy się – spóźniliśmy się) na rozpoczęcie uroczystości.
4. Nie (widziałeś – zobaczyłeś) nikogo na przystanku?
5. Zygmunt nie (pokazywał – pokazał) nam w końcu swojego dyplomu.
6. Zdaje się, że chłopcy (gubili – zgubili) pieniądze.
7. Ela wczoraj (wracała – wróciła) do akademika taksówką.
8. (Dzwoniłem – zadzwoniłem) do ciebie co godzinę – gdzie byłaś?
9. Zamiast się uczyć, (oglądałyśmy – obejrzałyśmy) telewizję przez cały wieczór.
10. Robert (żenił się – ożenił się) rok temu – nie wiedziałaś o tym?

II. Proszę zamienić na formy dokonane.
Przykład: (Myłam) *Umyłam* włosy nowym szamponem.

1. (Pisałem) . . . . list zaraz po obiedzie.
2. (Karmiliście) . . . . już rybki?
3. (Martwiliśmy się) . . . . tą wiadomością!
4. Gdzie (kładłeś) . . . . portfel?
5. Czy Karol mógłby (pomagać) . . . . mojej babci wsiąść do taksówki?
6. Ciocia (wkładała) . . . . na tę uroczystość swą najelegantszą suknię.
7. Ostatnio Zbyszek bardzo się (zmieniał) . . . .

8. Czy dokładnie (rozumiałyście) .... instrukcję?
9. Szef (zwalniał) .... wczoraj dwóch pracowników.
10. Chyba (brała) .... pani moje rękawiczki!

III. W nawiasach podano formy niedokonane czasowników. Proszę zdecydować, czy w wykropkowane miejsca należy wstawić formy osobowe dokonane czy niedokonane (w czasie przeszłym).

(Być) *Byliśmy* wczoraj z Romkiem na dyskotece. (my – spotykać) .... tam dwie piękne dziewczyny. Z początku nie (my – rozumieć) .... dlaczego nie (one – chcieć) .... z nami rozmawiać ani tańczyć. Potem okazało się, że (one – czekać) .... na swoich chłopaków – Pawła i Dominika. Okazało się, że Romek (znać) .... Pawła z podstawówki, więc wszyscy razem (zajmować) .... wspólny stolik. Dominik (przyprowadzać) .... swoje siostry: Basię i Ankę. Basia od razu (zwracać) .... moją uwagę nie tylko urodą, ale i inteligencją i poczuciem humoru. Długo z nią (ja – rozmawiać) ...., (ja – opowiadać) jej .... mój najlepszy dowcip, z którego oboje (śmiać się) .... chyba z 10 minut. (my – pić) .... tylko po jednym małym piwie, ale humory mieliśmy szampańskie. (ja – zapraszać) .... Basię do tanga i okazało się, że (ona – tańczyć) .... jak motyl, więc nie (my – schodzić) .... z parkietu przez prawie dwie godziny. Naprawdę (my – spędzać) .... niezapomniany wieczór!

IV. Z podanych par czasowników proszę ułożyć zdania w czasie przeszłym.

Przykład:

Zawsze *dostawałam* 5 (piątkę) z egzaminów.
Z ostatniego egzaminu *dostałam* 3 (trójkę).

Pani Alina *robiła* wspaniałe pierogi ruskie.
Pani Alina *zrobiła* nam wczoraj niespodziankę.

niedokonany	dokonany
tłumaczyć	przetłumaczyć
czekać	zaczekać
otwierać	otworzyć
kupować	kupić
powtarzać	powtórzyć
rozumieć	zrozumieć

V. Proszę uzupełnić ćwiczenie według schematu. (W pytaniu występuje czas przyszły złożony, a w odpowiedzi czas przeszły czasownika dokonanego).

Przykład: Czy *będziesz zdawał* jutro egzamin z historii? *Zdałem* go już wczoraj. *Będziecie* teraz *sprzątać*? Już *posprzątaliśmy*.

1. Czy babcia będzie wieczorem piekła ciasto? Już . . . . je rano.
2. Będziesz teraz powtarzać wiersz, Aniu? Już go . . . .
3. Czy Jan . . . . sąsiadce w malowaniu? Już jej pomógł.
4. Czy będziesz liczyła te wszystkie błędy? Już je . . . .
5. . . . . teraz . . . . psa? Wykąpałam go przed południem.
6. Czy . . . . te zadania? Już je rozwiązaliśmy.
7. Kiedy mama będzie wkładała nowy serwis do kredensu? Już go . . . . !
8. Czy Kuba będzie pracował przy komputerze po obiedzie? Już przy nim . . . . rano.
9. Czy często . . . . Darka do siebie? Zaprosiłyśmy go raz i chyba to wystarczy.
10. Czego będziecie życzyli dziadkowi? Już . . . . mu zdrowia i wygranej w Lotto.

VI. Proszę zamienić formy dokonane podane w bezokoliczniku na niedokonane.

– Nie (on – zrozumieć) *rozumiał* tego, co się zdarzyło w twoim życiu w związku ze śpiewaniem?
– (On – postarać się) . . . . zrozumieć, ale (ja – zobaczyć) . . . ., że sytuacja bardzo go męczy. (On – ucieszyć się) . . . ., że mnie to wszystko spotkało, przynajmniej tak (on – powiedzieć). . . . . Ale (ja – mieć) . . . .

. wrażenie, że narasta w nim smutek. (...)W tym ostatnim roku rozchorowała się moja mama. Strasznie się o nią (ja – zmartwić) ...., zwłaszcza że mam już tylko ją i brata. Reszta rodziny i ci, którzy (być) .... mi bardzo bliscy, poumierali. Przed poważną operacją mamy – operacją mózgu – (ja – postarać się) .... być jak najwięcej w domu i poświęcać jej cały swój czas. (Ja – powiedzieć) .... Markowi o tym wszystkim, to (być) .... dla mnie ciężki okres: mama, trasa koncertowa, studia, sesje nagraniowe. (Ja – pojechać) .... do domu kilkaset kilometrów i zamiast wracać wypoczęta, (ja – wrócić) .... roztrzęsiona, znerwicowana, niewyspana.

(Fragm. wywiadu z Haliną Młynkową z zespołu Brathanki, *Polacy są zniewieściali*, „Uroda" nr 6, 2001 r.)

VII. Proszę zamienić podane w nawiasie czasowniki na czas przeszły lub przyszły i uzupełnić nimi tekst. (Czasowniki podano w formie niedokonanej).
Przykład: Wczoraj rano (ja – kupować) *kupiłem* gazetę w kiosku koło dworca.

Ostatnio (ja r.m. – budzić się) .... codziennie o szóstej, ale nie (wstawać) .... od razu. (Leżeć) .... jeszcze pół godziny, a potem bardzo się (spieszyć) .... Wczoraj budzik wcale nie (dzwonić) ...., więc (ja – mieć) .... jeszcze mniej czasu. Na śniadanie (jeść) .... tylko grzankę z masłem i szybko (pić) .... kawę. (Biec) .... na przystanek, ale mój autobus już (odjeżdżać) .... (Spotykać) .... Paulinę i razem (czekać) .... na następny autobus. (ja – jechać) .... na gapę, bo (mieć) .... już nieważną kartę, o czym (zapominać) .... więc (płacić) .... karę, bo była kontrola. W dodatku (przypominać) .... sobie, że nie (brać) .... artykułu, o który prosił mnie szef – w pośpiechu (zostawiać) .... go na stole. (Myśleć) ...., że jutro (wstawać) .... od razu jak (słyszeć) .... budzik, nie (jeść) .... śniadania, (jechać) .... taksówką i wtedy na pewno nie (spóźniać się) .... do pracy. (mieć) .... też z pewnością lepszy humor.

VIII. Proszę przetłumaczyć na swój język.

1. Andrzej zawsze **kupował** mi fiołki, a wczoraj **kupił** mi tulipany.
2. Kiedy **zwiedzałyśmy** wystawę, nagle **zgasło** światło.
3. **Studiował** we Wrocławiu ekonomię i **spędził** w tym mieście 5 lat.
4. Nie lubię **dostawać** drogich prezentów, ale naprawdę **ucieszyłam** się z tych kolczyków!
5. **Wszedł** do sklepu i **zobaczył** panią Różę.
6. **Pożyczyliście** kiedyś od nas atlas świata i do dziś go nie **oddaliście**.
7. Może ty rzeczywiście **uczyłeś** się tych reguł, ale się ich nie **nauczyłeś**.
8. Nie **spałem** całą noc, bo sąsiedzi strasznie **hałasowali**.
9. Prelegent **mówił** przez godzinę, ale nic mądrego nie **powiedział**.
10. Kiedy Staszek **płacił** za koszulę, **zorientował** się, że **zgubił** rękawiczkę.
11. Kiedy **skończył** pisać zadanie, **poczuł** się bardzo zmęczony.
12. **Nakarmiłam** dzieci i zaraz potem **położyłam** je spać.

IX. Proszę z powrotem przetłumaczyć na polski zdania z ćwiczenia VIII.

XII. Miejscownik
(o) kim? (o) czym?

RZECZOWNIK

liczba pojedyncza

rodz. m.	-e (po spłgł.*: p, b, f, w, t, d, s, z, m, n, r, ł)	mężczyźnie, wykładzie, kocie, piwie
rodz. n.	-u (po innych spółgłoskach)	rogu, lekarzu, słowniku, dziecku
rodz. ż.	-e	kobiecie, książce, wodzie
	-i	miłości, kawiarni, Rosji, roli
	-y	twarzy, róży, nocy

*ulegających alternacjom

Wyjątki: panu, synu, domu

liczba mnoga

rodz. m., ż., n.	-ach	kobietach, panach, piwach, kotach, psach

PRZYMIOTNIK

liczba pojedyncza

rodz. m. rodz. n.	-ym/ -im = N	dobrym, zielonym, drogim, tanim
rodz. ż.	-ej	dobrej, zielonej, drogiej

liczba mnoga

rodz. m. ż. n.	-ych/-ich = D	dobrych, ciepłych, małych, drogich, niebieskich

Najczęściej występujące wymiany spółgłoskowe (twarde → miękkie) w miejscowniku liczby pojedynczej:

I. po spółgłoskach: *p, b, f, w, m, n, s, z* pojawia się *i* przed końcówką *-e*

mianownik l.p.	*miejscownik l.p.*	*miejscownik l.mn.*
Co to jest?	*Janek jest*	*Szukałem jej*
nowy skle*p*	w nowym sklepie	we wszystkich nowych sklepach
nowa gru*p*a	w nowej grupie	we wszystkich nowych grupach
znany klu*b*	w znanym klubie	we wszystkich znanych klubach
Gdzie jest...?	*Janek jest*	*Nie lubię uczestniczyć*
ostatnia pró*b*a	na ostatniej próbie	w ostatni h próbach
	Słowniki leżą	*Koty lubią pać*
stara sza*f*a	na starej szafie	na starych zafach
Czy to jest...?	*Marzę*	*Pisał referat*
mocna ka*w*a	o mocnej kawie	o różnych kawach
	Zróbmy sobie zdjęcie	*Zróbmy sobie zdjęcia*
ta historyczna	w tej historycznej	w tych historycznych
bra*m*a	bramie	bramach
ten kra*m*	przy tym kramie	przy tych kramach
	Czytałem artykuł	*Czytałem artykuł*
małe ki*n*o	o małym kinie	małych kinach
Gdzie jest...?	*Powiesimy obraz*	*Powiesimy obrazy*
największa ścia*n*a	na największej ścianie	na największych ścianach
	Kup bilety	*Zawsze kupujemy bilety*
najbliższa ka*s*a	w najbliższej kasie	w dwóch najbliższych kasach
Co to jest?	*Narysuj jej piegi*	*Narysujcie im piegi*
zadarty no*s*	na zadartym nosie	na zadartych nosach
	Narysuj psa	*Narysujcie psy*
wielki wó*z*	na wielkim wozie	na wielkich wozach
	Widać żołnierzy	*Widać żołnierzy*
wojskowa ba*z*a	przy wojskowej bazie	przy wojskowych bazach

II. spółgłoski: *t, d, r, ł* zmieniają się na *c, dz, rz, l*
  t > c + ie   d > dz + ie   r > rz +e   ł > l + e

mianownik l.p.	*miejscownik l.p.*	*miejscownik l.mn.*
Co to jest?	*On ciągle opowiada*	*On ciągle opowiada*
mądry ko*t*	o swoim mądrym kocie	o swoich mądrych kotach
moja ulubiona	o swojej ulubionej	o swoich ulubionych
pocz*t*a	poczcie	pocztach
nierealny świa*t*	o nierealnym świecie	o nierealnych światach

Czy to jest...?	Marzyłam	Marzyliśmy
twoja wymarzona pogoda	o takiej pogodzie	o takich (*rzadko*) pogodach
	Zwykle zasypiam	Zwykle zasypiam
nudny wykład	na nudnym wykładzie	na nudnych wykładach
	Mieliśmy wykład	Mieliśmy wykład
narkotykowy głód	o narkotykowym głodzie	o narkotykowych głodach
	Napisaliśmy to	Napisaliśmy to
gruby papier	na grubym papierze	na grubych papierach
	Wróbel kąpie się	Wróble kąpią się
blaszane wiadro	w blaszanym wiadrze (z wodą)	w blaszanych wiadrach (z wodą)
	Robię reportaż	Robię reportaż
zabytkowy kościół	o zabytkowym kościele	o zabytkowych kościołach
Gdzie jest...?	On pracuje	On zawsze pracuje
najlepsza szkoła	w najlepszej szkole	w najlepszych szkołach
	Usiądź	Usiądźcie
wygodne krzesło	na wygodnym krześle	na wygodnych krzesłach

III. dla rodzaju żeńskiego: spółgłoski: *k, g, ch* zmieniają się na *c, dz, sz*
  k > c + e   g > dz + e   ch > sz + e

mianownik l.p.	*miejscownik l.p.*	*miejscownik l.mn.*
Kto to jest?	Stań	Stań
ładna Polka	przy tej ładnej Polce	przy tych ładnych Polkach
Gdzie jest...?	Są jakieś plamy	Są jakieś plamy
czerwona sukienka?	na czerwonej sukience	na czerwonych sukienkach
	Zapomnieliśmy	Zapomnieliśmy
zapasowa noga od stołu	o zapasowej nodze od stołu	o zapasowych nogach od stołu
	Mieszkam	—
Praga	w Pradze	—
	Opowiedz mi bajkę	Opowiedz mi bajkę
tajemnicza mucha	o tajemniczej musze	o tajemniczych muchach
Kto to jest?	Kto objął stanowisko	Kto zajął mieszkanie
pan Wiecha	po panu Wiesze?	po państwu Wiechach?

IV. grupy spółgłosek, np. *st, sm, sn, zd* ulegają zmiękczeniu i stają się *ści, śmi, śni, ździ*

st > ści + e   sm > śmi + e   sn > śni + e   zd > ździ + e

mianownik l.p.	*miejscownik l.p.*	*miejscownik l.mn.*
Gdzie leży...?	Czy często spacerujesz	Czy często spacerujecie
twoje mia*st*o	po swoim mieście?	po swoich miastach?
Kro*sn*o	po Krośnie	—
Gdzie jest...?	*Co ważnego jest*	*Co ważnego jest*
to pi*sm*o	w tym piśmie?	w tych pismach?
	Już nie ma śladu	*Już nie ma śladu*
chora so*sn*a	po chorej sośnie	po chorych sosnach
	Nie słyszałem	*Nie słyszałem*
nowa gwia*zd*a	o nowej gwieździe	o nowych gwiazdach

ZAIMKI OSOBOWE

liczba pojedyncza

ja	mnie
ty	tobie
on / ono	nim
ona	niej

liczba mnoga

my	nas
wy	was
oni / one	nich

Funkcje miejscownika w zdaniu

Miejscownik jest jedynym przypadkiem, który zawsze łączy się z czasownikiem za pośrednictwem przyimka. Są to przyimki: **na, po, o, przy, w**.

Przykłady: Byłeś już **na** *nowym filmie* Zanussiego?
Dywan leży **na** *podłodze*.
Bardzo lubię jeździć **na** *nartach wodnych* i grać **na** *gitarze*.
Często myślę **o** *przyszłych wakacjach*.
Dyskutowaliśmy **o** *polskiej literaturze współczesnej*.
Marzę **o** *gorącej kąpieli*!
Leszek często spaceruje z psem **po** *lesie* lub **po** *parku*.
Spotkali się dopiero **po** *roku*.
Zajmij mi miejsce **przy** *oknie*.
Pracuję **w** *Instytucie Polonijnym*.
Urodziła się **w** *maju*, a jej mąż **w** *listopadzie*.
Czy byli państwo **w** *Warszawie*?

Spotkali się w kawiarni na śniadaniu.
(*w czym?*) *gdzie* się spotkali? – *w kawiarni*
(*na czym?*) *kiedy* się spotkali? – *na śniadaniu*

Małgorzata zakochała się w Marku po Sylwestrze.
w kim się zakochała Małgorzata? – *w Marku*
(*po czym?*) *kiedy* Małgorzata zakochała się w Marku? – *po Sylwestrze.*

Myślę często o wakacjach w Chorwacji.
o czym często myślisz? – *o wakacjach*
o wakacjach (*w czym?*) *gdzie* często myślisz? – *w Chorwacji*

*****

– *Przyrzeknij, że będziesz pilnie ćwiczył na skrzypcach, a ja ci będę dawał tygodniowo 20 złotych.*
– *Nie wiem, tato, co robić, bo nasz sąsiad obiecał mi 50 złotych, jeśli w ogóle nie będę grał.*

Ćwiczenia

I. Proszę podkreślić poprawną formę.
Przykład: Kinga marzy o (pięknymi strojami – pięknych strojów – <u>pięknych strojach</u>).

1. Po (gorącą kąpiel – gorącej kąpieli – gorącą kąpielą) poczułem się o wiele lepiej.
2. Ona ciągle myśli o (swojego brata – swoim bratem – swoim bracie).
3. Mieszkają na (siódmym piętrze – siódme piętro – siódmym piętrem).
4. Zaparkuj samochód na (placem – placu – plac) przy (posterunku – posterunkiem – posterunek) policji.
5. Najlepiej się czuję w (polskimi górami – polskich górach – polskich gór).
6. Czy można usiąść na (tym zabytkowym krzesłem – tym zabytkowym krześle – to zabytkowe krzesło)?
7. W (pobliską wsią – pobliska wieś – pobliskiej wsi) wybuchł w nocy pożar.

8. Spędziliśmy podróż w (miłe towarzystwo – miłym towarzystwie – miłym towarzystwem).
9. Nie opowiadaj tego dowcipu przy (naszych sąsiadach – naszych sąsiadów – naszymi sąsiadami).
10. Bardzo ci do twarzy w (czerwonym kolorem – czerwonego koloru – czerwonym kolorze).

II. Podane w nawiasie słowa proszę zamienić na miejscownik.

1. Mieszkam w (dom akademicki) . . . .
2. Jacek mieszka w (Gdynia) . . . ., a jego brat w (Kraków) . . . .
3. Teresa i Paweł kupili mieszkanie w (nowa dzielnica) . . . .
4. Byłeś kiedyś na (plac Centralny) . . . . w (Nowa Huta) . . . .?
5. Lubię spędzać wakacje w (ładna okolica) . . . .
6. Czy w tej (restauracja) . . . . można zjeść polskie potrawy?
7. Chcielibyśmy zatrzymać się w (nowoczesny hotel) . . . .
8. Rodzice Marii przebywają obecnie w (Nowy Jork) . . . .
9. Nie wolno parkować samochodów w (tunel) . . . .
10. Boję się być sama w (ciemny las) . . . .

III. Podane w nawiasie słowa proszę zamienić na miejscownik.

1. Postaw tę paczkę na (podłoga) . . . .
2. Rękawiczki leżą na (stół) . . . .
3. Obraz wisi na (ściana) . . . .
4. Książki stoją na (półka) . . . .
5. Kot śpi na (kanapa) . . . .
6. Najlepsza księgarnia mieści się na (ulica Długa) . . . .
7. Listy leżą na (biurko) . . . .
8. Umiesz jeździć na (łyżwy) . . . . ?
9. Jej córka uczy się grać na (flet) . . . ., a syn na (perkusja) . . . .
10. Na (wczorajszy wykład) . . . . profesor dał nam pytania do egzaminu.

IV. Podane w nawiasie słowa proszę zamienić na miejscownik.

1. Nie chcę myśleć o (jutrzejszy egzamin)........................
2. Właśnie rozmawiamy o (doktor Jabłoński).....................
3. Oni marzą o (nowy samochód) ....
4. Czy myślisz teraz o (swoja rodzina) ....?
5. Tak, myślę o (mój ojciec) .... i o (moja matka) ....
6. Chcielibyśmy podyskutować o (sytuacja polityczna) .... w kraju.
7. To jest książka o (grecki filozof) ...., (Arystoteles) ....
8. Co wiesz o (druga wojna światowa) .... w Australii?
9. Opowiadałam mu o (nasze przygody) .... w Zakopanem.
10. Przypomnij mu o (referat) ...., który ma skończyć do jutra.

V. Podane w nawiasie słowa proszę zamienić na miejscownik.

1. Nie lubię spać przy (otwarte drzwi) ....
2. Wiesiek stoi przy (bar) ....
3. Nie wspominaj o tym przy (moja żona) ....
4. Jak możesz się uczyć przy tak (głośna muzyka) ....?
5. Pielęgniarka całą noc czuwała przy (chory) ....
6. Postawił rower przy (drzewo) ....
7. Podobno przy (wejście) .... do kina kontrolowano bilety i legitymacje.
8. Dziadek często zasypia przy (aria) .... z Traviaty.
9. Nie używaj takich słów przy (dzieci) ....
10. Czuła się bezpieczna przy (Zygmunt) ....

VI. Podane w nawiasie słowa proszę zamienić na miejscownik.

1. Po (suta kolacja) .... poczuliśmy się senni.
2. Jak się czuje twoja siostra po (operacja) ....?
3. Zobaczyli się dopiero po (miesiąc) ....
4. Oddali nam pieniądze po (tydzień)........................

5. Po tak (ciężka grypa) .... powinieneś jeszcze zostać w domu.
6. Lubisz chodzić po (deszcz) ....?
7. Po (burza) .... zawsze świeci słońce.
8. On często podróżuje po (Europa Północna) ....
9. Po (te tabletki) .... zrobiło mu się niedobrze.
10. Wszystkiego się można spodziewać po tak (nerwowy klient) ....

VII. Proszę wpisać odpowiednie przyimki.

1. Lubię leżeć .... ciepłym piasku.
2. Mamy miejsca .... oknie.
3. .... obiedzie zrobimy sobie zdjęcia .... tym starym moście.
4. Edek .... nocy pracuje, a .... dzień śpi.
5. .... szafie, ... górnej półce leżą ciepłe swetry.
6. Ten film opowiada .... powstaniu Spartakusa.
7. .... lecie o wiele lepiej się czuję niż .... zimie.
8. Napisałeś cioci .... chorobie pana Jana?
9. Zatrzymaj się .... stacji benzynowej.
10. Napiszę do was .... powrocie z Grecji.

VIII. Wyrazy w nawiasie proszę zastąpić zaimkami w miejscowniku.
Przykład: Babcie chętnie opowiadają o (swoje wnuki) ***nich***.

1. Podobno na wczorajszym zebraniu profesor mówił o (my) ....
2. Antoni poczuł się gorzej po (ten zastrzyk) ......
3. Przy (Ala) .... wyglądasz bardzo młodo.
4. Trudno dobrze wypocząć przy (hałasujące dzieci) ......
5. Myślałam ostatnio dużo o (ty) ......
6. Znaleźliśmy w (wy) ..... oparcie i zrozumienie.
7. Dużo o (ja) ..... wiesz.
8. Porozmawiamy o (nasi synowie) ..... później.
9. Na (ja) ..... nie liczcie!
10. Piotr zakochał się w (Grażyna) ..... po dwóch spotkaniach.

IX. Proszę połączyć wyrazy z kolumn A i B w logiczne pary, zapisać z boku i ułożyć z nimi zdania w miejscowniku.

A **B**

przewlekła	zegarek
modny	choroba
antyczne	Stary
złoty	podróż
aromatyczna	płaszcz
katastrofalna	Miasto
daleka	kawa
nowe	skrzypce
Stare	narty
Teatr	powódź

_____
_____
_____
_____
_____
_____
_____
_____
_____
_____

X. Podane w nawiasie wyrazy proszę przekształcić na miejscownik.

a.
Sandra urodziła się w (Londyn) .... Po dwóch (lata) .... wróciła do Włoch, skąd pochodzą jej rodzice. Zamieszkali w (Rzym) .... Gdy zdała maturę, przyjechała do Polski i zaczęła się uczyć języka polskiego. Mieszkała w (Kraków). . . . . : . . . . ., w (akademik) .... w (Przegorzały) .... Po (rok) .... wróciła do Rzymu i zaczęła studiować malarstwo na (Akademia) .... Sztuk Pięknych. W czasie wakacji znów przyjechała do Polski na kurs do Szkoły Letniej. Potem podróżowała po (Polska). .... i po (cała Europa) .... Teraz jest w domu i marzy o (wyjazd) .... do Egiptu. Sandra myśli często o (swoi koledzy) ...., których poznała w Polsce. Lubiła z nimi rozmawiać o (sztuka) ...., (teatr) .... i (życie) .... Na (dyskoteki) .... dużo tańczyła z Adamem; z Mikołajem natomiast często spacerowała po (Lasek Wolski) .... Zakochała się jednak w bardzo (miły) ...., choć niezbyt (przystojny) .... (chłopiec) .... z Brazylii, (Aleksander) .... Grał pięknie na (pianino) .... i śpiewał wzruszające piosenki. Opowiadał jej o (swoje miasto) ...., (rodzina) .... i (studia) .... Jakoś nie wspomniał o (narzeczona) ...., która na niego czekała, i do której wrócił po (kurs) ....

b.
Wczoraj zwiedzaliśmy stolicę. Cóż to za piękne miasto! Prawie cały dzień chodziliśmy po (ulice) ...., (place) .... i (parki) .... i robiliśmy zdjęcia. Zatrzymywaliśmy się przy (wszystkie pomniki) .... i (tablice pamiątkowe) ...., aby lepiej poznać historię tego miasta. Byliśmy też na (zabytkowy cmentarz) ...., który rzeczywiście – jak informuje przewodnik – jest fascynujący. Nie zapomnieliśmy o (wspaniałe kościoły) .... i (interesujące muzea) .... Po (droga) .... wstępowaliśmy do uroczych kawiarenek, przy (okazja) .... poznając niezapomniany smak miejscowej kawy, lodów i ciastek. Po (ta długa wędrówka) .... po (stolica) .... byliśmy mocno zmęczeni i głodni. Postanowiliśmy pójść na (pizza) .... i (wino) .... do restauracyjki na (mały) .... (placyk) .... Wieczór był pogodny i ciepły, a niedaleko ktoś grał na (gitara) .... Kolacja była wyśmienita – trudno było marzyć o (lepsza) ....! Co tu dużo mówić – zakochaliśmy się w (to magiczne miasto) .... i pewnie jeszcze tu wrócimy!

XI. Proszę przetłumaczyć na swój język.

1. Źle się czuję po **tej obfitej kolacji**.
2. Mieszkam w **starym budynku**, na **parterze**.
3. Bartek świetnie gra na **trąbce**, a jego brat na **flecie**.
4. Marysia marzy o **dalekich podróżach, pieniądzach** i **romantycznej miłości**.
5. Oni dyskutują o **współczesnym malarstwie** i **nowoczesnej architekturze**.
6. Spotkamy się przy **głównym wejściu** na dworzec.
7. Mój ojciec jest bardzo słaby po **ostatniej chorobie**.
8. Nic mu nie mówiła o **swoich kłopotach**.
9. Po **tej awanturze** przestali ze sobą rozmawiać.
10. Bohater filmu zakochał się w **swojej sąsiadce**.
11. Prawie przez cały dzień chodził po **mieście** i robił zdjęcia.
12. Dyrektor wrócił po **dziesięciu minutach**, usiadł w fotelu przy **biurku** i poprosił o **kawę**.

XII. Proszę z powrotem przetłumaczyć na polski zdania z ćwiczenia XI.

NOTATKI

— MIAŁEM DZISIAJ DOBRY DZIEŃ. UDAŁO MI SIĘ NAMÓWIĆ SZEŚCIU KIEROWCÓW DO PARKOWANIA W NIEDOZWOLONYM MIEJSCU

XIII. Tryb przypuszczający (warunkowy)

Tryb przypuszczający oznacza czynność, która może się wydarzyć (hipotetyczną). Służy także do wyrażania prośby, życzenia, rozkazu. Tryb przypuszczający występuje w zdaniach warunkowych, gdzie oznacza akcję możliwą lub nierealną. Tworzy się go od czasowników niedokonanych i dokonanych, dodając do formy 3. osoby liczby pojedynczej lub mnogiej w czasie przeszłym końcówki: *-bym, -byś, -by, -byśmy, -byście, -by.*

I koniugacja

pisać

ja	pisał	-bym
ja	pisała	-bym
ty	pisał	-byś
ty	pisała	-byś
on	pisał	-by
ona	pisała	-by
ono	pisało	-by

my	pisali	-byśmy
my	pisały	-byśmy
wy	pisali	-byście
wy	pisały	-byście
oni	pisali	-by
one	pisały	-by

II koniugacja

myśleć

ja	myślał	-bym
ja	myślała	-bym
ty	myślał	-byś
ty	myślała	-byś
on	myślał	-by
ona	myślała	-by
ono	myślało	-by

my	myśleli	-byśmy
my	myślały	-byśmy
wy	myśleli	-byście
wy	myślały	-byście
oni	myśleli	-by
one	myślały	-by

III koniugacja

czytać

ja	czytał	-bym
ja	czytała	-bym
ty	czytał	-byś
ty	czytała	-byś
on	czytał	-by
ona	czytała	-by
ono	czytało	-by

my	czytali	-byśmy
my	czytały	-byśmy
wy	czytali	-byście
wy	czytały	-byście
oni	czytali	-by
one	czytały	-by

IV koniugacja

umieć

ja	umiał	-bym
ja	umiała	-bym
ty	umiał	-byś
ty	umiała	-byś
on	umiał	-by
ona	umiała	-by
ono	umiało	-by

my	umieli	-byśmy
my	umiały	-byśmy
wy	umieli	-byście
wy	umiały	-byście
oni	umieli	-by
one	umiały	-by

Być

rodz. żeński   ja byłabym   my byłybyśmy
                ty byłabyś   wy byłybyście
                ona byłaby   one byłyby

rodz. męski   ja byłbym   my bylibyśmy
                ty byłbyś   wy bylibyście
                on byłby   oni byliby

rodz. nijaki   ono byłoby   one byłyby

Funkcje trybu przypuszczającego w zdaniu

1. Wyraża życzenia, np. **Chciałabym** zarezerwować dwa bilety na jutrzejszy koncert. **Zjadłbym** chętnie pierogi.

2. Wyraża prośby, np. Czy **mógłby** pan mi podać tę książkę?
3. Wyraża wątpliwości, np. **Poczekałbyś** na mnie?
4. Służy do złagodzenia rozkazu, np. **Zacząłbyś** się wreszcie uczyć! **Posprzątalibyście** tu trochę!
5. Tryb przypuszczający służy do wyrażania hipotez i przypuszczeń, np. **Przepłynęłabym** ten dystans szybciej niż on.
6. Tryb przypuszczający występuje w zdaniach warunkowych, np. **Gdybyśmy** nie mieli gości, **przyszlibyśmy** do was bardzo chętnie (*warunek nierealny*).
Gdybyś zmienił pracę, **zarabiałbyś** lepiej*(warunek możliwy)*.

– *Chciałbym prosić o rękę pańskiej córki...*
– *Czy rozmawiał pan już z moją żoną?*
– *Tak, ale wolę pańską córkę...*

Ćwiczenia

I. Proszę podkreślić poprawną formę i przepisać całe zdania.
Przykład: (Umówiłam by się – <u>Umówiłabym się</u> – Bym się umówiła) z tobą, ale nie mam czasu.

1. (Byś poszedł – Poszedł byś – Poszedłbyś) jutro ze mną na mecz?
2. (Położyłabym się – Bym się położyła – Położyłam by się) chętnie do łóżka, bo źle się czuję.
3. (Byśmy zadzwonili – Zadzwonilibyśmy – Zadzwonili byśmy) do ciebie, ale nie mieliśmy twojego nowego numeru telefonu.
4. (Przetłumaczyłby – By przetłumaczył – Przetłumaczył by) mi pan to teraz?
5. (Zagralibyście –Zagraliście by – Byście zagrali) z nami w karty?
6. Wiktor (czuł by się – by czuł się – czułby się) lepiej, (gdyby nie palił – gdy nie paliłby – gdy nie był palił) tyle papierosów.
7. (Gdy by padał – Gdyby padał – Gdy padałby) deszcz, (wybralibyśmy – byśmy wybrali – wybrali byśmy) się do kina, a nie na basen.
8. (Gdybyś – gdy byś – byś gdyby) był młodszy, (bym miał – miał bym – miałbym) dla ciebie ciekawą pracę.

II. Proszę zamienić poniższe zdania według wzoru.
Przykład: (Wypiję) *Wypiłbym* teraz gorącą herbatę.

1. (Pójdę) .... chętnie na ten film.
2. Czy (będę mogła) .... zobaczyć tę torebkę?
3. Czy (spróbujecie) .... tej sałatki?
4. Chłopcy, (pomożecie) .... nam wnosić te meble?
5. Czy pani (będzie chciała) .... poznać moją mamę?
6. Kasiu, (przyniesiesz) .... mi sweter?
7. (Zjem) .... dobre lody.
8. Chętnie (skończę) .... ten artykuł przed ósmą.
9. Tato, (powiesz) .... mu prawdę!
10. (Będę tańczył) .... z tobą do rana!

III. Proszę zamienić poniższe zdania według wzoru.
Przykład: (Chciałem) *Chciałbym* przymierzyć ten płaszcz.

1. (Wolałam) .... o tym nie myśleć
2. (Potrzebowaliśmy) .... dobrej rady.
3. (Miałem) .... do pani prośbę.
4. Czy (znaleźliście) .... dla nas trochę czasu?
5. (Wybrałeś) .... się z nami na spacer!
6. (Chcieliśmy) .... kupić psa.
7. (Pokazali) .... nam państwo drogę na cmentarz?
8. (Umówiliśmy) .... się chociaż raz w innym miejscu!
9. (Przytrzymał) .... mi pan drzwi?
10. (Zaopiekowaliście) .... się tym kotem?

IV. Proszę zamienić bezokoliczniki na odpowiednie formy trybu przypuszczającego.
Przykład: Dorota (pojechać) *pojechałaby* z nami nad morze, ale nie ma pieniędzy.

1. (my – r. ż. – pożyczyć) .... wam magnetowid, ale jest zepsuty.
2. (ja – r. ż. – zagrać) .... ci tę melodię, ale nie mam gitary.
3. Chętnie (my – r. m. – kupić) .... tego pieska, ale nie mamy odpowiednich warunków w domu.

4. Teresa (przygotować) .... wam kolację, ale bardzo się spieszy.
5. Z przyjemnością (ja – r. m. – wypić) .... kieliszek wina, ale jestem samochodem.
6. (ty – r. ż. – zadzwonić) .... do Piotra, ale jesteś uparta.
7. (oni – napisać) .... do pani, ale nie mieli adresu.
8. Z radością (my – r. m. – spotkać) .... się z wami, ale musimy dziś wyjechać.
9. Mój teść (spróbować) .... tej potrawy, ale jest na diecie.
10. Na pewno (ja – r. ż. – przyjść) .... na twoje imieniny, ale jestem chora.

V. Proszę przekształcić zdania z poprzedniego ćwiczenia według wzoru.
Przykład: Dorota pojechałaby z nami nad morze, ale nie ma pieniędzy.
Gdyby Dorota miała pieniądze, pojechałaby z nami nad morze.
Czekalibyśmy dłużej, ale bardzo się spieszyliśmy.
Gdybyśmy się nie spieszyli tak bardzo, czekalibyśmy dłużej.

VI. Proszę przekształcić podane zdania według wzoru.
Przykład: Jesteś królem. Nosisz koronę. *Gdybyś był królem, nosiłbyś koronę.*

1. Nie pada deszcz. Umyję samochód.
....
2. Oglądasz telewizję. Znasz nowego prezentera.
....
3. Interesujecie się tenisem. Wiecie, kto wygrał ostatni Wimbledon.
....
4. Artur lepiej tańczy. Ma większe powodzenie u kobiet.
....
5. Moi rodzice nie palą papierosów. Są zdrowi.
....
6. Joanna jest starsza. Weźmiemy ją na ten film.
....
7. Nie jesteś pesymistą. Umiesz się cieszyć życiem.
....
8. Mamy bardzo dużo pieniędzy. Kupimy sobie dom w Zakopanem.
....

9. Mój syn chce zostać politykiem. Nie jestem z tego zadowolona.
....
10. Nie jestem zmęczona. Zaproszę przyjaciół.
....

🎧

VII. Proszę zamienić bezokoliczniki na odpowiednie formy trybu przypuszczającego.
Przykład: Gdybym mógł cofnąć czas, (zostać) *zostałbym* żołnierzem.

Gdybym mógł cofnąć czas, na pewno nie (studiować) .... fizyki, tylko ekonomię, (zamieszkać) .... nie w Krakowie, lecz w Gdyni. Nie (ożenić się) .... tak młodo, a może w ogóle (zostać) .... starym kawalerem? Wtedy na pewno (rozwieść się) .... nie .... Choć kto wie, może gdybym trochę poczekał, a Renata (wrócić) .... z Kanady wcześniej, gdybyśmy się spotkali w odpowiednim czasie, kto wie – może (pobrać się) .... i (być) .... dobraną parą? (Mieć) .... dwoje dzieci, jedno (być) .... podobne do mnie, a drugie do Renaty. (Kupić) .... psa i rybki. (jeździć) .... na wakacje nad morze, (pływać) .... i (opalać się) .... (Uczyć się) .... wszyscy niemieckiego i (uprawiać) .... sporty. W niedziele (chodzić) .... do kina, na spacery z psem, no i (odwiedzać) .... naszych rodziców. Niestety jestem rozwiedziony, a Renata niedawno wyszła za mąż za Kanadyjczyka...

🎧

VIII. Proszę przetłumaczyć na swój język.

1. **Zjadłbym** teraz ciastko czekoladowe!
2. **Mógłbyś** mi pomóc ustawiać meble?
3. **Zmienilibyście** płytę!
4. Co **byś zrobił, gdybym zapomniała** o twoich urodzinach?
5. **Zaśpiewałabym** tę arię, ale boli mnie gardło.
6. **Gdyby** Andrzej naprawdę ją **kochał**, nie **odszedłby** od niej.
7. **Gdybyście się zdecydowali** na tę transakcję, zadzwońcie do nas.
8. Ci państwo **rozmawialiby** z wami więcej, ale nie znają zbyt dobrze francuskiego.

9. **Gdybyśmy mogli, pojechalibyśmy** na wakacje do Chorwacji.
10. **Gdybyśmy** nie **złożyli** życzeń cioci osobiście, **byłaby** obrażona.
11. **Gdyby było** ślisko, nie **jechałbym** tak szybko.
12. **Gdyby** Marek **przyniósł** mi kwiaty, **wybaczyłabym** mu wczorajsze zachowanie.

IX. Proszę przetłumaczyć z powrotem na polski zdania z ćwiczenia VIII.

XIV. Strona zwrotna czasowników

Strona zwrotna wyraża, że ktoś (lub coś) wykonuje jakąś czynność i sam jej podlega, to znaczy jest jej podmiotem i przedmiotem. Znaczenie zwrotne czasownika zawiera się w zaimku zwrotnym **się**, który jest ***jednakowy dla wszystkich form osobowych we wszystkich czasach i trybach***. Np.

uczyć **się**
(ja) uczę **się**   (my) uczymy **się**
(ty) uczysz **się**   (wy) uczycie **się**
(on) uczy **się**   (oni) uczą **się**

uczyłem **się**, nauczyłem **się**, będę **się** uczył, nauczę **się**, uczyłbym **się**, ucz **się**!

Niektóre czasowniki zawsze występują z się:
bać się, lękać się, modlić się, starzeć się, śmiać się, uśmiechać się, wpatrywać się

Niektóre czasowniki nigdy nie występują z zaimkiem zwrotnym się:
boleć, chorować, czekać, czytać, iść, jechać, mieszkać, mówić, pić, pisać, pozdrowić, spać, śpiewać, tańczyć, usiąść, wejść, wyjść

Większość czasowników może występować z zaimkiem **się** lub bez niego, ale wtedy zmienia się ich sens i konstrukcja gramatyczna:
myć **się**   myć (kogo? co?)
uczyć **się**   uczyć (kogo? co?)
ubierać **się**   ubierać (kogo? co?)
zaczynać **się**   zaczynać (co?)
mylić **się**   mylić (kogo? co?)
martwić **się**   martwić (kogo?)
denerwować **się** denerwować (kogo?)

Część czasowników z się nie wyraża akcji zwrotnej:
bić się (z kimś)
spotykać się (z kimś)
przywitać się (z kimś)
mieszać się (do czegoś)

Proszę porównać:
ona **się czesze** (samą siebie)   on **się** często **bije** z chłopakami
oni **się ubierają** (sami siebie)   one **się** nie **znają** na malarstwie
on **ogląda się** w lustrze (samego siebie)   on **się ogląda** za dziewczynami

* Jeśli dwa (lub więcej) czasowniki zwrotne następują po sobie, używa się tylko raz zaimka **się**:
Mama często **się** martwi i denerwuje.
Muszę **się** jeszcze ogolić, umyć, uczesać i ubrać.

* Zaimek **się** nigdy nie występuje na początku zdania (i bardzo rzadko na końcu), ale nie ma stałego miejsca. Można więc powiedzieć:
Pani Maria **się** rzadko śmieje.
Pani Maria rzadko **się** śmieje.
Pani Maria śmieje **się** rzadko.

* W negacji nie można postawić **się** po *nie* (nie + się + czasownik)
Pani Maria **się** nigdy nie śmieje.
Pani Maria nigdy **się** nie śmieje.
Pani Maria nie śmieje **się** nigdy.
Pani Maria nigdy nie śmieje **się**. (*konstrukcja rzadko używana*)

Nocą w mieszkaniu wybucha pożar. Żona biega od jednej szafy do drugiej.
– Pożar! – krzyczy mąż. Ubieraj się szybko!
– A co mam włożyć? Czerwony żakiet w kratkę czy zielony kostium w groszki?

Ćwiczenia

I. Proszę podkreślić czasownik z **się** lub bez niego.
Przykład: Nie (mieszaj – <u>mieszaj się</u>) do ich spraw!

1. Piotrusiu, nie (zamykaj – zamykaj się) drzwi na klucz!
2. Ostatnio ciocia bardzo (postarzała – się postarzała).
3. (Pożegnaliśmy się – pożegnaliśmy) z nimi na dworcu.
4. Nie (boicie – boicie się) (mieszkać – mieszkać się) tak blisko cmentarza?
5. Od początku (przyzwyczailiśmy – przyzwyczailiśmy się) psa do regularnych spacerów.
6. Pan Wacek (obraził – obraził się) panią Wandę tym niefortunnym porównaniem.

7. Czasem Julicie (wydaje – wydaje się), że jest królewną.
8. Dlaczego (uśmiechasz – uśmiechasz się) tak tajemniczo?
9. Babcia (modli – modli się) o twoje zdrowie.
10. Moja żona (śpi – śpi się) zwykle 9 godzin.

II. Proszę wstawić zaimek **się** tam, gdzie to konieczne.
Przykład: Tatuś *się* teraz kąpie. Tatuś kąpie psa.

1. Iza nauczyła . . . brata świetnie jeździć na nartach. Iza nauczyła . . . grać na skrzypcach w szkole podstawowej.
2. Pawełku, umyj . . . ręce prze obiadem! Pawełku, umyj . . . przed snem.
3. Babcia zawsze chwali . . . swoimi wnukami. Babcia zawsze chwali . . . swoje wnuki.
4. Hania czesze . . . teraz lalkę. Hania czesze . . . teraz w łazience.
5. Mama martwi . . . zawsze na zapas. Mama martwi . . . mnie swoim zdrowiem.
6. Krzysiek kocha . . . w nauczycielce geografii. Krzysiek bardzo kocha . . . swojego ojca.
7. Spotykam . . . go często w parku. Spotykam . . . z nim często w parku.
8. Podpiszcie . . . pod życzeniami. Podpiszcie . . . ten list.
9. Przebierz . . . do kolacji! Przebierz . . . dziecko po spacerze.
10. Woda już . . . gotuje! Teresa gotuje . . . wodę na herbatę.

III. Proszę wstawić zaimek **się** tam, gdzie to konieczne.

1. Przygotujcie . . . mi dokumenty! Przygotujcie . . . do rozmowy z szefem!
2. Denerwuję . . . przed jutrzejszą podróżą. Denerwuje . . . mnie jego zachowanie.
3. Czy czujesz . . . lepiej? Czujesz . . . ten zapach?
4. Zajmijcie . . . nam miejsca! Zajmijcie . . . dziećmi!
5. Jak . . . nazywasz? Dlaczego nazywasz . . . go „Profesor"?
6. Marta waży . . . cukier i mąkę na ciasto. Marta co tydzień . . , waży.
7. Wujek położył . . . spać. Wujek położył . . . gazetę na łóżku.
8. Zainteresował . . . go swoim projektem. Zainteresował . . . projektem Waldka.
9. Bardzo . . . ucieszył z tego listu. Ten list bardzo go . . . ucieszył.
10. Przywitaj . . . gości w naszym imieniu. Przywitaj . . . z gośćmi.

IV. Proszę wpisać zaimek **się** w odpowiednie miejsce.
Przykład: Natalia *się* nie . . zna na współczesnej muzyce.

1. Paweł nigdy . . . nie . . . budzi przed 9⁰⁰.
2. Justyna już nie . . . spotyka . . . z Przemkiem.
3. Niech państwo . . . nie . . . martwią!
4. Dlaczego . . . nigdy nie . . . czeszesz na bok?
5. Jeszcze . . . nie . . . ogoliłeś?
6. Luiza . . . nigdy nie . . . opala.
7. Naprawdę nie . . . boisz . . . tego spotkania?
8. Nic . . . nie . . . zmieniłeś!
9. Nikt . . . nie . . . śmiał z jego dowcipów.
10. . . . nie . . . spiesz . . . tak – jest jeszcze wcześnie.

V. Proszę zdecydować, czy w puste miejsca trzeba wpisać **się**, czy nie.

a.

Ala – Dlaczego nie chcesz iść „Pod Parasole"? Tam jest naprawdę dobra kawa.

Ola – Wiem, ale mam . . . wrażenie, że tam gromadzą . . . sami cudzoziemcy i nie czuję . . . wśród nich dobrze. Wydaje mi . . ., że jestem za granicą.

Ala – Rzeczywiście, spotyka . . . tam dużo obcokrajowców i słychać tylko obce języki. A co proponujesz?

Ola – Chodźmy do „Misia".

Ala – O, nie! Nie gniewaj . . ., ale tam jest zła wentylacja i można udusić . . . od dymu.

Ola – Faktycznie, to prawda. A „Wrota"?

Ala – Nie lubię . . . tej kawiarni, bo jest jakaś nieprzytulna i za daleko od centrum.

Ola – Nieprzytulna? Za daleko od centrum? Chyba trochę . . . przesadzasz! Sama coś wymyśl . . .!

Ala – Olu, nie obrażaj . . ., ale wiesz przecież, że tak rzadko tu . . . przyjeżdżam, a uwielbiam . . . być w centrum.

Ola – No, dobrze. Czuję, że jak zwykle pójdziemy . . . do „Fernanda".

Ala – Świetnie! Ty masz zawsze dobre pomysły!

b.

Adam obudził . . . bardzo wcześnie, ale nie od razu otworzył . . . oczy. Poleżał chwilę i przypominał sobie, co ma dziś zrobić . . . . . Wstał . . . i wyjrzał . . . przez okno: deszcz, wiatr, zimno. Umył . . ., ogolił . . . i uczesał . . . . . Przyglądał . . . sobie w lustrze i stwierdził . . ., że źle . . . wygląda. Ubrał . . . ciepło i poszedł do kuchni. Zrobił . . . kawę i przygotował . . . kanapki. Nie czuł . . . zbyt dobrze. Zaczęła . . . go boleć głowa i poczuł . . . ból gardła po pierwszym łyku kawy. „No tak – pomyślał . . . – zaczyna . . . grypa". Nie miał w domu żadnych lekarstw, więc i tak musiał pójść do apteki. Zdecydował . . . więc, że pójdzie do lekarza, bo słyszał . . . coś o epidemii grypy. Gdy wychodził . . . z domu, bolała . . . go nie tylko głowa i gardło, ale dosłownie wszystko. Zanim doszedł . . . do przychodni, kaszlał . . ., kichał . . . i czuł, że . . . gorączkę. „Wirus! Boję . . ., że zaatakował . . . mnie paskudny wirus!"

VI. Proszę przetłumaczyć na swój język.
1. **Znamy się** z Małgosią od pięciu lat.
2. Lubię **się opalać**, ale tylko nad morzem.
3. Moi sąsiedzi bardzo **się cieszą** z nowego samochodu.
4. Tomasz nie **spotyka się** z Beatą od dwóch tygodni.
5. Gdy jestem przeziębiona, **leczę się** sama.
6. Bartek często **się bije** z innymi dziećmi.
7. Ostatnio nie **czuję się** zbyt dobrze.
8. Agata nigdy nie **ubierała się** atrakcyjnie.
9. Od kiedy **interesujesz się** historią Szwecji?
10. Dlaczego **gniewasz się** na mnie?
11. Nikt **się** z nim nie chciał **przywitać**.
12. **Spóźniliśmy się** na pociąg i musimy czekać na następny.

VII. Proszę przetłumaczyć z powrotem na polski zdania z ćwiczenia VI.

XV. Tryb rozkazujący

Tryb rozkazujący tworzy się od czasowników dokonanych i niedokonanych. Podstawą form trybu rozkazującego jest temat czasu teraźniejszego.
Czasowniki należące do I i II koniugacji (-ę, -esz oraz -ę, -isz / -ysz) tworzą tryb rozkazujący od 2. osoby liczby pojedynczej czasu teraźniejszego, natomiast **czasowniki III i IV koniugacji** (-am, -asz oraz -em, -esz) – od 3. osoby liczby mnogiej.
Tryb rozkazujący nie ma 1. osoby liczby pojedynczej. 2. osoba liczby pojedynczej *nie ma końcówki* (= końcówka „zero") lub ma końcówkę *-ij / -yj*; 3. osobę liczby pojedynczej i mnogiej tworzy się przez dodanie słowa *„niech"*. 1. i 2. osobę liczby mnogiej tworzy się przez dodanie końcówek **-my**, **-cie** do 2. osoby liczby pojedynczej.

	liczba pojedyncza	*liczba mnoga*
1. osoba	—	**-my**
2. osoba	∅, *-ij / -yj*	**-cie**
3. osoba	*niech*	*niech*

I koniugacja

pić

liczba pojedyncza	liczba mnoga
—	**pijmy!**
pij!	**pijcie!**
niech pije!	*niech piją!*

I koniugacja

kupować

liczba pojedyncza	liczba mnoga
—	**kupujmy!**
kupuj!	**kupujcie!**
niech kupuje!	*niech kupują!*

II koniugacja

tańczyć

liczba pojedyncza	liczba mnoga
—	tańczmy!
tańcz!	tańczcie!
niech tańczy!	niech tańczą!

III koniugacja

czekać

liczba pojedyncza	liczba mnoga
—	czekajmy!
czekaj!	czekajcie!
niech czeka!	niech czekają!

IV koniugacja

jeść

liczba pojedyncza	liczba mnoga
—	jedzmy!
jedz!	jedzcie!
niech je!	niech jedzą!

Formy trybu rozkazującego niektórych czasowników:
być – bądź!   iść – idź!
mieć – miej!   jechać – jedź!
chcieć – chciej!   płacić – płać!
zrozumieć – zrozum! prosić – proś!
stać – stój!   wziąć – weź!

Funkcje trybu rozkazującego w zdaniu

1. Tryb rozkazujący służy do wyrażania polecenia, nakazu, zakazu lub życzenia, np. *Usiądźcie* koło mnie! *Niech* pan to *przeczyta*! *Wypij* ten syrop! *Weźmy* taksówkę! Nie *jedź* tak szybko! *Niech* państwo tego nie *kupują*! *Śpij* spokojnie! *Bawcie* się dobrze!

2. W zakazach, po przeczeniu zwykle występuje czasownik niedokonany, np. Nie *siadajcie* koło mnie! *Niech* pan tego nie *czyta*! Nie *pij* tego syropu!

– *Kochanie, wyślij mnie na Wyspy Kanaryjskie. Przyrzekam, że codziennie będę o tobie myślała – mówi żona do męża.*
– *Wiesz – odpowiada mąż – taniej będzie, jak zostaniesz w domu, a codziennie będziesz myślała o wyspach.*

Ćwiczenia

I. Proszę zamienić podane w nawiasie formy na tryb rozkazujący.
Przykład: Danusiu, (czy mogłabyś mi podać) *podaj mi* sól!
 1. Alu, (czy mogłabyś mi pożyczyć) . . . . tę książkę!
 2. Tomku, (czy mógłbyś zapłacić) . . . . za mnie!
 3. Agatko, (czy mogłabyś mi oddać) . . . . moje płyty!
 4. Mamusiu, (czy mogłabyś ugotować) . . . . rosół na obiad!
 5. Romku, (czy mógłbyś zrobić) . . . . dzisiaj zakupy!
 6. Tereso, (czy mogłabyś zapytać) . . . . o drogę do centrum!
 7. Jasiu, czy (mógłbyś się zachowywać) . . . . się ciszej!
 8. Piotrze, (czy mógłbyś zagrać) . . . . tę melodię jeszcze raz!
 9. Basiu, (czy mogłabyś poszukać) . . . . kluczy!
 10. Marku, (czy mógłbyś powiedzieć) . . . . nam prawdę!

II. Proszę zamienić zdania z trybem rozkazującym z poprzedniego ćwiczenia na liczbę mnogą.
Przykład: Podaj mi sól! *Podajcie mi sól!*

III. Podane zdania proszę zamienić według wzoru.
Przykład: Proszę zadzwonić o trzeciej! *Zadzwońmy o trzeciej!*

1. Proszę zarezerwować bilet na sobotę! ....
2. Proszę zamówić taksówkę! ....
3. Proszę poczekać! ....
4. Proszę się nie denerwować! ....
5. Proszę przyjść o szóstej! ....
6. Proszę nie pić teraz piwa! ....
7. Proszę się nie spieszyć! ....
8. Proszę pokazać dokumenty! ....
9. Proszę nie patrzeć! ....
10. Proszę tu nie palić! ....

IV. Proszę zamienić formy trybu rozkazującego według wzoru.
Przykład: Zacznij pracować! *Niech pan zacznie pracować!*
Zacznijcie pracować! *Niech państwo zaczną pracować!*

1. Zaśpiewaj kolędę! ....
2. Podpisz ten formularz! ....
3. Nie kupuj tego domu! ....
4. Nie martwcie się! ....
5. Nie tłumaczcie tego zdania! ....
6. Wybierz sobie krawat! ....
7. Zjedzcie lody! ....
8. Pozdrów mamę! ....
9. Zostańcie z nami! ....
10. Podziękujcie szefowi! ....

V. Proszę zastąpić bezokoliczniki podane w nawiasie na formy trybu rozkazującego.
Przykład: Panie dyrektorze, (podpisać) *niech pan podpisze* te dokumenty!
Kasiu, (wziąć) *weź* parasol!

1. Drogie panie, (przestać) .... się tak martwić!
2. Wojtusiu, (iść) .... teraz umyć zęby!
3. Kochani rodzice, (być) .... zawsze szczęśliwi!
4. Powiedziałam mojemu bratu: – (pospieszyć się) ....!
5. Panie profesorze, (odpocząć) ....!
6. Przyjaciele, (pamiętać) .... o nas!

7. Zastanawialiśmy się z mężem, co podarować Beacie na imieniny, a w końcu mąż powiedział: (kupić) .... jej małego kotka!
8. Aniu, (obejrzeć) .... koniecznie ten film!
9. Dzieci, (napisać) .... do babci kartkę z wakacji!
10. Elu, (modlić się) .... za mnie!

VI. Podane zdania proszę zamienić na formę przeczącą.
Przykład: *Przeczytaj* ten artykuł! Nie ***czytaj*** tego artykułu!

1. Napisz list! Nie .... listu!
2. Niech pan powtórzy ostatnie zdanie! Niech pan nie .... ostatniego zdania!
3. Weź psa na spacer! Nie .... psa na spacer!
4. Przetłumaczmy tę informację! Nie .... tej informacji!
5. Zaprośćie Wacka! Nie .... Wacka!
6. Niech państwo poczekają! Niech państwo nie ....!
7. Połóż pieniądze na stole! Nie .... pieniędzy na stole!
8. Zjedzcie tę sałatkę! Nie .... tej sałatki!
9. Powiedzmy jej prawdę! Nie .... jej prawdy!
10. Niech pani obejrzy ten film! Niech pani nie .... tego filmu!

VII. Proszę zastąpić bezokoliczniki podane w nawiasie na formy trybu rozkazującego.

Rozmowa babci z wnuczką i wnuczkiem:
Babcia – Dzieci! (umyć) .... ręce i (siadać) .... do stołu! Zaraz będzie obiad!
Ola – Babciu, a jaka będzie zupa?
B – Jarzynowa.
O – Ja nie lubię jarzynowej.
Adaś – A ja lubię!
O – To (zjeść) .... moją!
A – Dobrze, ale (wypić) .... za mnie mleko!
B – Oleńko, (spróbować) .... troszkę, zobaczysz, będzie ci smakować!
O – No... może być, ale tylko trochę.
A – Babciu, (zrobić) .... nam na kolację placki ziemniaczane, dobrze?

B – A lubicie?
O – Ja wolę naleśniki.
A – To dziś (usmażyć) .... placki, a jutro naleśniki! Proszę!
O – Ale z serem.
B – Dobrze. A teraz (posprzątać) .... oboje talerze, bo będzie deser.
O – A co będzie na deser? Lody?
B – Nie, ciasto z truskawkami.
A – Ola nie lubi, ale ja uwielbiam. Zjem za nią!
O – Lubię ciasto z truskawkami! (dać) .... mi talerzyk!
B – Dobrze, już dobrze, przecież wystarczy dla wszystkich! Napijecie się soku?
O – A nie ma coca-coli?
B – Nie, jest tylko sok.
O – Trudno. Adaś, (nalać) .... mi też trochę.

VIII. Proszę zastąpić bezokoliczniki podane w nawiasie na formy trybu rozkazującego.

Lidka – Zbyszku, (być) .... tak dobry i (odwieźć) ....
Hanię do domu!
Zbyszek – Dobrze, ale po meczu.
L – Haniu, (chodzić) .... pooglądamy sobie stare zdjęcia.
Hania – Bardzo chętnie! O, zobacz – pamiętasz Edka? Zawsze nam mówił: „Dziewczyny, (uśmiechnąć się) ....! Jesteście wtedy ładniejsze!"
L – Fajny był. Ciekawe, co teraz robi. A pamiętasz jak dyrektor krzyczał: „Nie (wchodzić) .... w butach do sali gimnastycznej!?"
H – Albo jak pouczał naszą klasę: „(być) .... wyrozumiali dla starszych ludzi, (opiekować się) .... słabszymi i (dbać) .... o zwierzęta i rośliny!"
L – Podobno miał zawał w zeszłym roku. Już nie pracuje.
H – A kto to jest?
L – To „Paragraf". Nie pamiętasz go? Ten, który nam rozkazywał: „Nie (spać) ...., (schować) .... zeszyty, (zamknąć) .... książki i nie (podpowiadać) ....!"

Z – Lidka, proszę cię, (przynieść) .... mi
czereśnie!
L – Nie możesz sobie wziąć sam?
Z – Nie, bo mogę przegapić bramkę.
L – No, dobrze. Haniu, chcesz coś z kuchni? Może coś do picia?
H – Wiesz co, (zrobić) .... mi kawę, jeśli możesz.
L – Ja też się chętnie napiję.

IX. Proszę zastąpić bezokoliczniki podane w nawiasie na formy trybu rozkazującego.

Prośba o wyspy szczęśliwe

A ty mnie na wyspy szczęśliwe (zawieźć) *zawieź*
wiatrem łagodnym włosy jak kwiaty (rozwiać) ....,
(zacałować) ....
ty mnie (ukołysać) .... i (uśpić) ....,
snem muzykalnym (zasypać) .... (otumanić) ....
we śnie na wyspach szczęśliwych nie (przebudzić) .... ze snu.

(Pokazać) .... mi wody ogromne i wody ciche
rozmowy gwiazd na gałęziach (pozwolić) ....
mi słyszeć zielonych
dużo motyli mi (pokazać) ....,
serca motyli (przybliżyć) .... i (przytulić) ....
myśli spokojne ponad wodami (pochylić) .... miłością

(K.I. Gałczyński, *Wiersze i inne utwory*, Wydawnictwo Literackie, Kraków 1997)

X. Proszę przetłumaczyć na swój język.

1. **Umyj** dokładnie twarz i **posmaruj** cienko kremem.
2. **Niech** wujek **nie je** tyle tortu!
3. **Przekażcie** pozdrowienia rodzicom i Kasi.
4. Jak się mówi po angielsku: „**Baw** się dobrze"?
5. **Czujcie** się jak u siebie w domu!
6. **Niech panowie pozdrowią** Dorotę!
7. **Spróbujmy** tej potrawy!
8. **Zadzwoń** do mnie wieczorem!

9. **Niech panie nie krzyczą**!
10. **Poszukajmy** innego miejsca na piknik!
11. **Niech** Bożena **zamknie** drzwi na klucz!
12. Nie **denerwuj** się! Wszystko będzie dobrze!

XI. Proszę przetłumaczyć z powrotem na polski zdania z ćwiczenia X.

XVI. Celownik
(komu? czemu?)

RZECZOWNIK

liczba pojedyncza

rodz. ż.	-e	studentce, książce, papudze
	-i	Basi, miłości, gospodyni, pani
	-y	nocy, róży, pracy
rodz. m.	-owi	nauczycielowi, tygrysowi, chlebowi
	-u	panu, psu, światu
rodz. n.	-u	oku, zadaniu

liczba mnoga

rodz. ż.		
rodz. m.	-om	kobietom, mężczyznom, dzieciom, zeszytom, ławkom, krzesłom
rodz. n.		

PRZYMIOTNIK

liczba pojedyncza

rodz. ż.	-ej	zimnej, mądrej, białej
rodz. m.	-emu	ładnemu, głupiemu, ciekawemu
rodz. n.		

liczba mnoga

rodz. ż.		
rodz. m.	-ym, -im	ładnym, wesołym, polskim, drogim, tanim
rodz. n.		

Przykłady:

rodz. żeński

mianownik l.p.	**celownik l.p.**	**celownik l.mn.**
Kto to jest?	*Podziękuj tej*	*Podziękuj tym*
mądra kobieta	mądrej kobiecie	mądrym kobietom
miła turystka	miłej turystce	miłym turystkom
Czy to jest...?	*Przyglądam się*	*Przyglądam się*
modna spódnica	modnej spódnicy	modnym spódnicom
	Poznał ją lepiej dzięki	*Poznał ją lepiej dzięki*
służbowa podróż	służbowej podróży	służbowym podróżom
romantyczna kolacja	romantycznej kolacji	romantycznym kolacjom
	Nie ulegaj	*Nie ulegajcie*
chorobliwa zazdrość	chorobliwej zazdrości	chorobliwym zazdrościom (*rzadko*)

rodz. męski

mianownik l.p.	**celownik l.p.**	**celownik l.mn.**
Kto to jest?	*Ufam temu*	*Ufam tym*
inteligentny pan	inteligentnemu panu	inteligentnym panom
wybitny aktor	wybitnemu aktorowi	wybitnym aktorom
przystojny dentysta	przystojnemu dentyście	przystojnym dentystom
Gdzie jest...?	*Zrób zdjęcie*	*Zrób zdjęcie*
młody lew	młodemu lwu	młodym lwom
	Czego brakuje temu	*Czego brakuje tym*
czarny parasol	czarnemu parasolowi	czarnym parasolom
Czy to jest...?	*Wygram dzięki*	*Wygram dzięki*
szybki koń	szybkiemu koniowi	szybkim koniom
	Nie życzę tego	*Nie życzę tego*
największy wróg	największemu wrogowi	największym wrogom

rodz. nijaki

mianownik l.p.	**celownik l.p.**	**celownik l.mn.**
Czy to jest...?	*Podarujemy zabawki*	*Podarujemy zabawki*
wesołe dziecko	wesołemu dziecku	wesołym dzieciom
	Przyjrzyj się temu	*Przyjrzyj się tym*
brzydkie mieszkanie	brzydkiemu mieszkaniu	brzydkim mieszkaniom
ładne akwarium	ładnemu akwarium	ładnym akwariom
	Cały świat pomaga temu	*Cały świat pomaga tym*
biedne państwo	biednemu państwu	biednym państwom

ZAIMKI OSOBOWE

liczba pojedyncza

ja	mnie / mi
ty	tobie / ci
on /ono	jemu / mu / niemu
ona	jej / niej

liczba mnoga

my	nam
wy	wam
oni /one	im / nim

Funkcje celownika w zdaniu

1. Celownik najczęściej pełni funkcję dopełnienia dalszego (występuje tu często zaimek osobowy) np. *Kupiłam **ci** zegarek. Zawsze pomagam **żonie**. Dasz **Adamowi** pieniądze?*

2. W zdaniach bezpodmiotowych oznacza nosiciela stanu, np. *Smutno **mi**. Wesoło **wam**.*

Niektóre **wyrażenia bezpodmiotowe**, po których występuje celownik (na przykładzie 1. os. l. poj.): **Chce** mi **się** spać. **Nudzi** mi **się**. Nie **wystarczy** mi pieniędzy. **Zależy** mi na tym. **Brakuje** mi cierpliwości. Nie **idzie** mi ta praca. **Wygodnie** mi. **Gorąco** (**ciepło, zimno**) mi. **Wolno** mi robić, co chcę. **Miło** mi to słyszeć. **Słabo** mi. **Przykro** mi. **Śnił** mi **się** most.

Niektóre **czasowniki**, po których występuje celownik:

dawać	**Dałem** gitarę *mojemu przyjacielowi*.
podarować	**Podaruję** *ci* obraz.
sprzedawać	**Sprzedano** *mi* nieświeże jajka.
kraść	Złodzieje **ukradli** *im* biżuterię.
pomagać	**Pomożemy** *wam* znaleźć pracę.
szkodzić	Alkohol **szkodzi** *każdemu*.
ufać	Nie **ufajcie** *nikomu*.
wierzyć	**Wierzysz** *mu*?
mówić	Nie **mówcie** *rodzicom* o tym zdarzeniu.
przypomnieć	**Przypomnij** *kolegom* o naszym spotkaniu.
opowiedzieć	**Opowiedz** *mi* bajkę.
dokuczać	Nie **dokuczaj** *siostrze*.
podobać się	**Podobało** *jej* się to mieszkanie?
dziękować	Bardzo serdecznie *wam* **dziękujemy**.

dziwić się	**Dziwię** *ci* **się**, że chcesz tu pracować.
zazdrościć	**Zazdrościła** *nam* wszystkiego.
życzyć	**Życzymy** *wam* wszystkiego najlepszego.

Niektóre **przyimki,** po których występuje celownik:

dzięki	**Dzięki** *tobie* czuję się lepiej.
przeciw, przeciwko	Kup mi syrop **przeciw** *kaszlowi*.
wbrew	**Wbrew** *sobie* odwiedziliśmy ich.
na przekór	Wyjechał **na przekór** *Helenie*.

Wbrew twoim przestrogom kupiliśmy Tomkowi psa.
- *wbrew czemu* kupiliście Tomkowi psa? – *twoim przestrogom*
- *komu* kupiliście psa? – *Tomkowi*

Dzięki tobie zaufałam Rafałowi.
- *dzięki komu* zaufałaś Rafałowi? – dzięki *tobie*
- *komu* zaufałaś? – *Rafałowi*

Opowiedziałam ojcu tę historię na przekór mamie.
- *komu* opowiedziałaś tę historię na przekór mamie? – *ojcu*
- *na przekór komu* opowiedziałaś tę historię ojcu? – *mamie*

– *Wygląda pan znakomicie. A jak powiodło się pańskim braciom?*
– *Różnie. Jeden jest szczęśliwy, a drugi się ożenił.*

Ćwiczenia

I. Proszę podkreślić właściwą formę.
Przykład: Dzięki (tobą – <u>tobie</u> – ciebie) polubiłem sport.

1. Powiedz (nam – nami – nas), co się stało?
2. Zgodził się na to wbrew (siebie – sobą – sobie).
3. Pomóżcie (babci – babcią – babcię) posprzątać.
4. (Dziecko – dziecku – dzieckiem) się nudzi.
5. Dziwię się (twoim bratem – twojego brata – twojemu bratu).
6. Nie wierzę (nikim – nikogo – nikomu).
7. Darek sprzedał swój samochód (sąsiadowi – sąsiedzie – sąsiada).
8. Przypominam (państwem – państwu – państwa) o jutrzejszym zebraniu.

9. Podaj (Janku – Jankiem – Jankowi) ten zeszyt.
10. Możesz (im – nim – nich) pożyczyć suszarki?

II. Proszę napisać w celowniku podane w nawiasie wyrazy.
Przykład: Pożyczyłam wczoraj (moja sąsiadka) *mojej sąsiadce* słownik i dziś (ja) *mi* go już oddała.

1. Napisałyśmy (Anna) .... o chorobie dziadzia i od razu (my) .... odpisała.
2. Dałem (kolega) .... moje stare radio, a on podarował (moja siostra) .... śliczną maskotkę.
3. Moi rodzice dziwili się (znajomi) ...., że podobało (oni) .... się to kontrowersyjne przedstawienie.
4. Halina nigdy nie ufała (Agata) ...., a od niedawna nie wierzy też (Maciek) ....
5. Tomek zazdrości (bracia) .... sukcesów i pieniędzy, ale z drugiej strony wie, że wszystko zawdzięczają (swoja praca) ....
6. Kamil obiecywał (narzeczona) .... złote góry, ale niedawno (ona) .... wyznał, że jest żonaty.
7. (Nasz profesor) .... ukradziono komputer, więc praca nad książką nie idzie (on) .... teraz tak szybko.
8. Paulina przeciwstawiła się (mąż) ...., a on się poskarżył (mama) ....
9. Czy to prawda, że Tadek dokuczał (Krysia) .... i przeszkadzał (wujek) ....?
10. Sekretarka zarezerwowała (studenci) .... hotel i przygotowała ich (piloci) .... potrzebne informacje.

III. Proszę połączyć wyrazy z kolumn A i B w logiczne pary, zapisać obok i ułożyć z nimi zdania w celowniku.

A	B
znany	muzeum
romantyczna	uczeń
nowe	mieszkanie
małe	mężczyzna
młody	aktor
nieznajomy	klienci
leniwy	miłość
wszyscy	lekarz

IV. Podane w nawiasie wyrazy proszę napisać w celowniku.
Przykład: Na przekór (brzydka pogoda) *brzydkiej pogodzie* poszli na spacer brzegiem plaży.

1. Poznałam Jacka dzięki (dziwny zbieg) .... okoliczności.
2. Wyzdrowiał dość szybko wbrew (przewidywania) .... lekarzy.
3. Był wdzięczny (los) .... za szczęśliwe rozwiązanie tego problemu.
4. Nie wolno (pan) .... się denerwować ani przemęczać.
5. Na przekór (swoja rodzina) .... zmienił pracę i ożenił się.
6. Po tych słowach (mój syn) .... zrobiło się bardzo przykro.
7. Znasz jakieś skuteczne lekarstwa przeciw (stres i przemęczenie) .... i ....?
8. Już po dwóch dniach pobytu na kolonii (chłopcy) .... zabrakło pieniędzy.
9. Jeśli (ciocia Klementyna) .... śni się most, to znaczy, że będzie miała gości.
10. Teresa tak się przypatrywała (nowe futro) .... Anieli, że wszyscy z tego żartowali.

V. Podane w nawiasie wyrazy proszę napisać w celowniku.

1. Wszyscy życzyli (młoda para) .... szczęścia.
2. Czy mógłby pan towarzyszyć (pani Elżbieta) .... w podróży?
3. Marcinku, przedstaw (kuzynka) .... swoją sympatię.
4. Mamusiu, dorysuj (kogut) .... grzebień!
5. Czy może pani przekazać (Joasia) ...., że dzwoniłem?
6. Panie Władku, niech pan doleje (goście) .... wina!
7. Lepiej zapobiegać (choroby) .... niż je leczyć.
8. Przypomnij (tatuś) ...., że dzisiaj jest mecz.
9. Wszyscy pasażerowie przysłuchiwali się (nasza rozmowa) .... z zainteresowaniem.
10. Przemku, dosyp (piesek) .... trochę ciastek do miski.

VI. Podane w nawiasie wyrazy proszę napisać w celowniku.

(Dziewczyna) . . . . Sebastiana doprawdy trudno dogodzić. Byliśmy razem na wycieczce, ale więcej z nią nie pojedziemy. Najpierw było (ona) . . . . niewygodnie w samochodzie, więc cały czas się kręciła i przeszkadzała (kierowca) . . . . Potem narzekała, że jest głodna, więc przystanęliśmy przy małej restauracyjce, żeby coś zjeść. (Sylwia) . . . . nic nie smakowało i wszystko krytykowała. Zażądała czegoś przeciw (ból) . . . . głowy i zadzwoniła do ojca. Skarżyła (on) . . . . się, że o nią nie dbamy. Sebastian był coraz bardziej zdenerwowany, bo zabrał Sylwię wbrew (wola) . . . . . całego towarzystwa. Gdy zajechaliśmy na miejsce, okazało się, że (nasza uciążliwa towarzyszka) . . . . ukradziono wszystkie pieniądze. Nie przejęła się tym zbytnio, bo wierzyła, że Sebastian będzie wszystko fundował („swoje słoneczko") . . . . W drodze do zamku zaczęła opowiadać (dziewczyny) . . . . o swoim powodzeniu u płci przeciwnej. Przysłuchiwaliśmy się (to) . . . . z niesmakiem. Początkowo dokuczaliśmy (Sebastian) . . . . , ale potem (on) . . . . już tylko współczuliśmy. W końcu zaczęliśmy mu dawać rady na osobności:
– Nie wierz nigdy (kobieta) . . . . !
– Nie ufaj (blondynki) . . . . !
– Nie pomagaj (nieznajome) . . . . !
– Nie nadskakuj (szczupłe koleżanki) . . . . !
– Przeciwstawiaj się (głupie zachcianki) . . . . !
– Nie podporządkowuj się (matka) . . . . swojej dziewczyny!
– Nie poddawaj się (namowy i nakazy) . . . . !
– Wybacz (przyjaciele) . . . . całkowitą szczerość!
– Dziękuj (Bóg) . . . ., że masz wspaniałych kolegów!
– Nie zazdrość (Jurek) . . . . żony!
– Powiedz (my) . . . . prawdę – co (ty) . . . . się w niej podoba?
– Kibicuj dalej z nami („Żółte Misie") . . . . !
– Podziękuj (starzy towarzysze) . . . . doli i niedoli za dobre rady!

VII. Proszę przetłumaczyć poniższe zdania na swój język.

1. Protestowaliśmy przeciwko **narkomanii** i **alkoholizmowi**.
2. Podarowałem **kuzynowi** moją kolekcję znaczków.
3. Stefan opowiedział **przyjaciołom** swoją przygodę.

4. Żal **nam** tych wszystkich zdjęć, które się zniszczyły.
5. Przekaż **swoim rodzicom** serdeczne pozdrowienia.
6. Sędzia nie uwierzył **oskarżonemu** i skazał go na 2 lata więzienia.
7. Dziecko z ciekawością przyglądało się **myjącemu się kotu**.
8. Często śni **mi** się, że podobam się **naszemu nauczycielowi**.
9. Zbyszek zabronił **najmłodszej córce** jechać na tę wycieczkę.
10. Jesteśmy **państwu** bardzo wdzięczni za radę i pomoc.
11. **Młodzieży** zawsze brakuje swobody i pieniędzy.
12. Na przekór **Andrzejowi** pożyczyliśmy kosiarkę **panu Romkowi**.

VIII. Proszę przetłumaczyć z powrotem na polski zdania z ćwiczenia VII.

ANEKS

Wołacz

RZECZOWNIK

liczba pojedyncza

rodz. ż.	zakończone w M. na -a:	**-o**	Mario! kobieto! córko!
	zdrobnienia zakończ. w M. na -a:	**-u**	Marysiu! Aniu! babciu!
	zakończone spłgł. miękką i funkcjonalnie miękką	**= D**	pani! nocy! miłości!
rodz. n.		**= M**	dziecko! cielę!
rodz. m.		**-e, -u = Msc.**	aniele! Piotrze! synku!

Wyjątki: *Bóg – Boże! Pan – Panie! chłopiec – chłopcze! ojciec – ojcze! głupiec – głupcze!*

liczba mnoga = mianownikowi
Np. Panowie! Panie! Koty! Dzieci! Ciocie!
Przymiotniki i zaimki = mianownikowi
Np. Miły Janku! Mili goście! Droga Tereniu! Drodzy Słuchacze!

Funkcje wołacza w zdaniu

Wołacz występuje
1. w powitaniach i pożegnaniach: Witaj, Andrzeju! Dzień dobry, panie profesorze! Do zobaczenia, Danusiu! Cześć, chłopcy! Dobry wieczór, pani Wando! Dobranoc, tatusiu!
2. w korespondencji: Szanowny Panie Dyrektorze! Szanowni Państwo! Kochana Ewuniu! Drogi Adamie! Wielebny Księże! Najmilszy Zbyszku! Najdroższa Żono!
3. w rozkazach, przywołaniach, adresowaniu wypowiedzi wprost do słuchacza: Żołnierze! Bądźcie ciszej, dzieci! Mamo, telefon do ciebie! Pani Marto, czy są do mnie listy? Jak się czujesz, Grażynko? Wojtku, pożycz mi 50 złotych! Dziękuję za pomoc, panie doktorze!
4. w poezji, w modlitwach: Miłości moja! Słońce! Najpiękniejsze oczy! Młodości! Serce! Panie Boże! Matko Święta! Jezu Chryste! Królowo Anielska! Patronie mój! Święty Tadeuszu!

Rzeczowniki o nietypowej odmianie

	dziecko			*rok*	
M	dziecko	dzieci		rok	lata
D	dziecka	dzieci		roku	lat
C	dziecku	dzieciom		rokowi	latom
B	dziecko	dzieci		rok	lata
N	dzieckiem	dziećmi		rokiem	latami
Msc	o dziecku	o dzieciach		o roku	o latach
W	dziecko!	dzieci!		roku!	lata!

	brat	
M	brat	bracia
D	brata	braci
C	bratu	braciom
B	brata	braci
N	bratem	braćmi
Msc	o bracie	o braciach
W	bracie!	bracia!

	człowiek			*tydzień*	
M	człowiek	ludzie		tydzień	tygodnie
D	człowieka	ludzi		tygodnia	tygodni
C	człowiekowi	ludziom		tygodniowi	tygodniom
B	człowieka	ludzi		tydzień	tygodnie
N	człowiekiem	ludźmi		tygodniem	tygodniami
Msc	o człowieku	o ludziach		o tygodniu	o tygodniach
W	człowieku! / człowiecze!	ludzie!		tygodniu!	tygodnie!

	dzień	
M	dzień	dni
D	dnia	dni
C	dniowi	dniom
B	dzień	dni
N	dniem	dniami
Msc	o dniu	o dniach
W	dniu!	dni!

	pieniądz			*przyjaciel*	
M	pieniądz	pieniądze		przyjaciel	przyjaciele
D	pieniądza	pieniędzy		przyjaciela	przyjaciół
C	pieniądzowi	pieniądzom		przyjacielowi	przyjaciołom
B	pieniądz	pieniądze		przyjaciela	przyjaciół
N	pieniądzem	pieniędzmi		przyjacielem	przyjaciółmi
Msc	o pieniądzu	o pieniądzach		o przyjacielu	o przyjaciołach
W	pieniądzu!	pieniądze!		przyjacielu!	przyjaciele!

Część II
MOZAIKOWA

I. ZAINTERESOWANIA I ROZRYWKI

POTRZEBNE SŁOWA I WYRAŻENIA

interesować się	(+ *narzędnik*)	baletem, Australią,
pasjonować się	(+ *narzędnik*)	tenisem, polityką
zbierać (kolekcjonować)	(+ *biernik*)	monety, zegarki
uprawiać	(+ *biernik*)	sport, judo
lubić	(+ *biernik*)	muzykę klasyczną
lubić (umieć)	(+ *bezokolicznik*)	grać w (+ *biernik*) karty, szachy, piłkę
		grać na (+ *miejscownik*) gitarze, pianinie
jechać (jeździć)	na + (*miejscownik*)	nartach, rowerze
kibicować	(+ *celownik*)	mojej drużynie
kibic	(+ *dopełniacz*)	Wisły
mecz	(+ *dopełniacz*)	piłki ręcznej
konkurs	(+ *dopełniacz*)	skoków do wody
wyścigi	(jakie?)	samochodowe, kolarskie
pokazy	(jakie?)	gimnastyczne

dyscyplina sportu (sportowa)

iść (chodzić)	**do**	(+ *dopełniacz*) teatru kina filharmonii muzeum restauracji kawiarni	**na**	(+ *biernik*) sztukę film koncert wystawę kolację lody

> Mistrzowie jogi w głębokiej zadumie myślą, jak się rozplątać.

Ćwiczenia

I. Proszę odpowiedzieć na pytania:

1. Czym się Pan/i interesuje?
Interesuję się . . . ., ... i . . . .

2. Czym się Pan/i pasjonuje?
Pasjonuję się . . . . i . . . .

3. Czego nie znosi Pan/i robić?
Nie znoszę . . . . ani . . . .

4. Co Pan/i zbiera (zbierał/a dawniej)?
Zbieram (kolekcjonuję) . . . .
Kiedyś (Dawniej) zbierałem /am . . . .

5. Proszę napisać tekst według wzoru:

Interesuję się współczesną historią Francji, a pasjonuję się teatrem. Nie znoszę się uczyć matematyki ani gotować. Dawniej zbierałem linijki, a teraz kolekcjonuję programy teatralne.

II. Proszę zaznaczyć (podkreślić) jedną odpowiedź:

1. Lubię grać   w piłkę nożną
                        w koszykówkę
                        w siatkówkę
                        w tenisa
                        w ping ponga
                        (*inne*) . . . .

2. Lubię jeździć   na nartach
                        na łyżwach
                        na rowerze
                        konno
                        (*inne*) . . . .

3. Uprawiam   gimnastykę
                        jogging
                        pływanie

karate
(*inna dyscyplina*) . . . .

4. Czy którąś z tych dyscyplin lubi Pan/i oglądać na żywo lub w telewizji?
Lubię chodzić na mecze . . . .
Lubię chodzić na pokazy . . . .
Lubię oglądać w telewizji konkursy . . . .

5. Proszę napisać tekst według wzoru (jednego z podanych albo na podstawie wszystkich trzech):

> Bardzo lubię grać w tenisa i jeździć na rowerze. Uprawiam tae-kwon-do. Nie lubię chodzić na mecze piłki nożnej, ale chętnie oglądam transmisje telewizyjne ważnych międzynarodowych spotkań piłkarskich. Kibicuję wtedy reprezentacji mojego kraju.

> Nie uprawiam żadnego sportu – nie interesuje mnie to. Lubię chodzić po górach, a w telewizji oglądam tylko skoki narciarskie.

> Pasjonuję się jazdą konną. Uprawiam ten sport, chodzę na wszystkie zawody i oglądam transmisje telewizyjne z zawodów międzynarodowych. Nie znoszę natomiast wyścigów samochodowych i sportów ekstremalnych.

III. Proszę wstawić w puste miejsca wyrazy z ramki.

> mało, szybko, moim, nadzieję, uprawia, jakieś, czynnie, rowerze, charakteryzatorką, szczupły, obcych, tenisową

* Czy mógłby Pan powiedzieć coś o swojej rodzinie?
– Od dwudziestu lat jestem żonaty i mam . . . ., że dotrwam z tą żoną już do końca życia. Żona nie jest aktorką, kiedyś była . . . .
. . . . Mamy syna Mateusza.
* Pomaga Pan żonie w domu?
– Żona twierdzi, że za . . . ., a ja więcej nie mogę – nie mam czasu.
* Ma Pan . . . . hobby?
– Mam to szczęście, że mój zawód jest . . . . hobby. Poświęcam też trochę czasu nauce języków . . . .

* A sport?
- O, tak. I biernie, i . . . .
* A jaki sport Pan . . . .?
- Najchętniej biegam, jeżdżę na . . . ., czasem biorę do ręki rakietę . . . . lub pingpongową.
* Jest Pan . . . . Czy to dzięki specjalnej diecie?
- Nie znam i nie stosuję żadnej diety odchudzającej. Lubię jeść, ale – jak powiedziałem – lubię też biegać, więc . . . . spalam kalorie.

(E. Junosza-Stępowska, *Gwiazdy gotują dla nas*, Wyd. „Ty i Ja", Warszawa 1992.
Fragment rozmowy z Jerzym Zelnikiem)

SŁOWNICZEK

charakteryzatorka – osoba, która w teatrze lub filmie nakłada aktorom odpowiedni makijaż
poświęcać – przeznaczać, dedykować
biernie – pasywnie
czynnie – aktywnie
spalać (kalorie) – gubić, tracić (kalorie)

> **Co to oznacza?** Proszę przetłumaczyć na swój język lub wyjaśnić po polsku.
>
> • dotrwać do końca – . . . .
> • poświęcać czas nauce – . . . .
> • dieta odchudzająca – . . . .

IV. Proszę przeczytać tekst i zdecydować, czy podane niżej zdania są prawdziwe (P) czy nieprawdziwe (N).

* Kto zajmuje się domem?
- Przede wszystkim żona. Ale i ja potrafię wszystko zrobić. Muszę przyznać, że najgorzej idzie mi prasowanie. Najbardziej zaś lubię gotować. Nauczyła mnie tego moja starsza siostra, która jest wspaniałą kucharką. W ogóle bardzo lubię zajmować się domem i najchętniej bym z niego nie wychodził.
* Swój zawód też Pan lubi?
- Muszę. Gdyby moja praca nie była dla mnie przyjemnością, to byłaby męką.
* Wiem, że jest Pan osobą towarzyską. Jak więc czuje się Pan sam w domu?
- Źle! Bardzo nie lubię, gdy wyjeżdża żona, bo czas do jej powrotu szalenie mi się dłuży. Właśnie lada dzień wraca z synem po miesięcznej

nieobecności. Nie lubię powrotów do pustego domu. Nie lubię także samotnych obiadów. Poza tym żona gotuje wspaniale, a ja udaję, że nie potrafię nic dobrego przyrządzić. Bardzo lubię jeść i to jest moim zmartwieniem. Smaczne potrawy, ładnie podane i jedzone bez pośpiechu sprawiają mi olbrzymią przyjemność.

* Jakie Pan lubi dania?

– Desery! Uważam, że każdy obiad powinien zakończyć się czymś słodkim, mimo że kuchnię lubię pikantną. Z nadwagą nie walczę. Uważam, że jest ona pewnego rodzaju przeznaczeniem, a przecież z przeznaczeniem walczyć nie można.

(E. Junosza-Stępowska, *Gwiazdy gotują dla nas*. Wyd. „Ty i Ja", Warszawa 1992. Fragment rozmowy z Jerzym Bińczyckim)

SŁOWNICZEK

zaś – natomiast, tymczasem
męka – cierpienie, tortura
szalenie – bardzo
lada dzień – niedługo, za kilka dni
przyrządzić – przygotować
nadwaga – waga zbyt duża
przeznaczenie – los, fatum

Co to oznacza? Proszę przetłumaczyć na swój język lub wyjaśnić po polsku.

- zajmować się domem – ....
- osoba towarzyska – ....
- walczyć z nadwagą – ....

---

1. Jerzy Bińczycki uwielbia gotować. —
2. Gotowania nauczył się od kucharki siostry swojej żony. —
3. Jerzy bardzo lubi się zajmować domem i potrafi w nim wszystko zrobić. —
4. Jerzy nie przepada za swoim zawodem. —
5. Jerzy źle znosi nieobecność żony i syna w domu. —
6. Jerzy uważa, że jego żona znakomicie gotuje. —
7. Jerzy jest bardzo szczupły, ale stara się jeszcze schudnąć. —
8. Jerzy martwi się, że potrawy są zbyt smaczne i dlatego nie przyrządza nic dobrego. —
9. Jerzy lubi ostre przyprawy. —
10. Jerzy uważa, że po każdym obiedzie powinno się zjeść deser. —

V. Proszę poukładać fragmenty tekstu w logicznej kolejności i przepisać cały tekst.

„Taniec"

__ Często nazywamy go klasycznym i kojarzy nam się z widowiskiem
__ teatralnym, z twórczością choreograficzną. Przez taniec towarzyski rozumiemy to,
__ nastrój, ułatwia życie towarzyskie, odmładza, leczy duszę i ciało.
__ muzyką. Tańcem człowiek wyraża radość, ale też ból i
_1_ Czym właściwie jest taniec? To przede
__ rekreacją, wypoczynkiem po pracy i nauce, poprawia
__ sakralny, magiczny. Taniec artystyczny – to balet lub pantomima.
__ rozpacz, a nawet uniesienia religijne. Taniec zawsze czemuś służy, jest „jakiś", np.
__ kultowy, towarzyski, artystyczny. Taniec kultowy – to taniec religijny,
__ co tańczy się na dancingach, dyskotekach i prywatkach. Taniec jest doskonałą
__ wszystkim ruch lub gest powiązany rytmicznie z towarzyszącą im

(Na podst. J. Berski, *Kolokwia baletowe*, Pomorze, Bydgoszcz 1988)

SŁOWNICZEK

kojarzyć się – mieć związek, łączyć się
widowisko – spektakl, przedstawienie
twórczość – tworzenie (komponowanie, układanie)
nastrój – samopoczucie
rekreacja – odpoczynek, rozrywka
rozpacz – głęboki smutek, żal, desperacja
uniesienie – rodzaj ekstazy, pasja, podniecenie
powiązany – ma związek, jest połączony
prywatka – zabawa, impreza taneczna w domu (prywatnie)

Co to oznacza? Proszę przetłumaczyć na swój język lub wyjaśnić po polsku.
- leczy duszę i ciało – ....
- twórczość choreograficzna – ....
- taniec towarzyski – ....

Był bardzo aktywny, ale najlepiej się czuł, jak nic nie robił.

II. SPOSOBY SPĘDZANIA WOLNEGO CZASU

> Na wystawie kwiatów najbardziej podobała mi się pani, która nas oprowadzała.

* ZOB. POTRZEBNE SŁOWA I WYRAŻENIA Z LEKCJI POPRZEDNIEJ

Ćwiczenia

I. a. Proszę odpowiedzieć na pytanie: co najbardziej lubi Pan/i robić w wolnym czasie?

1. grać w karty (w szachy)
2. czytać
3. słuchać radia
4. myć samochód
5. oglądać telewizję
6. pracować w ogrodzie
7. sprzątać
8. spać
9. grać w gry komputerowe
10. gotować
11. prasować
12. pisać listy
13. jeść
14. *inne* ....

b. Proszę uzupełnić:

Gdy mam wolny czas,
najbardziej lubię (uwielbiam) 1. ....
2. ....
3. ....

Gdy mam wolny czas, **bardzo lubię** 1. ....
2. ....
3. ....

Gdy mam wolny czas, **lubię**
1. . . . .
2. . . . .
3. . . . .

c. Proszę uzupełnić (wpisać czynność numer 1 z każdego wariantu) i dodać czynności mniej lubiane lub bardzo nielubiane.

Przykład:
Gdy mam wolny czas, uwielbiam spacerować, bardzo lubię spać i lubię sprzątać, natomiast (= ale) nie lubię myć samochodu i nie cierpię (= nie znoszę) pisać listów.

Gdy mam wolny czas, uwielbiam . . . ., bardzo lubię
. . . . i lubię, ale (= natomiast) nie lubię . . . .
i nie znoszę (= nie cierpię) . . . .

II a. Proszę odpowiedzieć na pytanie: gdzie lubi Pan/i chodzić, gdy ma Pan/i wolny czas?

1. do kina
2. do ZOO
3. do teatru
4. do muzeum
5. na dyskotekę
6. na koncert
7. na mecz
8. na spacer
9. do cyrku
10. na zakupy
11. do znajomych
12. do rodziny
13. do kawiarni
14. (*inne*) . . . .

b. Proszę uzupełnić:

Gdy mam wolny czas, **najbardziej lubię (uwielbiam)** chodzić
1. . . . .
2. . . . .
3. . . . .

Nie cierpię (nie znoszę) chodzić
1. . . . .
2. . . . .
3. . . . .

c. Proszę uzupełnić (wpisać czynność numer 1 z każdego wariantu).

Gdy mam wolny czas, uwielbiam chodzić . . . ., ale (= natomiast) nie cierpię (= nie znoszę) chodzić . . . .

III. Według podanego wzoru proszę opisać, w jaki sposób spędza Pan/i niedzielę (co Pan/i robi w dzień wolny od pracy)? Proszę użyć poznanych słów i zwrotów.

W niedzielę wstaję około ósmej i idę na długi spacer. Po śniadaniu jadę do mamy na kawę, a potem spotykam się z przyjaciółką i idziemy razem do muzeum, a potem na obiad do jakiejś restauracji w centrum. Potem śpię pół godziny, oglądam telewizję, układam moje znaczki i przeglądam gazety. Wieczorem czasem idę z sąsiadem do kina, ale gdy pada deszcz, oglądamy filmy na wideo. Jem lekką kolację i siadam przy komputerze. Spędzam przy nim kilka godzin!

IV. W jaki sposób i gdzie lubi Pan/i spędzać wakacje? Proszę zaznaczyć (podkreślić) odpowiednie wyrazy, a potem napisać tekst według wzoru.

---
nad morzem, nad jeziorem, na wsi, w górach, nad rzeką, w lesie, w mieście; pod namiotem, w pensjonacie, na campingu, w hotelu, w schronisku; zwiedzać, odpoczywać, opalać się, podróżować, pływać; samotnie, z rodziną, z przyjaciółmi, w dużym towarzystwie, w małym gronie

---

Najbardziej lubię spędzać wakacje samotnie pod namiotem. Wybieram zwykle jakieś miejsca w lesie, ale blisko rzeki. W czasie wakacji przede wszystkim odpoczywam w ciszy, dużo śpię, spaceruję, czytam, słucham radia i uprawiam jogę. Zwykle też biorę rower i robię małe wycieczki po okolicy.

V. Proszę skonfrontować swoje odpowiedzi z poprzednich ćwiczeń z odpowiedziami kolegów z grupy i poszukać osób, które mają podobne upodobania i zainteresowania.
Proszę wypełnić tabelkę:

imię	sposób spędzania wolnego czasu		zainteresowania	kolekcja	sport	gdzie i jak spędza wakacje
	w domu	poza domem				
1.						
2.						
3.						
4.						
5.						
6.						
7.						
8.						

Przykład:

imię	sposób spędzania wolnego czasu		zainteresowania	kolekcja	sport	gdzie i jak spędza wakacje
	w domu	poza domem				
1. Adam	lubi czytać; uwielbia słuchać jazzu	bardzo lubi chodzić do kawiarni; lubi chodzić na koncerty jazzowe; nie znosi chodzić na mecze	pasjonuje się jazzem; interesuje się polityką i samochodami	płyty	uprawia jogging; lubi oglądać mecze koszykówki i hokejowe; nie cierpi boksu	w mieście (basen, spacery z psem, spotkania z przyjaciółmi i znajomymi)

VI. a. Proszę powiedzieć, czy ma Pan/i w grupie „bratnią duszę" (osobę o podobnych zainteresowaniach, która lubi to, co Pan/i)? Z kim mógłby Pan/mogłaby Pani spędzić wakacje? (albo niedzielę?) Z kim ma Pan/i najwięcej tematów do rozmów?

b. Proszę to napisać.
Przykład:
W mojej grupie jest kilka osób o podobnych zainteresowaniach, ale wakacje mógłbym spędzić tylko z Adamem, bo ja też nie lubię wyjeżdżać z miasta. Tu zawsze dzieje się coś ciekawego! Obydwaj bardzo lubimy chodzić do kawiarni i słuchać jazzu, a w naszym mieście co rok w lipcu odbywa się festiwal jazzowy, więc nie opuścilibyśmy żadnego koncertu. Adam i ja lubimy spotkania z przyjaciółmi i rozmowy o polityce, a więc po koncertach mielibyśmy co robić. W deszczowe dni moglibyśmy oglądać w telewizji mecze koszykówki i hokejowe lub czytać, a w dni słoneczne – chodzić na basen, a po południu zaglądać do sklepów z płytami. Bez względu na pogodę można uprawiać jogging i spacerować z psami. Mam nadzieję, że nasze psy też się zaprzyjaźnią.

VII. Oto kilka ogłoszeń z rubryki „Szukam przyjaciela". Proszę wybrać jedno i napisać krótką odpowiedź.

I. Jeżeli lubisz włóczyć się po górach z gitarą, a w Twoim otoczeniu nie ma nikogo, kto mógłby Ci w tym towarzyszyć, to napisz do mnie. Nieważne, czy jesteś dziewczyną, czy chłopakiem, liczy się tylko Twoja przyjaźń i każdy szczęśliwie przeżyty dzień. Mam 19 lat.

Grzegorz

II. Lubię dobry film, wycieczki, spacery po lesie, książki i pracę w ogródku. Jestem 57-letnim rencistą, domatorem, obecnie w separacji z żoną. Szukam pozytywnie nastawionych do życia przyjaciół do 60 lat.

Samotny

III. Mam 19 lat. Chciałabym poznać studentów, osoby wybierające się na studia oraz wszystkich tych, którzy mają czas oraz mogliby ze mną korespondować. Interesuję się muzyką, piłką nożną, fotografowaniem i tysiącem innych rzeczy. Miło mi będzie powitać każdą uśmiechniętą osobę. Wiek i płeć bez znaczenia

Ola

IV. Zanim trafiłem do więzienia, miałem dom, rodzinę i przyjaciół. Straciłem wszystko. Pragnę poznać człowieka, który nauczy mnie znów się uśmiechać.

Dariusz

V. Mam 34 lata i 15-letniego syna. Lubię spacery, przyrodę, podróże i wycieczki rowerowe. Chętnie poznam osoby prowadzące aktywny tryb życia.

Małgorzata

VI. Mam 23 lata, średnie wykształcenie. Moje pasje to fotografowanie, słuchanie nastrojowej muzyki przy blasku świec, spacery o zachodzie słońca i marzenia, które nic nie kosztują. Chociaż dokucza mi samotność, wierzę, że znajdzie się ktoś, kto zechce przesłać mi w kopercie choć kilka słów.

Monika

VII. Wdowa, 47 lat, kochająca góry, książki, muzykę i taniec, szuka przyjaciół o podobnych zainteresowaniach.

Ryba

VIII. Jestem 18-letnim zodiakalnym Rakiem, który lubi się świetnie bawić. Kocham dyskoteki, szybką jazdę samochodem, wędrówki po górach, lubię grać w karty, słuchać radia i czytać książki. Szukam przyjaciela!

Rak

II, IV, V, VII – na podst. „Cienie i Blaski", nr 12, 2001.
I, III, VI, VIII – na podst. „Jestem", nr 7/2001.

Przykład:
Uwielbiam górskie wędrówki! Nie gram na gitarze, tylko na harmonijce ustnej. Planowaliśmy z siostrą spędzić majowy długi weekend w Bieszczadach, jeśli jesteś zainteresowany – odezwij się! Mam 20 lat, a moja siostra Eliza – 18. Ona bardzo ładnie śpiewa. Rafał.

VIII. Proszę przeczytać tekst i wykonać polecenia.

„Babska przyjaźń"

Przyjaźń to klejnot, którego nie można kupić u żadnego jubilera. To także najlepszy lek na samotność. Jeśli masz wierną przyjaciółkę, masz szczęście. I ona także!

Ktoś kiedyś powiedział, że przyjaźń zawarta w dzieciństwie nigdy nie umiera wcześniej od nas samych. To prawda. Najtrwalsze są przyjaźnie ze szkoły i podwórka. Kiedy ma się dziesięć lat, wszystko wydaje się proste, a przyjaźń na śmierć i życie przychodzi dużo łatwiej niż później.

Z czasem jednak nawet największa przyjaźń słabnie. Kiedyś z najlepszą przyjaciółką mówiłyście sobie wszystko. Potem ona przeprowadziła się na inne osiedle i okazji do spotkań było już coraz mniej. Zresztą poszłyście do innych szkół, a tam czekało na was nowe towarzystwo i przyjaźnie. Mogło też być inaczej: razem przeszłyście przez młodzieńcze bunty i pierwszą miłość, byłyście nierozłączne aż do studiów. Potem pojawił się on i poświęcałaś mu każdą wolną chwilę. Przyjaciółka zeszła na drugi plan. Takich scenariuszy może być wiele, ale kończą się podobnie. Koło trzydziestki zauważamy, że grono naszych przyjaciół, zawsze tak liczne, nagle się skurczyło. Jeszcze niedawno w notesie na telefony nie mogłaś znaleźć wolnego miejsca. Dziś większość numerów jest już pewnie nieaktualna, a z tyloma dobrymi kiedyś znajomymi nie rozmawiałaś całe wieki. Trudno się temu dziwić: rodzina, dom, praca i ciągły wyścig z czasem. W wypełnionym kalendarzu brakuje miejsca nawet na spacer, nie mówiąc o spotkaniach towarzyskich. (...)

(na podst. „Cienie i Blaski", nr 12, 2001)

SŁOWNICZEK

babska – damska, między kobietami (dziewczynami)
klejnot – biżuteria; cenna rzecz
jubiler – sklep z biżuterią, złotem, srebrem itp.
lek – lekarstwo

wierny – prawdziwy, stały, na którego można liczyć
podwórko – tu: miejsce zabaw dzieci
słabnąć – maleć, zmniejszać się
osiedle – dzielnica, część miasta
nierozłączny – zawsze razem
trzydziestka – tu: 30 lat
grono – grupa
liczne – duże
skurczyć się – zmaleć, zmniejszyć się
całe wieki – bardzo długo (wiek = 100 lat)

Co to oznacza? Proszę przetłumaczyć na swój język lub wyjaśnić po polsku.

- przyjaźń zawarta w dzieciństwie nigdy nie umiera wcześniej od nas samych . . . .
. . . .
- przyjaźń na śmierć i życie . . . .
- młodzieńcze bunty . . . .
- zejść na drugi plan . . . .
- liczne grono przyjaciół . . . .
- ciągły wyścig z czasem . . . .

---

a. Proszę podkreślić te fragmenty zdań, które bezpośrednio odnoszą się do przyjaźni między dziewczynami lub kobietami.

b. Czy po transformacji tych zdań na bardziej ogólne (tzn. po zmianie podkreślonych zdań na takie, które dotyczą nie tylko rodzaju żeńskiego) można uznać ten tekst za mówiący o przyjaźni w ogóle? Proszę głośno przeczytać.

c. Proszę odpowiedzieć na pytania:
1. Czy zgadza się Pan/i ze stwierdzeniem: „Przyjaźń to klejnot, którego nie można kupić u żadnego jubilera. To także najlepszy lek na samotność". Dlaczego?
2. Czy można mówić o „prawdziwym" i „nieprawdziwym" przyjacielu? Dlaczego często używa się określenia „prawdziwy przyjaciel"?
3. Czym różni się: „znajomy" od „kolegi" i od „przyjaciela"?
4. W tekście jest mowa, że każda przyjaźń słabnie – czy uważa Pan/i, że to jest reguła?
5. Jakie powody słabnięcia przyjaźni podaje autor tekstu? Co Pan/i o tym sądzi?

6. „Jeśli masz wierną przyjaciółkę (wiernego przyjaciela), masz szczęście. I ona (on) także!" – czy zgadza się Pan/i z tym stwierdzeniem? Dlaczego?
7. Proszę spróbować wyjaśnić, na jakich zasadach dobierają się przyjaciele lub koledzy? Co ich łączy? Czego od siebie oczekują?
8. Czy ma Pan/i przyjaciółkę/ przyjaciela? Jeśli tak – to proszę opowiedzieć, kiedy i jak się ta przyjaźń zaczęła. Jeśli nie – proszę powiedzieć, jaki powinien być Pana/Pani przyjaciel.

W czasie wakacji widziałem operę, ale z wierzchu.

III. OPIS WYGLĄDU

POTRZEBNE SŁOWA I WYRAŻENIA

Ktoś jest: wysoki, niski, średniego wzrostu
Ktoś jest: chudy, szczupły, gruby, tęgi
Kobieta może być: ładna, zgrabna, wysportowana
Mężczyzna może być: przystojny, zgrabny, wysportowany

Twarz	owalna, trójkątna, okrągła, pełna, szczupła, piegowata
Włosy	długie, krótkie, proste, kręcone, gęste, rzadkie, rude, siwe, jasne, ciemne, blond, (jest blondynem, szatynem, brunetem; jest łysy)
Czoło	wysokie, niskie, wypukłe, proste
Oczy	piwne, brązowe, orzechowe, szare, niebieskie, zielone, czarne; duże, małe (ma zeza)
Rzęsy	długie, krótkie, gęste, sztuczne
Brwi	gęste, krzaczaste, cienkie, zrośnięte
Nos	prosty, zadarty, cienki (wąski), szeroki, krzywy, mały, duży
Usta	wąskie (cienkie), szerokie, pełne
Broda	spiczasta, kwadratowa, zaokrąglona
Szyja	długa, krótka, cienka, gruba
Uszy	małe, duże (wielkie), odstające

Jej szafirowe oczy podobne były do rubinów.

Ćwiczenia

I. Proszę uzupełnić opis osoby A zastępując słowa podane w nawiasie wyrazami o znaczeniu przeciwnym
Przykład: Ona jest (brzydka) *ładna*.

A   B   C   D

Pani A jest bardzo (niska) .... i (tęga) ....
Ma (jasne) ...., (krótkie) .... i (kręcone)
.... włosy, (niskie) .... czoło i (kwadratową)
.... brodę, i chyba (wielkie) .... uszy.
Jej oczy są (niebieskie) .... i (duże) ....,
a usta (pełne) .... Pani A ma (szeroki) ....
i (duży) .... nos i (długą) .... szyję. Ona
jest (nieładna) .... i (nieelegancka) ...., ale
(miła) ....

II. Proszę opisać pana B, C lub D.

III. Do podanych przymiotników proszę znaleźć pary o podobnym znaczeniu spośród słów w ramce.

> mocny, paskudny, niebrzydki, nieładny, niechlujny,
> niewielki, ogromny, wytworny, piękny, schludny

ładny – ....   brudny – ....
śliczny – ....   czysty – ....
brzydki – ....   mały – ....
wielki – ....   silny – ....
elegancki – .... wstrętny – ....

IV. Podane fragmenty zdań proszę poukładać w logicznej kolejności i przepisać cały tekst.

„Moja sąsiadka"

__ Ona jest bardzo elegancka i ładnie się
__ Japonką. Ma na imię Cisato. Ma okrągłą,
__ usta, dlatego wygląda pięknie,
_1_ Moja sąsiadka jest
__ księżyc. Ma ciemne, niezbyt długie
__ ale takie są kobiety w Japonii.
__ delikatną twarz, oczywiście białą jak
__ prosty i trochę szeroki. Ma wąskie
__ lepiej poznać tę dziewczynę.
__ włosy. Jej nos jest
__ ubiera. Czasami nosi kimono. Chciałbym
__ kiedy się uśmiecha. Cisato jest niska,

V. Proszę opisać kogoś z grupy, nie podając jego (jej) imienia; na podstawie opisu koledzy będą musieli odgadnąć, kto to jest.

VI. Proszę opisać jakąś znaną osobę (polityka, aktora, sportowca, piosenkarza).

VII. Proszę uzupełnić tekst wyrażeniami z ramki.

> delikatnych, ideałem, atrakcyjna, włosy, zakochany,
> towarzyszyć, uwagę, ważne, figurę, pianinie, ciała

Pierwszą miłością Ryszarda Rynkowskiego* była jego nauczycielka gry na .... Niemłoda, ale niezwykle dystyngowana, ... kobieta, z pochodzenia Francuzka. – *Byłem w niej .... bez pamięci* – zwierza się piosenkarz – *głównie za sprawą jej pięknych, ... dłoni. Od tego czasu kobiece dłonie są dla mnie bardzo .... Bardziej niż .... i figura. Choć oczywiście, jako mężczyzna, zwracam też .... na inne detale kobiecego ....*

*Ryszard Rynkowski – kompozytor i piosenkarz.

Nieżyjąca od niedawna żona artysty była jego wymarzonym ....
.... kobiety. Miała piękne dłonie, piękną ....,
wrodzoną elegancję i dystynkcję. Ale potrafiła też włożyć kurtkę, tenisówki, zarzucić plecak i .... mężowi w leśnych
wędrówkach, które były i są jego pasją.

(Oprac. fragm. *Mężczyzna, którego warto poznać*, „Kobieta i Styl" nr 5, 1999)

SŁOWNICZEK

dystyngowana – elegancka, wytworna, z dobrymi manierami
zwierzać się – wyznawać, mówić coś w sekrecie (w tajemnicy)
za sprawą – tu: z powodu
detale – szczegóły, drobiazgi (małe, mniej istotne rzeczy, cechy)
nieżyjąca – która umarła
zarzucić (plecak) – wziąć, włożyć na plecy (plecak)

Co to oznacza? Proszę przetłumaczyć na swój język lub wyjaśnić po polsku.

• pierwsza miłość – ....
• zakochany bez pamięci – ....
• wymarzony ideał kobiety – ....
• leśne wędrówki – ....

VIII. Proszę przeczytać tekst i odpowiedzieć na pytania.

„Kobiety Fryderyka"

Zdaniem współczesnych był „subtelny, dystyngowany... a jego maniery nosiły takie piętno dobrego wychowania, że traktowano go jak księcia". Jak na mężczyznę z tamtej epoki był wysoki, ponad 170 cm wzrostu, bardzo szczupły, o imponującej głowie z bujnymi ciemnoblond włosami, wydatnym nosem, inteligentnymi oczami i kapryśnymi ustami.

Kobiety przepadały za nim, a i on sam chętnie przebywał w damskim towarzystwie.

– *Chopin wszystkim kobietom głowy zawraca* – twierdził jego paryski znajomy muzyk Orłowski, a Liszt dodawał: – *Uwielbiał niewiasty, lecz musiały być one dobrze ubrane, dobrze wychowane i przynajmniej z początku nieosiągalne.* Łatwo poznać w nim było człowieka, który wyrósł przy troskliwej matce i kochających siostrach. (...) Najbliższą z rodzeństwa była Fryderykowi Ludwika. O rok starsza, bardzo fizycznie do niego podobna, błyskotliwa i inteligentna, muzykalna, mająca też upodobania literackie, przez całe życie była z nim serdecznie zaprzyjaźniona. Prowadzili ożywioną korespondencję i chociaż po wyjeździe Chopina z Warszawy spotkali się tylko dwukrotnie, wiedzieli *wszystko o sobie, tak jakby nigdy się nie rozstali* – jak twierdził Fryderyk.

Pierwszą miłością Fryderyka była Konstancja Gładkowska – 20-letnia postawna, pełna uroku szatynka. Studiowała śpiew w warszawskim konserwatorium i marzyła o karierze operowej diwy. Przez blisko dwa lata Fryderyk kochał ją z dala, nie mając śmiałości zbliżyć się do niej. Za to wiele pisał o swych uczuciach w listach do przyjaciół, rozpaczając, że panna z innymi śpiewa duety i daje się adorować. (...)

Maria Wodzińska, 17-letnia panna, nie tyle ładna, co oryginalna brunetka, o wspaniałych czarnych oczach, kochała poezję i muzykę. Próbowała nawet komponować, a przy tym ta *doskonale wychowana, elegancka i dobrze urodzona* panna była jak najbardziej w guście Fryderyka. Skomponował dla niej walca As-dur, ona naszkicowała jego portret. (...)

Przez zaprzyjaźnionego Franciszka Liszta poznał Fryderyk George Sand, która początkowo wydała mu się „odpychająca". Aurora Dudevant była rozwódką, kobietą ekscentryczną, autorką skandalizujących powieści; szokowała otoczenie strojem (ubierała się po męsku), swobodą bycia i poglądami. George słuchając gry Chopina poczuła się oczarowana. A on stwierdził nagle, że ta kobieta, tak odmienna od wszystkich, które znał, niepokoi go i fascynuje. Był to początek prawie dziesięcioletniego związku dwojga ludzi z przeciwnych biegunów – 34-letniej Aurory i młodszego o 6 lat Fryderyka.

(Oprac. fragmenty art. *Kobiety Fryderyka*, „Kobieta i Styl" nr 5, 1999)

SŁOWNICZEK

współczesny – tu: ten, który żył w tym samym czasie co Chopin

piętno – znak, znamię, ślad, cecha charakterystyczna

bujne (włosy) – gęste (włosy)

wydatny – duży, wystający

kapryśny – wybredny, o zmiennym usposobieniu, dziwaczny

niewiasta – kobieta

nieosiągalny – trudny do zdobycia

troskliwy – staranny, dokładny, czuły, dbający o kogoś

dwukrotnie – dwa razy

postawny – zgrabny, dobrze zbudowany, duży

śmiałość – odwaga (nie mieć odwagi – bać się)

rozpacz – desperacja, głęboki smutek, brak nadziei

rozpaczać – być bardzo smutnym, w desperacji, nie mieć nadziei
adorować – zachwycać się, mówić komplementy, okazywać zainteresowanie
gust – upodobanie, zamiłowanie
(na)szkicować – (na)rysować
odpychający – antypatyczny, niemiły
ekscentryczny – dziwaczny, oryginalny, ekstrawagancki
pogląd – opinia
odmienna – inna, różna

> **Co to oznacza?** Proszę przetłumaczyć na swój język lub wyjaśnić po polsku.
>
> • przepadać za kimś – ....
> • zawracać komuś głowę – ....
> • ożywiona korespondencja – ....
> • być w czyimś guście – ....
> • ludzie z przeciwnych biegunów – ....

1. Jak wyglądał Fryderyk Chopin? Proszę go opisać swoimi słowami.
2. Jakie kobiety szczególnie lubił Chopin?
3. Dlaczego był lubiany przez kobiety?
4. Kto miał wpływ na charakter Fryderyka?
5. Jaka była Ludwika? Proszę ją opisać swoimi słowami.
6. Fryderyk i Ludwika wiedzieli o sobie wszystko, mimo że prawie się nie widywali. Jak to możliwe?
7. Proszę porównać Konstancję i Marię na podstawie podanych w tekście informacji.
8. Czy z tekstu wynika, że Fryderyk był zazdrosny o Konstancję?
9. Jak Chopin poznał George Sand?
10. Jakie było jego pierwsze wrażenie?
11. Jaka była George – proszę zacytować fragment tekstu.
12. Jak można określić związek Fryderyka i George?

IX. Nie patrząc do tekstu, proszę napisać jego streszczenie (na podstawie odpowiedzi na pytania).

> Mleczne zęby ma się, gdy się pije mleko. Gdy się zaczyna pić piwo – ma się zęby sztuczne.

IV. CECHY CHARAKTERU

POTRZEBNE SŁOWA (przymiotniki określające cechy charakteru)

zły – dobry – bezczelny – brutalny – agresywny – wrażliwy – powierzchowny – koleżeński – miły – naiwny – obojętny – samolubny (egoista) – surowy – łagodny – szczery – życzliwy – skryty – cierpliwy – spokojny – nerwowy – uprzejmy – grzeczny – zdolny – pilny – ambitny – leniwy – obowiązkowy – solidny – punktualny – mądry – głupi – inteligentny – sprytny – bystry – uparty – elokwentny – smutny – ponury – wesoły – dowcipny (z poczuciem humoru) – pogodny – skąpy – oszczędny – rozrzutny – gościnny – tolerancyjny – optymista – pesymista

> Kiedyś królowie byli bogaci, a ludzie biedni.
> Dziś już prawie nie ma królów.

Ćwiczenia

I. Które z podanych cech są – zdaniem Pana/i:
A: pozytywne   **B**: negatywne   **C**: neutralne

A:

B:

C:

II. a. Proszę wymienić swoje **trzy wady** (cechy negatywne).
Jestem......................
....
....

b. Proszę wymienić swoje **trzy zalety** (cechy pozytywne).
Jestem......................
....
....

III. Proszę wstawić znak = między wyrazy o znaczeniu podobnym i znak # między wyrazy o znaczeniu przeciwnym.
Przykład: dowcipny = z poczuciem humoru

1. leniwy	pilny	7. pogodny	miły
2. surowy	łagodny	8. skąpy	rozrzutny
3. uczynny	koleżeński	9. otwarty	skryty
4. bezczelny	arogancki	10. nieczuły	wrażliwy
5. samolubny	egoista	11. niemądry	głupi
6. ponury	pogodny	12. solidny	obowiązkowy

IV. Proszę podkreślić właściwą formę.

Mój kolega Filip jest wysokim (szatynem – szatynką). Jest wyższy, ale szczuplejszy niż ja. Wydaje mi się, że jest (chudy – chuda). Ma (pełny – pełną) twarz, zmarszczone (czoło – nos) i (piwny – piwne) duże oczy. Ma (gęsty – gęste) (brwi – usta), (prosty – proste) szeroki nos i (kwadratową – kwadratowy) (brodę – usta). Często ma (długie – długi) włosy, ale gdy idzie do fryzjera, ma potem włosy krótkie jak żołnierz. Filip ma (długą – długi) i cienką szyję.

On jest (sympatyczny – sympatycznie), (łagodny – łagodnie) i jest moim najlepszym przyjacielem. Jest mniej bystry, ale bardziej uparty niż ja. Interesuje się sportem: (uprawia – gra) karate, gra (w – na) koszykówkę, a zimą jeździ (na – w) nartach. Gdy ma wolny czas, (uwielbia – nie cierpi) czytać i oglądać w telewizji programy sportowe, a także chodzić (do – na) koncerty jazzowe. Bardzo (lubi – nie cierpi) tańczyć, więc (co tydzień – prawie nigdy) chodzi na dyskoteki.

V. Proszę uzupełnić tekst wyrazami z ramki:

> niebieskie, odstające, gazety, szachy, niski, szeroki,
> czoło, szyję, rzadkie, piegowatą, zezowate, agresywny

Mój sąsiad ma na imię Kazimierz. Ma 65 lat. Jest .... i gruby.
Ma okrągłą, ... twarz, bardzo wysokie ...., włosy
............, kręcone i siwe. Jego oczy są ...., małe i trochę
............, nos duży, ... i czerwony, a usta pełne. Ma
.... uszy i krótką .... Kazimierz dużo pije i często
kłóci się z żoną – jest wtedy .... Jest ponury i nieuprzejmy.
Nie wiem, czym się interesuje, ale widzę, że codziennie czyta ....
.... Od czasu do czasu gra z kolegą w ....

VI. Podane fragmenty zdań proszę poukładać w logicznej kolejności
i przepisać cały tekst.

„Jaka jestem?"

__ Muzyka jest dla mnie jak
__ usta, małe uszy i krótką szyję. Jestem skryta i nie
__ tolerancyjna i wesoła, ale czasem
__ szczupła, mam długie, jasne
__ powietrze, dlatego ciągle jej słucham. Gram
__ sztuką i muzyką. Zawsze chciałam być
__ jestem naiwna i uparta. Interesuję się
__ tańczyć, pływać i podróżować.
__ włosy i piwne oczy. Mam mały nos i wąskie
__ artystką! Lubię zwiedzać galerie
_1_ Jestem niska i
__ lubię mówić o sobie. Jestem uprzejma,
__ i muzea, a także malować pejzaże.
__ na saksofonie i lubię jazz. Uwielbiam też

VII. Według schematu: wygląd zewnętrzny, cechy charakteru, zainteresowania – proszę opisać: **a.** bliską (dobrze znaną) osobę **b.** siebie

VIII. Proszę przeczytać wiersz i zdecydować, czy podane zdania są prawdziwe (P) czy nie (N).

„Teresa"

Dowcipna, łaskawa, mądra, siebie pewna,
niekiedy bywa dalsza, wyniosła jak królewna,
miększa – gdy ciemnowłosa, jasnowłosa – gospodarniejsza
słodka – kiedy wielkolud; im mniejsza, tym rozumniejsza.
Lubi dalekie podróże, woli jechać lądem niż wodą,
nie boi się zmęczenia, choć nie pogardza wygodą.
Muzykę kocha serdecznie, lecz w tańcu jest jej najbliższa,
miło z nią wszystkim w domu, po którym się unosi jak cisza.

Żoną zawsze będzie dobrą, lecz – co jest rzecz wszystkim znana –
najlepszą dla Pawła, Dominika, Tomasza i Jana.

(K. Iłłakowiczówna, *Portrety imion*, Wyd. Polskiego
Towarzystwa Wydawców Książek, Warszawa 1983)

SŁOWNICZEK

łaskawa – życzliwa, przyjazna

niekiedy – czasem

wyniosła – dumna, zarozumiała, nieprzystępna

wielkolud – bardzo wysoki (żart.); w baśniach – olbrzym

rozumna – mądra, rozsądna

ląd – ziemia (przeciwstawienie morza)

pogardzać, gardzić – mieć za nic, lekceważyć, nie dbać

Co to oznacza? Proszę przetłumaczyć na swój język lub wyjaśnić po polsku.

- niekiedy bywa dalsza – ....
- miększa (przestarz.) = bardziej miękka – ....
- słodka (o kobiecie) – ....
- nie pogardza wygodą – ....
- w tańcu muzyka jest jej najbliższa – ....
- unosi się jak cisza – ....

---

1. Teresa jest mądra i ma skłonności do zarozumialstwa. ___
2. Teresa mająca ciemne włosy zwykle jest królewną. ___

3. Teresa – blondynka jest osoba gospodarną. —
4. Teresa o drobnej sylwetce jest słodkim wielkoludem. —
5. Kobiety o imieniu Teresa lubią komfortowe podróże. —
6. Teresy są wytrzymałe na zmęczenie. —
7. Jeśli Teresa ma do wyboru podróż statkiem i podróż pociągiem – wybierze to drugie. —
8. Teresa lubi tańczyć, bo wtedy najlepiej czuje muzykę, którą kocha. —
9. Miło mieć Teresę w domu, bo ona ciągle milczy. —
10. Teresa powinna wychodzić za mąż tylko za Pawła, Dominika, Tomasza lub Jana. —

Pan Piotr widział w narzeczonej same zalety. Resztę zobaczył po ślubie.

V. PORÓWNYWANIE

POTRZEBNE SŁOWA I WYRAŻENIA

Porównywanie na zasadzie kontrastu

* Adam, w przeciwieństwie do (+ *dopełniacz*) Piotra,...
* Adam, przeciwnie niż (+ *mianownik*) Piotr,...
* Adam różni się od (+ *dopełniacz*) Piotra
* Adam i Piotr mają różne (odmienne) zainteresowania
* (Jest) Widać wyraźny kontrast między (+ *narzędnik*) Adamem i Piotrem
* Piotr jest (całkowitym) przeciwieństwem (+ *dopełniacz*) Adama
* Piotr, inaczej niż (+ *mianownik*) Adam,...
* Piotr stanowi opozycję (+ *dopełniacz*) Adama
* Piotr jest (*jaki? kim?*), ... natomiast Adam jest... (*jaki? kim?*)
    (Piotr jest siwy, natomiast Adam jest brunetem)

UWAGA! Proszę pamiętać o stopniu wyższym przymiotnika: Piotr jest mądrzejszy od Adama. Adam jest niższy od Piotra.

Porównywanie na zasadzie analogii

* Julia przypomina (+ *biernik*) Helenę
* Julia, podobnie jak (+ *mianownik*) Helena,...
* Helena jest (bardzo) podobna do (+ *dopełniacz*) Julii
* Helena ma coś wspólnego z (+ *narzędnik*) Julią
* Helena wygląda (tak samo) jak (+ *mianownik*) Julia
* Julia jest (niemal) identyczna jak (+ *mianownik*) Helena
* Julia jest równie (tak samo) interesująca jak (+ *mianownik*) Helena
* Zarówno (+ *mianownik*) Julia, jak (+ *mianownik*) Helena...
    ...analogicznie...

UWAGA! Proszę pamiętać o porównaniach typu:

biały jak śnieg	stary jak świat
blady jak ściana	czerwony jak burak
jasne jak słońce	uparty jak osioł
zimny jak lód	głodny jak pies
gruby jak beczka	zdrowy jak ryba
dumny jak paw	głupi jak but

Basia była **blada jak ściana** i miała ręce **zimne jak lód**.

> Mickiewicz pisał poezję, a Słowacki wiersze.

Ćwiczenia

I. Proszę uzupełnić:

Od wielu lat przyjaźnię się z Elą i Moniką, które znam jeszcze ze szkoły. Obydwie lubię tak samo, mimo że Ela jest prawie <u>całkowitym przeciwieństwem</u> Moniki. <u>Różnią się</u> nie tylko wyglądem, ale i charakterem. Ich sylwetki są <u>odmienne</u>: Ela jest niską i tęgą blondynką, Monika stanowi jej <u>opozycję</u>: jest . . . . i . . . . Włosy Eli są krótkie, kręcone i bardzo gęste, <u>natomiast</u> włosy Moniki są . . . ., ... i . . . . Ela ma niskie czoło, krótką szyję i zaokrągloną brodę. Monika – <u>przeciwnie</u> – ma . . . . czoło, ... szyję i . . . . brodę. Ela, <u>inaczej niż</u> Monika, ma . . . . i . . . . nos, ... usta, a jej twarz jest . . . .; nos Moniki jest zadarty i szeroki, jej usta są raczej cienkie, a twarz podłużna. Ela ma duże, niebieskie oczy, a Monika ma oczy . . . . i . . . . <u>Zarówno</u> jedna, <u>jak</u> i druga nosi okulary, ale Ela ma bardzo długie rzęsy, a Monika ładne brwi.

Obydwie mają <u>coś wspólnego</u> – są inteligentne, miłe i wesołe. Ela, <u>tak samo jak</u> Monika, interesuje się literaturą i filmem, uprawia jogę i jeździ na rowerze. Monika, <u>podobnie jak</u> Ela, jest solidna, pracowita i cierpliwa. Ela jest bardziej spontaniczna od Moniki, która jest raczej spokojna i trochę uparta.

Obydwie też mają wady. Na przykład Ela jest trochę roztargniona i bywa impulsywna, a Monika jest niepunktualna i czasem zbyt flegmatyczna. <u>Mimo to</u> są bardzo sympatyczne i naprawdę je lubię.

II. Proszę uzupełnić wyrazami z ramki:

> przeciwieństwie, szczupły, jeść, odmienne, kręcone, wspólne, wspólnego, elegancko, inaczej, szatynem, kulturalni, rzęsy, twarz

Od wielu lat lubię dwóch słynnych śpiewaków. Są to Luciano Pavarotti i José Carreras. Obydwaj mają coś . . . ., ale też znacznie się różnią – przede wszystkim wyglądem.

Ich sylwetki są . . . .: Pavarotti jest gruby i dość wysoki, a Carreras jest . . . . i niski. Pierwszy z nich ma włosy czarne, gęste i trochę . . . ., drugi natomiast jest . . . . i ma włosy proste. Pavarotti, ... niż Carreras, nosi brodę, a jego . . . . jest okrągła i pełna. Carreras – w . . . . do Pavarottiego – ma nos prosty i wąski. Obydwaj mają ładne, ciemne oczy i długie . . . .

Mają . . . . cechy charakteru: obydwaj są . . . ., sympatyczni, inteligentni i pracowici, podobają się kobietom, lubią podróżować i śpiewać! Luciano, inaczej niż José, uwielbia . . . . i przebywać w domu. Carreras ubiera się bardziej . . . . niż Pavarotti i chętnie bierze udział w koncertach charytatywnych.

III. Na podstawie poniższych cech proszę porównać dwie siostry: starszą i młodszą.

Starsza siostra:
niska, szczupła, włosy ciemne, długie, nos mały, zadarty, piegowata twarz, oczy promienne, jasne, zielone, usta pełne, zawsze trochę otwarte; spokojna, ostrożna, solidna, punktualna, ma wszystko z góry zaplanowane, wszystko się jej udaje, romantyczna, lubi marzyć, umie cały dzień milczeć, może plotkować do późnej nocy

Młodsza siostra:
wysoka, chuda, krótkie włosy, szatynka, spiczasta długa broda, nos duży, szeroki, oczy promienne, jasne, niebieskie, usta pełne, zawsze trochę otwarte; niespokojna, roztrzepana, ciągle podróżuje, romantyczna, lubi marzyć, umie cały dzień milczeć, może plotkować do późnej nocy

IV. Proszę porównać dwie osoby, które mają coś różnego, ale i coś podobnego.

V. Podane fragmenty zdań proszę poukładać w logicznej kolejności i przepisać cały tekst.

Kraków a Zurych

_1_ Mieszkam w Zurychu, który
__ jak Kraków, ma duże, bardzo ładne i zabytkowe
__ niż Kraków: Zurych ma 350 000
__ jest największym miastem
__ turystów, Zurych natomiast ma ich mniej.
__ centrum (stare miasto) oraz ciekawą i
__ opera i bardzo duża filharmonia, natomiast Kraków jest
__ w Szwajcarii. Mimo to jest o wiele mniejszy
__ mieszkańców, a Kraków około 800 000. Zurych, podobnie
__ wspaniałą historię. Zurych jest miastem muzyki; jest tam doskonała
__ miastem teatrów. W Krakowie też jest opera i ładna filharmonia,
__ ale liczba teatrów jest o wiele większa. Do Krakowa przyjeżdża dużo

VI. Proszę porównać dwa miasta (lub kraje).

VII. Proszę przeczytać tekst i wykonać polecenia.

„Takie same, a jednak inne"

Bliźnięta razem przychodzą na świat i razem idą przez życie. Tworzą pewną całość. Mają pewną wspólną odrębność w rodzinie i w otoczeniu. Od początku budują dodatkową relację ze światem – z perspektywy „my". Jest im dwa razy trudniej wybudować relację „ja" i świat.

Wszystkie bliźniaki twierdzą zgodnie, że mają takie same emocje, tak samo czują i reagują. Często w tym samym momencie mówią to samo i mają takie same skojarzenia. Są zwykle bardzo wrażliwe, aż nadwrażliwe. Zwykle nie są towarzyskie, ale budują nieliczne, bardzo głębokie relacje i starannie je pielęgnują. Poziom ich inteligencji i wrażliwości jest zbliżony, choć inaczej się manifestuje. Zawsze jedno jest uważane przez otoczenie za pracowitsze, a drugie za zdolniejsze. Jeśli jedno ma talenty muzyczne, to drugie plastyczne. Genetycznie identyczne, wcale nie są takie same. Różnią je charakter i temperament.

Bliźnięta odczuwają „przyjemną bliskość i całkowite zrozumienie", ale pozostają w nieustannym konflikcie. To dlatego, że często traktują siebie jak dwie połówki jednej całości, dążą więc podświadomie do identyczności. Z drugiej jednak strony bliźnięta bardzo silnie odróżniają siebie wzajemnie. Denerwują się, kiedy otoczenie traktuje je jak jedno. „Idę ulicą, spotykam znajomego, a on mnie pyta: dziś jest impreza, przyjdziecie? Albo rozmawia ze mną i pyta: co myślicie?"

Rodzice najczęściej chcą traktować bliźnięta tak samo, czyli sprawiedliwie. To błąd. Każde z nich jest inne i trzeba wzmacniać te różnice. Jedno zawsze dominuje nad drugim. Nie można tego tępić ani zmuszać drugiego do zmiany roli. Raczej pokazywać i chwalić oddzielną aktywność, oddzielny talent. Pozwolić iść do innych szkół, mieć odrębny krąg znajomych. Dawać możliwość do swobodnego wyrażania uczuć. Nie wołać: „BLIŹNIAKI, NA OBIAD! Inaczej trudno będzie im się rozstać i żyć samodzielnie, gdy przyjdzie na to czas.

„Bardzo trudno jest być bliźniakiem, ale i bardzo przyjemnie" – twierdzą zgodnie wszyscy, którzy pod sercem u mamy mieli towarzystwo.

(Na podst. *Takie same, a jednak inne*, „Zwierciadło" nr 2, luty 2002)

SŁOWNICZEK

pewny – tu: jakiś

otoczenie – tu: znajomi, koledzy, przyjaciele

skojarzenie – asocjacja, połączenie wrażeń, wyobrażeń, faktów z innymi, które przychodzą do głowy

wrażliwy – czuły, wyczulony na coś, nieobojętny na wrażenia

manifestować – pokazywać, przejawiać

nieustanny – ciągły

konflikt – niezgodność, spór, kolizja, sprzeczność

dążyć – iść w określonym kierunku, mieć cel i starać się go osiągnąć, wykonać

podświadomie – nieświadomie, instynktownie, mimowolnie

tępić – niszczyć, zabijać

Co to oznacza? Proszę przetłumaczyć na swój język lub wyjaśnić po polsku.

• wspólna odrębność – ....

• odrębny krąg znajomych – ....

• swobodne wyrażanie uczuć – ....

• pod sercem u mamy – ....

a. Proszę podkreślić wyrazy i zwroty charakterystyczne dla porównywania.
b. Proszę zdecydować, czy poniższe zdania są zgodne z tekstem (P) czy nie (N).

1. Bliźnięta są złączone ze sobą przez całe życie. —
2. W swojej rodzinie bliźnięta stanowią całość, a wśród znajomych – są odrębne. —
3. Bliźniakom trudno jest myśleć w kategorii „ja" – mają zakodowane myślenie jako „my". —
4. Bliźnięta zawsze są zgodne i rzadko się kłócą. —
5. Bliźnięta nie są towarzyskie, ponieważ są głęboko wrażliwe. —
6. Bliźnięta mają zazwyczaj podobny poziom inteligencji i wrażliwości. —
7. Bliźnięta uważają, że jedno powinno być takie samo jak drugie, ale nie lubią, gdy ktoś je traktuje, jakby były jednym. —
8. Rodzice powinni pozwalać bliźniętom na odmienność. —
9. Rodzice popełniają błąd, gdy pozwalają bliźniakom na to, żeby jedno dominowało nad drugim. —
10. Bliźniakom bardzo trudno jest żyć samodzielnie i wyrażać swoje uczucia. —

c. Proszę powiedzieć, czy zgadza się Pan/i ze stwierdzeniem: „Fenomen bliźniąt fascynuje i przeraża".
d. Czy znał/a Pan/i jakieś bliźnięta? Czy były rzeczywiście identyczne, czy widać było między nimi różnice? Proszę o tym opowiedzieć.
e. Czy marzył/a Pan/i kiedyś, aby mieć brata lub siostrę – bliźniaka? A może dzieci? Dlaczego? Proszę napisać uzasadnienie.

POTRZEBNE SŁOWA I WYRAŻENIA

to prawda, na pewno, bez wątpienia, niewątpliwie, oczywiście
nigdy o tym myślałem/am, niekoniecznie, wcale, w żadnym wypadku, absolutnie nie
trudno powiedzieć, do pewnego stopnia, nie jestem pewien (pewna), przypuszczam, że...
Tak / nie, bo... (dlatego, że..., ponieważ)
w związku z tym..., więc..., i dlatego..., z czego wynika, że...

Ręka tego człowieka była zimna jak ręka węża...

VI. RODZINA

POTRZEBNE SŁOWA I WYRAŻENIA

duża (liczna) – mała (niewielka) rodzina

składać się z (+ *dopełniacz*) z dwóch osób, wielu osób
mieszkać z... (+ *narzędnik*) rodzicami
mieszkać u... (+ *dopełniacz*) babci
mieszkać w... (+ *miejscownik*) mieście, na wsi

wyjść za mąż (kobieta)
ożenić się (mężczyzna)
założyć rodzinę
wziąć ślub = pobrać się
rozwieść się (z kimś) = wziąć rozwód

> Prawdziwym przyjacielem człowieka jest pies, a nie rodzina.

Ćwiczenia

I. Proszę uzupełnić tekst podanymi w ramce wyrazami.

> tradycje, zgadzali, uroczystościach, składa się, zdjęcia,
> wyszła za mąż, wspólnym, kawalerem, rodzinnych

Moja rodzina jest mała, bo . . . . tylko z mamy, siostry i ze mnie. Niedawno moja siostra . . . ., więc mam też szwagra. Mam jeszcze jedną ciocię i właśnie z nią mieszkam. Chciałbym, żeby moja rodzina była trochę większa, ale na razie moja siostra nie ma dzieci, a ja jestem . . . .

Nie mamy żadnych specjalnych .... tradycji, tylko prawie co niedzielę spotykamy się na .... obiedzie, a także na urodzinach, imieninach i świętach. Moja siostra nie zawsze bywa na .... rodzinnych, bo jest lekarką i często pracuje w niedziele.

Uważam, że jest miło, kiedy rodzina jest duża i ma swoje ...., kiedy babcie lub dziadkowie opowiadają rodzinne historie, pokazują stare ...., a nawet pamiętniki. Najważniejsze jest jednak, aby wszyscy członkowie rodziny się .... i szanowali.

II. Proszę przeczytać tekst i wykonać polecenia.

„Opowiadanie Kamila"

W ubiegłą niedzielę świętowaliśmy 40. rocznicę ślubu moich rodziców, Karoliny i Wiktora. Przyjęcie było wspaniałe – mama i babcia włożyły w to dużo pracy, więc efekt był rewelacyjny!

Był mój starszy brat z żoną i synem, Markiem, a także moja młodsza siostra z mężem. Ich córka, Sylwia, mieszka z naszymi rodzicami, bo Agnieszka jest aktorką, więc rzadko bywa w domu i jest ciągle zajęta, a poza tym przez wiele lat była rozwiedziona z Romanem, który jest pisarzem. Właśnie z powrotem się zeszli, z czego wszyscy się ucieszyliśmy. Na tę uroczystość przyjechała z Krakowa babcia Jadwiga, matka ojca. Mieszka tam sama, bo dziadek Ksawery zmarł już dość dawno. Obecna była naturalnie babcia Izabela, z którą mieszkają rodzice. Dziadek Karol zginął w ostatnim dniu wojny, więc nikt z nas go nie pamięta.

Bardzo lubię ten rodzinny dom – tyle w nim wspomnień z dzieciństwa i młodości. Stół, przy którym siedzieliśmy, pełnił zawsze ważną rolę w naszym życiu. Teraz też był świadkiem naszych sprzeczek, wspomnień, śmiechu, planów, toastów i wzajemnych pretensji. Jak to w rodzinie!

Krystian wybiera się z rodziną na roczny staż do USA, babcia Jadwiga niedawno wróciła z Los Angeles od córki, Elżbiety, ojciec myśli o emeryturze, choć jest bardzo wziętym weterynarzem, Roman chciałby wziąć Sylwię na ferie zimowe do Bukowiny Tatrzańskiej, a Marek nagle zapragnął pojechać z nimi. Gdy oświadczył, że nie chce jechać do Stanów, jego matka, Katarzyna, o mało nie dostała ataku histerii. Ja też pomyślałem, że lepiej by chyba było, gdyby chłopak został w kraju i nie przerywał szkoły. Mógłby zamieszkać ze mną, bo po rozwodzie z Łucją jestem sam i czasem czuję się samotny. Uczę fizyki w liceum, więc dopilnowałbym nauki Marka.

(Na podst. S. Fleszarowa-Muskat, *Pod jednym dachem, pod jednym niebem*, Glob, Szczecin 1988)

SŁOWNICZEK

świętować – celebrować
sprzeczka – kłótnia, mała awantura
pretensje – żale, urazy
staż – rodzaj praktyki
wzięty (weterynarz) – mający dużo pacjentów (klientów), popularny, mający dobrą opinię
o mało (+ nie) – prawie coś zrobić, być blisko zrobienia czegoś

Co to oznacza? Proszę przetłumaczyć na swój język lub wyjaśnić po polsku.

- zeszli się z powrotem – ....
- wzajemne pretensje – ....

---

a. Proszę zakwalifikować poniższe zdania do rubryki „prawda", „nieprawda" lub „brak informacji"

	P	N	BI
1. Na uroczystości było 11 osób.			
2. Karolina i Izabela przygotowały znakomite przyjęcie.			
3. Kamil rozwiódł się, bo jest samotnym nauczycielem.			
4. Kamil ma syna w liceum.			
5. Roman jest znanym pisarzem.			
6. Agnieszka sama wychowuje córkę.			
7. Wiktor leczy zwierzęta.			
8. Babcia Jadwiga mieszka w Krakowie, odkąd zmarł jej mąż.			
9. Nikt w rodzinie nie pamięta Karola.			
10. Syn Krystiana bardzo chce jechać do USA.			
11. Podczas opisywanej uroczystości każdy się z kimś kłócił.			
12. W dzieciństwie stół był świadkiem wspomnień.			
13. W rodzinnym domu mieszkają 4 osoby.			
14. Karolina i Wiktor są szczęśliwym małżeństwem.			

b. Proszę uzupełnić drzewo genealogiczne opisywanej rodziny

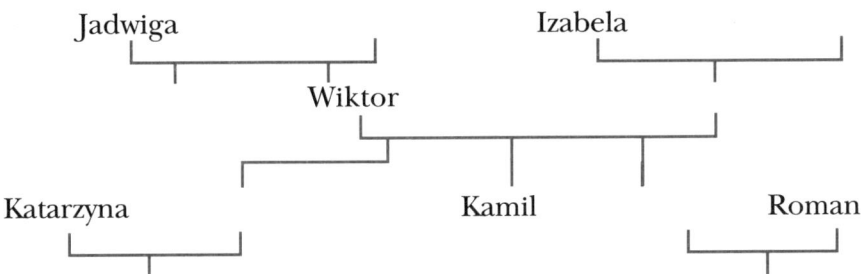

c. Proszę uzupełnić:
Przykład: Kamil dla Agnieszki – to *brat*
    Krystian dla Agnieszki – to *brat*
    Roman dla Agnieszki – to *mąż*

Sylwia dla Kamila – to ....
Marek – to ....
Elżbieta – to ....
Roman – to ....
Katarzyna – to ....

Kamil dla Marka – to ....
Agnieszka – to ....
Sylwia – to..........................
Izabela – to.........................
Wiktor – to..........................

Izabela dla Wiktora to – ....
Katarzyna – to ....
Roman – to ....
Sylwia – to..........................
Ksawery – to ....

III. Podane fragmenty zdań proszę poukładać w logicznej kolejności i przepisać cały tekst.

„Moja rodzina"

<u>1</u>   Mam dość dużą rodzinę. Mieszkam z rodzicami i
___   mojego ojca), którzy mieszkają na wsi i mają duży sad. Bardzo

- potem siostrzenice i siostrzeńców, a ja będę mieć teściów.
- najstarszym synem. Ze strony matki mam
- ciocie oraz pięciu kuzynów i siedem
- siostrą. Mój ojciec ma 45 lat i zajmuje się handlem, mama ma 45 lat i jest
- zięcia (a potem wnuki), a moja siostra będzie miała szwagra,
- gospodynią domową, a siostra ma 20 lat i jest studentką. Mam też dziadków (to są rodzice
- moja mama jest najmłodszą córką. Niestety, jej rodzice zmarli dość dawno temu, więc ich nie pamiętam.
- dwóch wujków i dwie ciocie, pięciu
- Mam narzeczonego, z którym wezmę ślub w czasie najbliższych wakacji. Wtedy moi rodzice będą mieli
- kuzynów i sześć kuzynek. Wszyscy są młodsi ode mnie, bo
- ich kocham. Ze strony ojca mam trzech wujków i dwie
- kuzynek. Wszyscy są ode mnie starsi, bo mój ojciec jest

IV. Proszę opisać swoją rodzinę lub rodzinę swoich marzeń.

V. Proszę przeczytać poniższy tekst i wykonać polecenia.

„Widziałam ich łodzie"

(...) Jestem listopadowa. Od dziecka, a właściwie od urodzin, 5 listopada przyszłam na świat, i od tej pory była to dla mnie ważna data. Najpierw ważna ze względu na prezenty. Usprawiedliwiony egoizm. Rodzina zbierała się u nas w najbliżej sąsiadujący weekend i znosiła pięknie opakowane paczki.

Z wiekiem przedkładałam rodzinne spotkania nad prezenty. W naszym małym dwupokojowym mieszkaniu na warszawskiej Ochocie zbierali się najukochańsi członkowie rodziny, którzy naprawdę umieli się bawić. (...) W dużym pokoju śmiechy, tańce, wódeczka, a u nas, smarkatych? Robert, Asia, Ania i ja. Kombo z szalonymi pomysłami. Jednym z nich były artystyczne występy zespołu, który stworzyliśmy. Oczywiście pełny playback, ale stylizacji mogliby nam i dziś pozazdrościć. Były też opowieści o duchach, a z duchami ja, jako najstarsza, miałam najwięcej doświadczenia. (...)

Moja osiemnastka, przyznam, nie była szczególna. Nawet tak dobrze jej nie pamiętam. Za to trzydzieste urodziny przeszły do historii i wiem, że wiele osób do dziś je wspomina. Zorganizowałam party w warszawskim klubiku dla ponad 300 osób. Przyszło znacznie więcej niż zaproszonych, za to sympatycznych, wesołych, głodnych zabawy, i pomimo że w różnym wieku i z różnych środowisk, gotowych do integracji. Odbywały się koncerty (w tym mój własny), tańce i hulanki, ale wszystko tak serdecznie i bezpiecznie, że bez fałszu stwierdzam, iż była to najlepsza impreza w moim życiu (...).

Od kiedy urodziło się moje dziecko, moje urodziny nie mają żadnego znaczenia. Może tylko jakieś ukryte osobiste, że to kolejny rok życia, że starsza, że czas tak leci i nie mam na to żadnego wpływu. (...)

Listopad, to przecież 1 listopada. Najcudowniejsze święto poza Bożym Narodzeniem i Wielkanocą. Pogańskie, ale bardzo polskie święto. Coś, z czym się nigdzie nie spotkałam, a co przyciąga do Polski, ze względu na atmosferę i znaczenie, wielu moich przyjaciół z zagranicy. Jestem dumna z tej egzotyki. I kocham Powązki i te tysiące lampek, dowodów na istnienie pamięci, szacunku, tęsknoty... I ten zapach. Babciu! chociaż tak długo nie byłam na Twoim grobie, codziennie zapalam lampkę tęsknoty... w sercu.

(Fragm. felietonu Kayah *Bez ograniczeń*, „Pani" nr 11, 2000. Kayah – piosenkarka, autorka tekstów, kompozytorka)

SŁOWNICZEK

znosić – tu: przynosić
przedkładać – woleć
smarkaty – niedorosły, małolat, nastolatek
„kombo" – kombinacja, zespół, grupa
playback – śpiewanie nie na żywo, z podkładu muzycznego
osiemnastka – tu: 18. urodziny
szczególna – wyjątkowa, warta zapamiętania
party – impreza, zabawa
hulanki – szalone zabawy, tańce
Powązki – słynny, zabytkowy cmentarz w Warszawie
lampka – tu: znicz

Co to oznacza? Proszę przetłumaczyć na swój język lub wyjaśnić po polsku.

• z wiekiem – ....
• głodny zabawy – ....
• nie mam na to wpływu ....

---

a. Proszę zaznaczyć odpowiedź (a, b lub c) zgodną z tekstem.

1. Gdy Kayah była mała, lubiła swoje urodziny, bo:

a. przychodziło do niej dużo gości
b. dostawała prezenty
c. publicznie występowała
2. Im Kayah była starsza, tym bardziej
a. cieszyły ją urodzinowe spotkania rodzinne i wolała je od prezentów
b. usprawiedliwiała swój egoizm
c. urodziny kojarzyły się jej z duchami
3. Kayah wspomina
a. wspólne zabawy dzieci i dorosłych
b. zabawy dzieci w jednym, a dorosłych w drugim pokoju
c. zazdrość dorosłych, że dzieci stworzyły zespół i występowały
4. 30. urodziny Kayah były
a. skromne i niewarte, aby o nich pamiętać
b. historyczne i spokojne
c. najlepszą imprezą w jej życiu
5. Na 30. urodziny
a. Kayah zaprosiła do domu 300 osób
b. Kayah zaprosiła ponad 300 zintegrowanych osób
c. do klubu przyszło więcej osób niż było zaproszonych
6. Odkąd Kayah urodziła dziecko
a. nie obchodzi swoich urodzin
b. jej urodziny mają dla niej mniejsze znaczenie niż dawniej
c. organizuje dziecku urodziny w klubie
7. 1 listopada – Dzień Wszystkich Świętych
a. jest dla Kayah bardzo ważnym i pięknym świętem
b. Kayah woli od Bożego Narodzenia i Wielkanocy
c. Kayah uważa za święto bezwartościowe, bo pogańskie
8. Przyjaciele Kayah przyjeżdżają do Polski na Wszystkich Świętych, bo
a. uważają, że ten dzień jest szczególnie ważny i ma specyficzną atmosferę
b. bo lubią zapach świec
c. chcą zapalać lampki na grobie babci Kayah

b. Proszę porównać (ustnie) swoje urodziny (imieniny) albo Boże Narodzenie lub Wielkanoc z dzieciństwa i teraz.

c. Dlaczego w tekście jest mowa o tym, że 1 listopada to polskie święto? Proszę zebrać jak najwięcej informacji na ten temat, zrobić notatki i przygotować wypowiedź ustną.

VI. Proszę przeczytać poniższy tekst i wykonać polecenia.

„Bez ojca"

Nie ma takiej kobiety, która zdecydowałaby się świadomie na samotne wychowywanie dziecka. (Dorota Stalińska – aktorka)

(...) Wychowałam się w pełnym miłości domu, z obojgiem rodziców i rodzeństwem i zawsze tak wyobrażałam sobie swoją rodzinę. Mój syn przyszedł na świat z wielkiej miłości, ale mieć dziecko i żyć z mężczyzną – to dwie różne rzeczy. Moje próby nawiązania kontaktów z ojcem Pawła skończyły się dość niefortunnie, dlatego z konieczności jestem i matką, i ojcem. Przyznaję, w jakimś momencie świadomie zaniechałam podejmowania tych prób, ale jestem pewna, że tak jest lepiej dla mojego syna. Nie musi wpatrywać się w drzwi, w których i tak nie stanie ojciec, bo przeważnie ci dochodzący tatusiowie nigdy nie mają czasu. (...)

("Gentleman" nr 9, 1997)

Co to oznacza? Proszę przetłumaczyć na swój język lub wyjaśnić po polsku.

- przyjść na świat z wielkiej miłości – ....
- niefortunne próby – ....
- dochodzący tatuś – ....

---

a. *„Czy matka może wychować syna bez ojca bez większych strat?"* Proszę wyrazić swoje zdanie (ustnie lub pisemnie) na temat samotnego wychowywania dzieci, zwłaszcza synów, przez matki.

Można zacząć tak:
według mnie, uważam, moim zdaniem, sądzę, wydaje mi się, (nie) jestem pewny/a, trudno powiedzieć

b. Autor artykułu twierdzi, że ogromny wzrost rozwodów i separacji oraz zapracowani i/lub nie podejmujący właściwie swojej roli ojcowie – to powszechny problem naszych czasów. Czy zgadza się Pan/i z tą opinią? Proszę napisać, jak to wygląda w Pana/Pani kraju.

Chrześcijanie mogli mieć tylko jedną żonę i to się nazywa monotonia.

VII. CHOROBY

POTRZEBNE SŁOWA I WYRAŻENIA

Jak się pani/pan czuje?

    tak sobie
    niespecjalnie (nieszczególnie)
    źle
    bardzo źle
    okropnie
    fatalnie
    beznadziejnie

Co pani/panu dolega? (Co panią/pana boli? Co pani/panu jest?)

Objawy (symptomy):

*Boli mnie	głowa, gardło, serce, żołądek, ucho
*Bolą mnie	uszy, oczy, plecy, mięśnie
*Swędzi mnie	skóra, oko, ucho
*Piecze mnie	oko, gardło, żołądek, palec
*Puchnie mi	(*spuchła mi*) kostka, ręka
	(*spuchło mi*) oko, kolano
	(*spuchł mi*) łokieć, palec
*Mam	dreszcze, mdłości, biegunkę, gorączkę (temperaturę), migrenę, zawroty głowy, wysokie (niskie) ciśnienie, katar, wysypkę, egzemę, chrypkę
*Nie mam	apetytu
*Jestem	przeziębiony, przemęczony, chory
*Wymiotować	(wymiotuję (wymiotujesz), (z)wymiotowałem)
*Kaszleć	(kaszlę (kaszlesz), kaszlałem)

*Kichać (kicham (kichasz), kichałem)
*Pocić się (pocę się (pocisz się), pociłem się)

Co robić?
Wezwać lekarza
Iść do lekarza, przychodni, ambulatorium, szpitala
Być, leżeć w szpitalu

Co robi lekarz?
Lekarz *bada: mierzy* ciśnienie, *słucha, zagląda* do gardła, *przepisuje* lekarstwa = *wystawia* (pisze) receptę

Jak się leczyć?
* Zażywać tabletki, lekarstwo, antybiotyk
* Pić syrop, ziółka
* Brać zastrzyki
* Stosować maść (smarować maścią)
* Robić okłady
* Zmieniać opatrunek

Lekarze specjaliści:
internista	pediatra
okulista	ortopeda
laryngolog	kardiolog
otolaryngolog	chirurg
ginekolog	stomatolog (dentysta)
dermatolog	psycholog
neurolog	psychiatra

W aptece:
Proszę (coś) tabletki od bólu gardła
 głowy
 żołądka

Proszę krople na serce
 na żołądek
 do oczu

Proszę coś na bezsenność

Babcia zmarła bez pomocy lekarza.

Ćwiczenia

I. Wyrazy z ramki proszę wstawić w puste miejsca.

> ciśnienie, kontroli, piętrze, dolega, oddychać, źle, zwolnienie, piecze, zażywać, boli, położyć, przepiszę, gorączkę, rozebrać, otworzyć, katar, gardło

Adam – Dzień dobry. Gdzie przyjmuje doktor Wiśniewski?
Pielęgniarka – W pokoju numer 24, na pierwszym ...., na końcu korytarza.
Adam – Dziękuję pani.

* * *

Adam – Dzień dobry.
Lekarz – Dzień dobry. Proszę siadać. Co panu ....?
A – .... się czuję, ... mnie głowa, mam ...., kaszlę i pocę się.
L – Boli pana ....?
A – Owszem, boli i ....
L – Ma pan ....?
A – Tak, 38 stopni.
L – Proszę się .... Zaraz pana zbadam. Proszę głęboko .... Proszę .... usta. Proszę powiedzieć *aaaa*. Teraz proszę powiedzieć *eee*. Zmierzę panu .... Jest w normie. Proszę się ubrać.
A – Czy to coś poważnego?
L – Grypa. Zaraz .... panu lekarstwa. Proszę .... te tabletki dwa razy dziennie po posiłkach, witaminy trzy razy dziennie, syrop pić rano i wieczorem, a te tabletki ssać co cztery godziny. I proszę .... się do łóżka i pić dużo ciepłych płynów.
A – Jak długo muszę leżeć?
L – Cztery lub pięć dni. Potem proszę przyjść do .... Oto .... dla pana.
A – Dziękuję bardzo. Do widzenia.
L – Do widzenia.

II. Proszę przeczytać list i wykonać polecenia.

Droga Basiu!

Dziękuję Ci bardzo za list i przepraszam, że od razu nie odpisałam, ale mieliśmy w rodzinie prawdziwie czarny miesiąc pod względem chorób i wypadków.

Zaczęło się to chyba od dnia, w którym Piotrek zwichnął sobie nogę w kostce na treningu tae-kwon-do. Lekarz zdecydował, aby założyć gips na 10 dni. Noga szybko przestała boleć, ale Piotrek poruszał się o kulach i nie chodził przez ten czas do szkoły. W trzy dni później moja teściowa tak niefortunnie upadła przed wejściem do domu, że złamała lewą rękę i też jej założono gips. Tydzień później teść poszedł do szpitala na operację usuwania kamieni z nerek. Wszystko dobrze poszło, ale przy okazji badań wykryto u niego cukrzycę. W tym samym czasie siostra mojego męża miała usuwanego zęba, po czym wywiązały się komplikacje: infekcja, temperatura, opuchlizna, no i oczywiście ból!

To jeszcze nie koniec! Mój mąż podczas prac w ogrodzie przeciął sobie rękę i trzeba było pojechać na pogotowie i zszyć ranę. Założono mu 8 szwów, ale wszystko dobrze się goi, na szczęście, choć jest to dla niego uciążliwe, bo to prawa dłoń. W międzyczasie Hania, moja bratanica, miała anginę, a babcia dostała uczulenia na nowe lekarstwo na nadciśnienie. Strasznie się, biedna, męczyła, bo wszystko ją swędziało, a na nogach i rękach miała wysypkę. Byłam z nią u lekarza (czekałyśmy dwie godziny!), ale przepisana maść od razu poskutkowała. Ja miałam „tylko" zapalenie spojówek i jęczmień na prawej dolnej powiece, ale poszłam do lekarza w porę i szybko to wyleczyłam.

Chyba jedyną radosną nowiną jest wiadomość, że moja kuzynka, Julia, szczęśliwie urodziła synka i oboje czują się znakomicie. Mam nadzieję, że u Ciebie wszystko w porządku i że jesteście wszyscy zdrowi. Postaram się (choć to nie ode mnie zależy) napisać weselszy list następnym razem!

Serdecznie Cię pozdrawiam i ściskam. Ucałuj dzieci i kłaniaj się Ojcu.

Pa – Aga

Krynica, 15 października 2003 r.

a. Proszę odpowiedzieć na pytania:
U jakiego lekarza (jakiej specjalności):
byli Piotrek i teściowa? ....
była babcia? ....
była Aga? ....
była Hania? ....
był teść? ....
była siostra męża? ....
bywała Julia? ....

b. Proszę zaznaczyć poprawną odpowiedź:

1. *czarny* miesiąc oznacza:
a. pochmurny   b. ciemny   c. fatalny

2. *niefortunnie* oznacza:
a. nieuważnie   b. nieszczęśliwie   c. nagle

3. *przed wejściem* do domu oznacza:
a. zanim weszła   b. przed drzwiami   c. na ulicy

4. *usuwać* oznacza:
a. wyrywać, wyjmować b. leczyć, naprawiać c. wprawiać, wkładać

5. *uczulenie* to:
a. temperatura   b. ból   c. alergia

6. poszłam do lekarza *w porę* oznacza:
a. w dobrym czasie, na początku choroby
b. o odpowiedniej, umówionej godzinie
c. w specjalnym dniu, kiedy lekarz przyjmował

c. Proszę zdecydować, czy podane zdania są prawdziwe (P), nieprawdziwe (N), czy nie ma w tekście informacji (BI).

	P	N	BI
1. Aga nie odpisywała Basi, bo przez miesiąc była chora.			
2. Piotrek nie chodził do szkoły przez 10 dni.			
3. Teściowa miała rękę w gipsie przez miesiąc.			
4. Teść jest chory na cukrzycę.			
5. Szwagierka Agi była spuchnięta po usuwaniu zęba.			
6. Aga pojechała z mężem na pogotowie, bo przeciął sobie prawą dłoń.			
7. Agę bardzo bolało oko, bo miała zapalenie spojówek.			
8. Babcia ma mało pieniędzy, dlatego Aga mówi o niej „biedna".			
9. Julia została matką i czuje się świetnie.			
10. Basia nie ma męża ani matki.			

III. Proszę przeczytać poniższy tekst i wykonać polecenia.

Randka z panią „G"

Przeziębienie czy grypa?
Nie każda jesienna infekcja jest grypą. Grypa ma zazwyczaj ciężki przebieg, choruje na nią jednocześnie wielu ludzi, media podają informacje o epidemii lub zwiększonej liczbie zachorowań. Jeśli służby epidemiologiczne kraju nie ogłosiły jeszcze zagrożenia grypą, infekcja, którą złapaliśmy, jest najpewniej banalnym przeziębieniem. Oto kilka cech, które pozwalają odróżnić obie choroby.

OBJAWY	*PRZEZIĘBIENIE*	*GRYPA*
GORĄCZKA	rzadko, nie przekracza 38 stopni	często, trwa 3–4 dni, wysoka, ponad 38 stopni
BÓL GŁOWY	rzadko	często
BÓLE MIĘŚNI, STAWÓW	rzadko, słabe	częste, silnie zaznaczone uczucie ogólnego „rozbicia"
OSŁABIENIE	rzadko, niewielkie	często, znaczne, trwa do 2–3 tygodni

KATAR, ZATKANY NOS	z reguły	rzadko
BÓL GARDŁA	często	raczej rzadko
KASZEL	rzadko, łagodny	często, męczący
NAJCZĘSTSZE POWIKŁANIA	zapalenie zatok i ucha środkowego	zapalenie oskrzeli i płuc

("Pani" nr 11, 2000 r.)

Co to oznacza? Proszę przetłumaczyć na swój język lub wyjaśnić po polsku.

- zwiększona liczba zachorowań – ....
- służby epidemiologiczne – ....
- banalne przeziębienie – ....
- uczucie ogólnego „rozbicia" – ....
- zapalenie (np. ucha) – ....

a. Proszę ustnie opisać (wymienić symptomy) przeziębienia.
b. Proszę ustnie opisać (wymienić symptomy) grypy.
c. Proszę pisemnie porównać obydwie choroby.

IV. a. Proszę opisać (ustnie) swój wypróbowany sposób na przeziębienie.
b. Co Pan/i sądzi o medycynie naturalnej, homeopatii i bioenergoterapii? Proszę zebrać informacje na ten temat lub/i zdefiniować te terminy (pisemnie), a następnie przygotować krótką wypowiedź ustną stosując zwroty z ćwiczenia Va z poprzedniej lekcji.

V. Proszę przeczytać poniższy tekst i wykonać polecenia.

„Przyjemność, nawyk czy uzależnienie?"

Nałóg kojarzy się nam na ogół z poważnymi uzależnieniami – alkoholizmem lub narkomanią. Tymczasem równie dramatyczne skutki może przynieść opętanie zakupami, telewizją lub seksem.

Nałogi... Przed alkoholizmem chroni abstynencja, przed narkomanią – unikanie trawki, koki czy amfy. Co jednak chroni przed zakupoholizmem czy sieciholizmem? Omijanie sklepów i nieużywanie komputera?

Nałogiem jest każde chorobliwe przywiązanie się do jakiegoś zachowania, które pozwala nam uciec od rzeczywistości albo przynajmniej na chwilę o niej zapomnieć. Słodyczami, ciekawym filmem, nowym ciuchem na ogół poprawiamy sobie humor – to całkiem normalne. Ale nałogowiec robi to ciągle, nie zważając na nic.

Kupowanie dla Barbary jest lepszą rozrywką niż kino czy wyjście do restauracji. Kiedy rano, idąc do pracy, zobaczy gdzieś reklamę wyprzedaży, siedzi w biurze jak na szpilkach. Dopiero w sklepie rozkwita. Ogląda, targuje się, porównuje ceny. W jej szafie wisi pięć niemal identycznych białych bluzek i cztery nowiuteńkie małe czarne. Nigdy ich nie włożyła. Nowe ubrania przestają ją cieszyć już po odejściu od kasy.

Ryszard zasypia nawet w autobusie. Od jakiegoś czasu noce spędza przed komputerem, który w ubiegłym roku podarował synowi na Gwiazdkę. Kupił modem i podłączył Internet. Kiedy chłopiec szedł spać, przy komputerze zasiadał Ryszard (...). W końcu zaczął zasypiać przy klawiaturze. Do pracy szedł nieprzytomny, ale już wieczorem wstępowały w niego nowe siły. –„Komputer działał jak narkotyk. Nie odczuwałem głodu, ochoty na seks, zainteresowania rodziną. Sieć to było moje drugie życie. Łudziłem się, że lepsze i ciekawsze. Nie przejmowałem się kłopotami w pracy. Otrzeźwiałem dopiero wtedy, gdy stwierdziłem, że żona z synem wyprowadzili się, a ja zauważyłem to dopiero następnego dnia!"

Uzależnienie może rozkręcać się dwa tygodnie albo kilka miesięcy. Nie ma jednak wątpliwości, że to choroba.

(Fragm. art. z „Cienie i Blaski" nr 2, 2002)

SŁOWNICZEK

opętanie – zniewolenie, mania
zakupoholizm – uzależnienie od robienia zakupów
sieciocholizm – uzależnienie od internetu
chorobliwy – niezdrowy
ciuch – coś do ubrania
zważać – zwracać uwagę
jak na szpilkach – niecierpliwie, nerwowo
mała czarna – prosta, skromna czarna sukienka
nieprzytomny – tu: bardzo zmęczony, śpiący, nie w pełni sił
łudzić się – mieć nadzieję
otrzeźwieć – opamiętać się, oprzytomnieć
rozkręcać się – rozwijać się

> **Co to oznacza?** Proszę przetłumaczyć na swój język lub wyjaśnić po polsku.
>
> - chorobliwe przywiązanie – ....
> - uciec od rzeczywistości – ....
> - poprawić sobie humor nowym ciuchem – ....
> - reklama wyprzedaży – ....
> - siedzieć jak na szpilkach – ....
> - nie ma wątpliwości – ....

a. Proszę odpowiedzieć na pytania:

1. O ilu i jakich uzależnieniach jest mowa w tekście?
2. Jakie inne uzależnienia Pan/i zna?
3. Czy zgadza się Pan/i ze stwierdzeniem, że „przed alkoholizmem chroni abstynencja, przed narkomanią – unikanie trawki, koki czy amfy"? Proszę uzasadnić.
4. Proszę znaleźć w tekście i podkreślić zdanie, które tłumaczy przyczyny powstawania uzależnień.
5. Czy uzależnienia poprawiają nam humor? Dlaczego?
6. Jak wygląda zakupoholizm? Czym się charakteryzuje?
7. Co to jest sieciocholizm? Jak on się zaczął u Ryszarda?
8. Dlaczego mówi się, że uzależnienia są chorobą?
9. Czy zdaniem Pana/Pani uzależnienia łączą czy izolują? Proszę podać przykład.
10. Czy myśli Pan/i, że łatwo jest namówić osobę uzależnioną do leczenia? Dlaczego?

b. Nie patrząc do tekstu, proszę napisać jego streszczenie (na podstawie odpowiedzi na pytania).

c. Niektórzy sądzą, że „wszystkiego w życiu trzeba spróbować". Jaka jest Pana/Pani opinia na ten temat? Proszę to napisać.

> Poznać, że koń jest chory, po tym, że traci swą naturalną wesołość i jest zamyślony...

VIII. POGODA

POTRZEBNE SŁOWA I WYRAŻENIA

dzień, noc, doba, tydzień, miesiąc, rok (lata)
dni tygodnia: poniedziałek, wtorek, środa, czwartek, piątek, sobota, niedziela
miesiące: styczeń, luty, marzec, kwiecień, maj, czerwiec, lipiec, sierpień, wrzesień, październik, listopad, grudzień

Jaka jest pogoda?

Jest	ładna piękna brzydka okropna wstrętna	pogoda

niebo, słońce, księżyc, gwiazda, chmura, wiatr, deszcz, burza, grad, śnieg, mgła, tęcza

Słońce Księżyc Gwiazda	świeci	Pada	grad śnieg deszcz	bije sypie (intensywnie) leje (intensywnie)

intensywny deszcz = ulewa

wieje	lekki (słaby) silny (mocny)	wiatr

bardzo mocny wiatr = wichura

burza = błyskawica (światło) + grzmot (dźwięk), piorun
* *W czasie burzy błyska się i grzmi*

jest	bardzo gorąco = jest upał gorąco bardzo ciepło ciepło chłodno zimno bardzo zimno = mróz	tydzień dzień ranek wieczór	jest	bardzo gorący, upalny gorący bardzo ciepły ciepły chłodny zimny bardzo zimny, mroźny

* temperatura ujemna (–... °C): jest –5°C = jest minus pięć stopni Celsjusza (jest pięć stopni poniżej zera)
* temperatura jest dodatnia (+... °C): jest +17°C = jest plus siedemnaście stopni Celsjusza (jest siedemnaście stopni powyżej zera)

Gdy jest ulewa w górach, to pada deszcz.

Ćwiczenia

I. Proszę uzupełnić według wzoru:

Dzień jest zimny, bo jest *zimno*.
Ranek jest słoneczny, bo świeci . . . .
Wieczór jest wietrzny , bo wieje . . . .
Noc jest gwiaździsta, bo świecą . . . .
Wieczór jest księżycowy, bo świeci . . . .
Dzień jest mglisty, bo jest . . . .
Niebo jest zachmurzone, bo są . . . .
(Dzień jest pochmurny, bo są . . . .).
Tydzień jest deszczowy bo pada . . . .
Noc jest śnieżna i mroźna, bo pada . . . . i jest . . . .

II. Proszę przeczytać tekst i zdecydować, która z podanych możliwości ma znaczenie najbliższe podanym wyrazom (podkreślonym w tekście).

Ferdynand wykąpał się, a potem zaraz poszedł do łóżka. Był tak zmęczony tymi wszystkimi przygodami, że zasnął w mgnieniu oka.

Za oknem tymczasem zaczął padać deszcz.

Pierwszego dnia padał delikatnie, od czasu do czasu <u>strącając</u> z jakiejś chmurki niewielką kropelkę wody na ziemię. Wyglądało to mniej więcej tak:

    deszcz

                deszcz

          deszcz

deszcz

                  deszcz

        deszcz

            deszcz

Drugiego dnia wiatr przywiał kilka małych chmurek i deszcz stał się gęstszy:

Trzeciego dnia wiatr zaczął wiać z lewej strony:

  deszcz deszcz deszcz deszcz deszcz
   deszcz deszcz deszcz deszcz
  deszcz deszcz deszcz deszcz deszcz
   deszcz deszcz deszcz deszcz

  deszcz deszcz deszcz deszcz deszcz
 deszcz deszcz deszcz deszcz deszcz
  deszcz deszcz deszcz deszcz deszcz
   deszcz deszcz deszcz deszcz deszcz

Czwartego dnia wiatr zaczął wiać z prawej strony:

   deszcz deszcz deszcz deszcz deszcz
  deszcz deszcz deszcz deszcz deszcz
 deszcz deszcz deszcz deszcz deszcz
deszcz deszcz deszcz deszcz deszcz

Piątego dnia Ferdynand przewrócił się na drugi bok. Deszcz padał coraz bardziej. Wielkie krople na zmianę z małymi kropelkami <u>bębniły</u> po dachach:

deszcz   DESZCZ   deszcz   DESZCZ   deszcz
DESZCZ   deszcz   DESZCZ   deszcz   DESZCZ
deszcz   DESZCZ   deszcz   DESZCZ   deszcz
DESZCZ   deszcz   DESZCZ   deszcz   DESZCZ

A wreszcie szóstego dnia nastąpiło <u>oberwanie chmury</u>. <u>Potoki</u> deszczu lały się z nieba na ziemię:

DESZCZ   DESZCZ   DESZCZ   DESZCZ   DESZCZ
DESZCZ   DESZCZ   DESZCZ   DESZCZ   DESZCZ
DESZCZ   DESZCZ   DESZCZ   DESZCZ   DESZCZ
DESZCZ   DESZCZ   DESZCZ   DESZCZ   DESZCZ

Wiadomo, że podczas deszczu najlepiej się śpi. Żadna <u>kołysanka</u> tak nie usypia, jak monotonny odgłos padającego deszczu. Ferdynand spałby prawdopodobnie jeszcze bardzo długo, może tydzień, może dwa, a może nawet trzy, gdyby nie to, że nagle <u>nadciągnęła</u> wielka, szara chmura i zaczął padać grad:

grad   grad   grad   grad   grad
grad   grad   grad   grad   grad
GRAD   GRAD   GRAD   GRAD   GRAD
GRAD   GRAD   GRAD   GRAD   GRAD

Ferdynanda obudziło <u>gwałtowne</u> pukanie w okno.
– Kto tam? – zawołał zaspanym głosem.
Nie było odpowiedzi.
– Kto ma śmiałość budzić mnie, kiedy mi się tak dobrze śpi?! – wrzasnął wściekle Ferdynand.
Znów nikt nie odpowiedział. Słychać było tylko nieustanne walenie w szyby. Ferdynand przetarł oczy, spojrzał w okno i zrozumiał, że to grad go obudził.

(L.J. Kern, *Ferdynand Wspaniały*, Nasza Księgarnia, Warszawa 1982)

1. *w mgnieniu oka*
a. na długo
b. bardzo szybko
c. głęboko

2. *strącać*
a. zrzucać
b. zdmuchiwać
c. popychać

3. *bębnić*
a. klaskać
b. delikatnie pukać
c. uderzać głośno

4. *oberwanie chmury*
a. gwałtowna ulewa
b. zachmurzenie
c. chmura spadła na ziemię

5. *potok*
a. rzeka
b. kapanie deszczu
c. strumień

6. *kołysanka*
a. melodia śpiewana do snu
b. lekarstwo
c. alkohol

7. *nadciągnąć*
a. nadejść
b. urosnąć
c. spaść

8. *gwałtowne*
a. ciche i nieśmiałe
b. rytmiczne
c. szybkie i niespodziewane

III. Proszę uzupełnić prognozę pogody wyrazami z ramki.

zachmurzenia, opadów, dobę, zmian, mgły, nocy, słaby, maksymalna, pogodnie, lokalnie, deszczu

Prognoza pogody.
Pogodnie, bez . . . . i ciepło. Tylko nad ranem miejscami mogą wystąpić . . . . Drogi mogą być śliskie. Temperatura . . . . w dzień od 8 do 12°, w Tatrach 7°. Temperatura minimalna w . . . . od 0 do 3°, ... przymrozki do –1°. W Tatrach +1°. Wiatr . . . . i umiarkowany z kierunków południowych.
Prognoza orientacyjna na następną . . . .
W ciągu dnia nadal . . . . i ciepło. W nocy od zachodu wzrost . . . ., miejscami opady . . . . Temperatura bez większych . . . .

IV. Proszę poukładać w kolejności fragmenty tworzące prognozę pogody i przepisać cały tekst.

_1_ W dzień będzie dużo
__ chmur i tam miejscami może wystąpić przelotny deszcz i
__ do 19 i 23 stopni na pozostałym obszarze. Wiatr słaby
__ słońca, w górach i na wschodzie więcej

__ przejaśnienia. Miejscami może wystąpić przelotny deszcz.
__ burza. Bardzo ciepło. Temperatura
__ i umiarkowany z kierunków zachodnich. W nocy liczne
__ minimalna od 17 stopni w Bieszczadach i na Podhalu

V. Proszę opisać dzisiejszą lub wczorajszą pogodę.

W zimie w Zakopanem jest śnieg przez okrągły rok.

IX. PORY ROKU

Są cztery pory roku: **wiosna, lato, jesień, zima**
wiosna – wiosenny
lato – letni
jesień – jesienny
zima – zimowy

Najładniejszą porą roku są wakacje, nawet zimowe.

Ćwiczenia

I. Od podanych słów proszę utworzyć przymiotniki według wzoru:
zima – *zimowy* płaszcz

styczeń – .... śnieg
maj – .... święto
październik – .... poranek
sierpień – .... wieczór
luty – .... mróz
grudzień – .... dzień
marzec – .... deszcz
listopad – .... mgła
lipiec – .... upał
wrzesień – .... urlop
czerwiec – .... noc
kwiecień – .... pogoda

II. Proszę uzupełnić wyrazami z ramki krótkie opisy pór roku.

A. WIOSNA

wody, kwietniu, zmienna, kwitną, dominujące, śnieg, spędzają, cieplej, Ptaki, czerwca

Wiosna zaczyna się 21 marca, a kończy 21 .... Na początku wiosny, podczas przedwiośnia, ... się topi i jest wszędzie dużo .... i błota. Robi się coraz .... i przyjemniej. .... śpiewają, drzewa się zielenią, trawa rośnie, a kwiaty .... Kolory .... – to zielony, żółty i różowy. Pogoda jest .... – zwłaszcza w marcu i w .... Wiosną cała przyroda budzi się do życia, a ludzie chętnie .... czas poza domem.

B. LATO

lodów, upalnie, września, świeci, pora, wschodzi, chmury, opalają się, ulewa, tęcza

Lato trwa od 21 czerwca do 20 .... Dni są najdłuższe, bo słońce .... bardzo wcześnie, a zachodzi późno wieczorem. W lecie jest słonecznie i ciepło, a czasem .... i sucho. Temperatura może wynosić nawet +40°C. Czasem nadchodzą wielkie ...., potem pada deszcz albo nawet jest .... Nierzadko są burze. Po deszczu, kiedy znowu .... słońce, na niebie pojawia się .... Lato – to .... urlopów i wakacji, owoców, ... i zimnych napojów. Ludzie ...., pływają, spacerują, zwiedzają i... leniuchują.

C. JESIEŃ

opadają, deszcz, wiatr, mgła, padać, kończy się, słonecznie, liście, dłuższe

Jesień zaczyna się w końcu września, a .... w grudniu. Na początku może jeszcze być ciepło i .... – to „babie lato". Potem przyroda obumiera, na przykład .... zmieniają kolory, a potem .... Dni stają się krótsze, a noce .... W październiku i listopadzie często pada ...., a rano jest ...., więc jest dużo wilgoci. Często też wieje .... W grudniu może już .... śnieg. Jesień – to pora śliwek, gruszek, winogron i, niestety, grypy!

D. ZIMA

około, śnieg, pogoda, rzucają, ślisko, sankach, ubierać, Przeciętna, krótkie, spada

Zima trwa trzy miesiące – od 21 grudnia do 20 marca, ale zimowa .... może utrzymywać się od października do kwietnia. .... temperatura waha się od 0° do –10°, ale czasem .... nawet do –30°! O tej porze roku pada .... albo śnieg z deszczem, a na drogach jest .... Noce są długie, a dnie .... (już .... godziny 16 ściemnia się). Gdy jest dużo śniegu, dzieci lepią bałwany, ... śnieżkami, jeżdżą na ...., łyżwach i na nartach. Zimą trzeba się ciepło ...., a gdy się zmarznie, dobrze jest rozgrzać się gorącą zupą, herbatą lub czekoladą z bitą śmietanką.

III. Proszę podkreślić wyraz, który nie pasuje do pozostałych.
Przykład: luty – kwiecień – <u>wiosna</u> – październik

upał – mróz – śnieg – lód
grzmot – tęcza – burza – błyskawica
słońce – księżyc – wiatr – gwiazda
deszcz – grad – chmura – śnieg
maksymalny – ujemny – dodatni – pogodny
suchy – wilgotny – błotnisty – mglisty

IV. Od podanych słów w nawiasach proszę utworzyć przymiotniki i użyć ich w odpowiednim przypadku, a w puste miejsca proszę wpisać czasowniki z ramki.

pachnie, czerwienieje, przypomina, kwitnie, pływać, budzi

Cztery pory roku

Lato jagód (lipiec) .... ma smak
Żółte liście gna jesienią wiatr
Wiosną śniegi spływają już z gór
A na szybach zimą .... mróz

    A ja lubię (mróz) .... zimę i puszysty śnieg
    Kocham narty; dla mnie zima najpiękniejsza jest

Ktoś tam lubi (zima) .... zły wiatr
Kiedy rzeki już pokrywa kra

Drugi woli przed siebie wciąż iść
Gdy jesienią . . . . liść

  A ja lubię tylko lato wśród (słońce) . . . . plaż
  Lubię . . . ., dla mnie lato najpiękniejsze jest

Jeden lubi, gdy wiosną ze snu
Znów się . . . . rzek wezbranych nurt
Inny woli lipcowych dni blask
Kiedy miodem . . . . cały las

  A ja lubię wszystkie cztery pory roku, bo
  każda z nich: wiosna, lato, jesień, zima –
  . . . . mi
  ciebie.

(Transkrypt piosenki „Czerwonych Gitar",
słowa K. Dzikowski, K. Winkler)

V. Proszę dokładnie opisać swoją ulubioną porę roku lub porę, której Pan/i najbardziej nie lubi.

VI. Proszę przeczytać poniższy tekst i wykonać polecenia.

  „Na bakier z majem"

  Chandra to jeszcze nie depresja, choć łączy je wiele podobieństw: smutek duszy, poczucie beznadziejności i zniechęcenia, pragnienie, żeby tak chciało się chcieć.
  Chandra jest przejściowym, choć dokuczliwym, stanem obniżonego nastroju, który pojawia się nagle najczęściej w długie, ponure jesienne i zimowe wieczory, a także – o paradoksie – gdy za oknami zaczyna się zielenić, przyroda budzi się i kwitnie, w powietrzu pachnie miłością. Tylko w naszym życiu panuje nieznośny nastrój. (...)
  Gdy mamy chandrę, marzymy, aby schować się do mysiej dziury, tymczasem samotność w sytuacjach kryzysowych jest największą trucizną. Chandra może być sygnałem dużego przemęczenia. Organizm smutkiem i przygnębieniem sygnalizuje, że siły witalne są na wyczerpaniu, jeszcze chwila, a może pojawić się choroba.

(„Kobieta i Styl" nr 5, 1999)

SŁOWNICZEK

na bakier – w niezgodzie
zniechęcenie – brak chęci, ochoty; apatia
pragnienie – chęć, życzenie
dokuczliwy – trudny do wytrzymania, przykry do znoszenia
przejściowy – który mija, nie trwa długo
obniżony – zmniejszony, gorszy
nastrój – atmosfera, sposób odczuwania
o paradoksie = paradoksalnie – absurdalnie, co dziwne
nieznośny – nieprzyjemny, przykry, dokuczliwy
mysia dziura – miejsce bezpieczne, ale odosobnione, bez ludzi, samotne
trucizna – substancja toksyczna, coś, co zabija, powoduje śmierć
przygnębiony – zmartwiony, smutny
siły witalne – siły żywotne, energia

Co to oznacza? Proszę przetłumaczyć na swój język lub wyjaśnić po polsku.

- na bakier z majem – ....
- poczucie beznadziejności i zniechęcenia – ....
- stan obniżonego nastroju – ....
- schować się do mysiej dziury – ....
- siły witalne są na wyczerpaniu – ....

---

a. Proszę odpowiedzieć na pytania:
1. Co to jest chandra?
2. Kiedy pojawia się chandra?
3. Który z wymienionych okresów bardziej sprzyja chandrze? Dlaczego?
4. Na co ma ochotę większość ludzi, gdy dotyka ich chandra? Dlaczego to jest złe rozwiązanie?
5. Czy chandra to choroba?
6. Czy Pan/i miewa chandrę? Jeśli tak, to kiedy najczęściej?

b. Proszę przeczytać, jak ludzie starają się radzić sobie z chandrą. Który sposób Pana/Panią dziwi? Dlaczego? Który sposób uważa Pan/i za najlepszy? Proszę pisemnie wyrazić swoją opinię.

Mój sposób na chandrę:

> Chandrę często przesypiam, bo za snem przepadam.

> Kiedy czuję „dotknięcie" chandry – natychmiast biorę się do pracy.

Uważam, że muzyka jest balsamem łagodzącym złe nastroje. Kiedy dokucza mi chandra, słucham Vivaldiego, Ravela, Czajkowskiego, Mozarta. Lekarstwem na chandrę są też moje pieski. Doskonale wyczuwają, kiedy jestem przygnębiony, i robią wszystko, aby poprawić mi humor.

Wchodzę do wanny, nakładam maseczkę i przywołuję dobre wspomnienia. W wyobraźni spaceruję brzegiem morza, patrzę na zachód słońca. Wspominam dzieciństwo, dom rodzinny, matkę i biorę się w garść.

Kiedy napięcie jest niewielkie – sprzątam, a efekty tej pracy poprawiają mi humor. Natomiast kiedy frustracja jest długotrwała, staram się zmienić otoczenie. Wyjeżdżam do mamy, do przyjaciół. Z dystansu problemy nie wydają się tak ogromne i poważne.

("Kobieta i Styl" nr 5, 1999)

SŁOWNICZEK

przepadać – bardzo lubić, uwielbiać
balsam – substancja (np. maść), który przyspiesza gojenie się ran; pociecha
łagodzić – przynosić ulgę, czynić coś łagodnym, spokojnym
przywoływać – wołać, wzywać; przywoływać wspomnienia – wspominać
wyobraźnia – imaginacja, fantazja
napięcie – intensywność, nasilenie
frustracja – przykre, niemiłe napięcie emocjonalne
otoczenie – środowisko ludzkie, towarzystwo
dystans – odległość

Co to oznacza? Proszę przetłumaczyć na swój język lub wyjaśnić po polsku.
- dotknięcie chandry – ....
- wchodzić (wejść) do wanny – ....
- brać (wziąć) się w garść – ....
- długotrwała frustracja – ....
- zmiana otoczenia – ....

c. Jak Pan/i sądzi – dlaczego lato nie jest porą, która wywołuje chandrę? Proszę przygotować jak najwięcej argumentów i przedstawić je w formie krótkiej wypowiedzi.

Jesienią wszędzie wszystko spada z drzew.

X. OPIS

POTRZEBNE SŁOWA I WYRAŻENIA

po prawej (stronie)		łóżka
po lewej		
naprzeciwko	(+ *dopełniacz*)	
obok (koło)		
blisko (niedaleko)		
w głębi		korytarza

przy		
w	(+ *miejscownik*)	łóżku
na		

nad		
pod		
przed	(+ *narzędnik*)	łóżkiem
za		
między		

kwadratowy	
prostokątny	
okrągły	stół, pokój
trójkątny	
owalny (w kształcie elipsy)	

W środku jabłka znajduje się ogryzek.

Ćwiczenia

I. a. Proszę poukładać poniższe fragmenty zdań w kolejności, a potem przepisać tekst.

„Moje mieszkanie"

__ z którego jest piękny widok na centrum
__ środku pokoju znajduje się mały okrągły stolik i dwa wygodne skórzane fotele. Uwielbiam
_1_ Moje mieszkanie znajduje się na ostatnim piętrze starej kamienicy i mieszka tam
__ wspólną. Moja część składa się z dwóch pokoi. W pierwszym, który ma kształt
__ Stoi na tyle blisko okna, że często zamiast pracować, patrzę na moje piękne
__ kwadratu, naprzeciwko wejścia znajduje się okno,
__ siedzieć w fotelu przy koniaku, gdy palą się świece i słuchać muzyki. Kiedy pada
__ pokoju, znajduje się biurko z komputerem.
__ kilkoro studentów. Kuchnię i łazienkę mamy
__ butelek. Naprzeciwko, obok drzwi wejściowych do drugiego, większego
__ szczególna. Wtedy dobrze się śpi albo czyta ciekawe książki.
__ miasta. Po lewej stronie od drzwi wejściowych stoi duży regał z książkami i moją kolekcją
__ deszcz i słychać jak bębni o dach, atmosfera jest
__ miasto. Drugi pokój ma kształt prostokąta. Na prawo od wejścia stoi duża szafa z
__ lustrem. Po przeciwnej stronie jest okno, a pod nim duży tapczan. Na

b. Proszę spróbować narysować plan opisanego mieszkania (dwóch pokoi) widziany z góry.

II. Praca w parach. Jedna osoba opisuje (ustnie) bardzo dokładnie swój pokój, druga stara się narysować jego plan (widok z góry). Proszę zacząć od kształtu i wielkości pokoju.

III. Proszę zaznaczyć (podanymi symbolami) na rysunku poniżej miejsca osób, o których mowa w tekście.

Każdy miał raz na zawsze wyznaczone miejsce przy ogromnym stole. U szczytu siedziała księżna (**K**). Po prawej ręce starej damy było miejsce pana Tarnowickiego (T), właściciela Tarnowic i ojca Adelki. Naprzeciw pana domu siedział pan Surewicz (S), a obok pana domu – panna Cholewińska (CH), kuzynka pana Tarnowickiego. Przy panu Surewiczu było miejsce Adelki (A), a dalej Valentine (V). Między nią a panem Bukowskim (B) siedział Cezary (C).

(Na podst. H. Popławska, *Klawikord i róża*,
Iskry, Warszawa 1969)

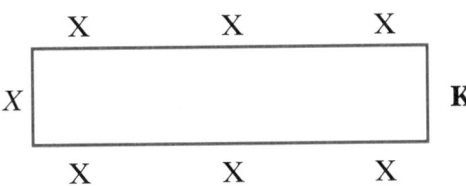

IV. Proszę opisać rysunek (kto gdzie siedzi) według poprzedniego ćwiczenia.

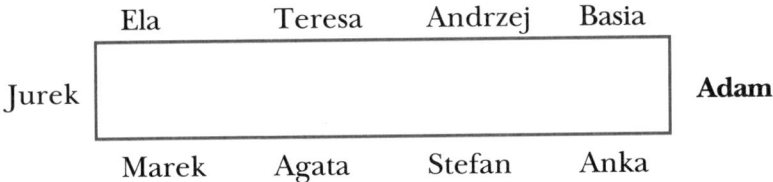

V. Proszę zrobić szkic nakrycia do stołu zgodnie z opisem

Na płytkim talerzu stoi filiżanka do zupy. Po prawej stronie leży nóż (ostrzem skierowanym w lewą stronę), a obok łyżka do zupy. Po lewej stronie leży widelec, a koło niego – serwetka. Nad talerzem (powyżej) znajduje się widelczyk do tortu, a nad nim leży łyżeczka do kawy. Rączka łyżeczki będzie od prawej strony, a widelczyka – od lewej. Powyżej stoi kieliszek do wina czerwonego, obok, ukośnie w prawą stronę (lekko w dół) znajduje się kieliszek do wina białego, a niżej szklaneczka do wody mineralnej.

(Na podst. E. Pietkiewicz, *Savoir vivre dla każdego*,
Świat Książki, Warszawa 1997)

VI. Proszę uzupełnić wyrazami z ramki.

> dwaj – wiekiem – kolejności – dorosła – dzieci – zawsze – osoby – *ulicy* – starsze – środku – ojciec – prawej

W czasie chodzenia po *ulicy* miejsce honorowe nie .... znajduje się po prawej stronie. Czasami w .... grupy. Korzysta z niego kobieta lub starszy .... mężczyzna, przełożony. Jeśli idą trzy ...., to, niezależnie od płci, miejsce bardziej zaszczytne znajdzie się najczęściej w środku. Ojciec, ..., córka i syn idą w następującym porządku: w środku ...., po prawej stronie – córka, a po lewej – syn. Kobieta i .... mężczyźni idą w ten sam sposób: kobieta w środku, po prawej stronie starszy mężczyzna, a po lewej – młodszy. Gdy idą dwie kobiety i mężczyzna, to porządek może być następujący: mężczyzna znajdzie się w środku, starsza kobieta – po .... stronie, a młodsza – po lewej. Rodzice i .... ze względu na bezpieczeństwo chodzą w następującej ....: dziecko w środku, matka po prawej stronie, ojciec zaś po ....

(E. Pietkiewicz, *Savoir vivre dla każdego*, Świat Książki, Warszawa 1997)

VII. Proszę przeczytać tekst i wykonać polecenia.

Salon robił imponujące wrażenie. Byłem przekonany, że tak było tu zawsze i od śmierci mistrza Wojciecha nic nie zdążyło się zmienić. Punktem centralnym salonu był niewątpliwie dużych rozmiarów portret Juliusza Kossaka z dedykacją: „Rodzinie ofiaruje Leon Wyczółkowski". Obok autoportret Wojciecha przy koniu i drugi autoportret w mundurze ułańskim chyba z roku 1878, dalej portret córek artysty, przedstawiający Marię i Magdalenę siedzące w bryczce. Moją uwagę przyciągał wspaniale malowany ręcznie wachlarz, a potem małe akwarele Juliusza. Obrazów było zresztą w salonie mnóstwo.

W rogu pokoju stało kryształowe lustro w antycznej ramie, obok stary fortepian, nieco dalej XIX-wieczny parawan, skórzane fotele, secesyjne kanapy oraz piękna biedermeierowska serwantka pełna starej, cennej porcelany. Ozdobą pokoju był dekoracyjny kominek znajdujący się pośrodku głównej ściany. Nad nim, na marmurowej płycie stały fotografie rodzinne w gustownych starych ramkach, porcelanowe figurki, każda z innej epoki, oraz różne bibeloty i drobiazgi. Podłogę wyścielał podniszczony już mocno perski dywan.

W pierwszej chwili zdziwiła mnie ta zbieranina stylów i epok. Z czasem ten pozorny chaos nabierał kompozycyjnego sensu i ładu. Widać, że ten dom rósł i starzał się wraz z rodziną, a teraz był jej historią.

(Na podst. Z. Niewidowski, *30 lat życia z Madzią. Wspomnienia o Magdalenie Samozwaniec*, Ossolineum, Wrocław 1988)

SŁOWNICZEK

imponujący – wspaniały, ogromny, olśniewający
niewątpliwie – na pewno
rozmiar – wielkość
bryczka – powóz konny
mnóstwo – bardzo dużo
wachlarz – płaski, lekki przedmiot, który się rozkłada półkoliście; używany do chłodzenia się
parawan – mebel – rozkładana ścianka, której zadaniem jest coś zasłonić
secesja – styl w sztuce końca XIX i początku XX wieku
biedermeier – styl charakterystyczny dla meblarstwa z pierwszej połowy XIX wieku (Niemcy)
serwantka – szafka oszklona z trzech stron
gustowny – w dobrym guście, wytworny, elegancki
bibeloty – drobne przedmioty dekoracyjne
wyścielać – tu: przykrywać
podniszczony – trochę zniszczony
zbieranina – zbiór rzeczy niedopasowanych, niedobranych do siebie
pozorny – złudny, nieprawdziwy

> **Co to oznacza?** Proszę przetłumaczyć na swój język lub wyjaśnić po polsku.
>
> • punkt centralny – ....
> • przyciągać uwagę – ....
> • pozorny chaos – ....

a. Proszę zdecydować, czy podane niżej zdania są prawdziwe (P), czy nie (N).

1. W salonie nic się nie zmieniało od wieków. —
2. Portret Juliusza Kossaka leżał w środku pokoju. —
3. Autorem portretu Juliusza Kossaka był Leon Wyczółkowski. —

4. W salonie znajdowały się dwa portrety Wojciecha malowane przez Juliusza. —
5. Maria i Magdalena – to córki Wojciecha. —
6. W salonie było bardzo dużo ręcznie malowanych wachlarzy. —
7. W kącie salonu, obok fortepianu umieszczono kryształowe lustro. —
8. Cenna stara porcelana znajdowała się w secesyjnej serwantce. —
9. W środku głównej ściany znajdował się dekoracyjny kominek. —
10. Nad kominkiem stały stare rodzinne fotografie w skórzanych ramkach. —
11. Bibeloty i drobiazgi wprowadzały niepotrzebny chaos na kominku. —
12. Na podłodze leżał nowy perski dywan. —

b. Proszę odpowiedzieć na pytania zgodnie z tekstem:

1. Dlaczego w salonie Kossaków wystąpiła taka różnorodność stylów?
2. Jakie wrażenie robił salon? Dlaczego?

VIII. Proszę opisać swój pokój prawdziwy albo wymarzony. Co wyróżnia go spośród innych?

Góral ma na głowie kapelusz, spodnie i kierpce.

XI. POZDROWIENIA

Podróże sprzyjają wysyłaniu kartek (widokówek) z pozdrowieniami do bliskich i znajomych. Mają one trzy formy:
  I. **uniwersalną** – to krótki tekst, który można wysłać każdemu adresatowi
 II. **formalną** – do przełożonych, osób starszych, mniej znanych
III. **prywatną** – do rodziny i przyjaciół

I. Pozdrowienia uniwersalne nie zawierają bezpośredniego zwrotu do adresata i zwykle są krótkie; umieszcza się w nich datę. Czasem dołącza się postscriptum (PS).

Przykłady:

1.
> Serdeczne pozdrowienia z wakacji na Mazurach
> 　　　　　　　　　　　　　　　przesyła *Janek Koral*
> Mazury, 20 lipca 2002 r.

2.
> Moc serdecznych pozdrowień z deszczowego Olsztyna
> 　　　　　　　　　　　　　　　przesyłają *J. J. Koralowie*
> PS Mimo nienajlepszej pogody wypoczywamy znakomicie!
> Olsztyn, 1 VIII 2002 r.

3.
> 　　　　　　　　　　　　　　　Zakopane, 23.06.2002 r.
> Pozdrowienia z wędrówki po Tatrach
> 　　　　　　　　　　　　　　　przesyła *Hanka z Michałkiem*

4.
> Przesyłamy najserdeczniejsze pozdrowienia z przepięknego, choć nieco pochmurnego i wietrznego Kazimierza –
>
> *Eliza i Kamil*
>
> Kazimierz, 4 maja 2002 r.

5.
> Hel, wrzesień '02
> Serdeczności znad chłodnego, ale prześlicznego Bałtyku –
>
> *Piotr*
>
> PS Zdążyłem się już opalić. Czuję się świetnie! P.

6.
> Dużo serdecznych pozdrowień z krótkiego wypoczynku w Bieszczadach
>
> *– Paweł Lesin*
>
> PS Warunki narciarskie są fantastyczne, pogoda wspaniała! Do zobaczenia w poniedziałek – P.L.
>
> Luty 2003 r.

II. Pozdrowienia formalne zawierają bezpośredni zwrot do adresata, datę i czasem *postscriptum* (PS). Używa się zwrotów bardziej formalnych.

Przykłady:

1.
> Drodzy Państwo!
> Przesyłamy moc serdecznych pozdrowień ze wspaniałej podróży po Europie.
>
> *E. K. M. Sokołowie*
>
> PS Pogoda nam dopisuje. Robimy mnóstwo zdjęć! Do zobaczenia w Kielcach.
>
> Włochy, sierpień 2003 r.

2.
> Szanowna Pani Dyrektor!
> Z prześlicznego Gdańska przesyłam wiele pozdrowień i życzeń szybkiego powrotu do zdrowia –
> *Dominik Stawro*
> Gdańsk, 14 września 2002 r.

3.
> Kraków, 18 X 2001 r.
> Drogi Panie Profesorze!
> Najserdeczniejsze pozdrowienia z Krakowa
> przesyła *Julia Wielecka*
> PS Konferencja jest niezwykle udana, tylko pogoda nam bardzo popsuła program zwiedzania miasta i okolic – J. W.

III. Pozdrowienia prywatne zawierają bezpośredni zwrot do adresata, datę i czasem *postscriptum* (PS). Używa się zwrotów nieformalnych.

Przykłady:

1.
> Cześć Lidka!
> Ślę Ci wiele serdecznych pozdrowień z Juraty. Siedzę na plaży, opalam się i pływam. Czuję się dużo lepiej, mam też miłe towarzystwo, więc naprawdę zaliczam te wczasy do udanych.
> Uściski – *Justyna*
> Jurata, 24.07.2002 r.

2.
> Gdów, 10 sierpnia 2003 r.
> Kochani!
> Jesteśmy na wakacjach w Gdowie. Pogodę mamy zmienną, ale nie nudzimy się. Serdecznie Was pozdrawiamy i ściskamy.
> *Ela i Janusz*
> PS Wracamy w połowie miesiąca – mamy nadzieję, że wreszcie uda nam się spotkać! E. i J.

3.

> Kochana Basiu!
> Serdecznie Cię pozdrawiam z pustego o tej porze roku Sopotu. Spędzam tu weekend z przyjaciółmi. Zaraz po powrocie wyjeżdżam do Niemiec na tydzień, ale jak wrócę, odezwę się. Życzę Ci dużo spokoju przed egzaminem. Całusy – *Andrzej*
> Sopot, 5 marca 2003 r.

UWAGA!
* Tytuł grzecznościowy (zwrot do adresata) pisze się zazwyczaj na środku pierwszej linijki z wykrzyknikiem, np. Drogi Panie Stefanie! Przemku! Kochana Janeczko! Szanowny Panie Docencie! (używa się form wołacza), a treść pozdrowień zaczyna się od dużej litery.

* Datę na ogół umieszcza się w prawym górnym rogu kartki lub na dole, po lewej stronie. W pozdrowieniach data może ograniczyć się do miesiąca i roku. Np.:
Warszawa, 10 czerwca 2001 roku
Wrocław, 11 V 2002 r.
Lublin, luty 2003 r.

> W Krakowie podobał nam się tańczący na Rynku pasikonik.

Ćwiczenia

I. Proszę zamienić pozdrowienia 1, 2 i 3 z grupy I (uniwersalne) na formalne.

II. Proszę zamienić pozdrowienia 4, 5 i 6 z grupy I (uniwersalne) na prywatne.

III. Proszę zamienić pozdrowienia 1 i 2 z grupy II (formalne) na prywatne (zmieniając adresata).

IV. Proszę zamienić pozdrowienia 3 z grupy II (formalne) na uniwersalne (bez adresata).

V. Proszę zamienić pozdrowienia 1 z grupy III (prywatne) na formalne (zmieniając adresata).

VI. Proszę zamienić pozdrowienia 2 i 3 z grupy III (prywatne) na uniwersalne (bez adresata).

VII. Proszę napisać prywatne pozdrowienia do (proszę wybrać jeden wariant):
a. rodziny (kuzynów); **b.** cioci, wujka; **c.** mamy, taty lub rodziców; **d.** dziadków lub osobno do babci lub dziadka; **e.** siostry, brata lub rodzeństwa; **f.** dzieci; **g.** żony, męża

VIII. Proszę napisać formalne pozdrowienia do (proszę wybrać jeden wariant):
a. starszego sąsiada (starszych sąsiadów); **b.** swojego nauczyciela języka polskiego; **c.** szefa

IX. Proszę napisać uniwersalne pozdrowienia do (proszę wybrać jeden wariant):
a. kolegi; **b.** sąsiadów; **c.** koleżanek z pracy; **d.** rodziców przyjaciela; **e.** profesora (szefa); **f.** dalszej rodziny

X. Proszę przeczytać poniższe pozdrowienia i wykonać polecenia.

Kochany Zbyszku!
Spędziliśmy interesujący tydzień w Budapeszcie. Teraz od czterech dni odpoczywamy w uroczym zakątku nad przełomem Dunaju, a jutro powiozą nas nad Balaton. Wrażeń mnóstwo, pogoda dotychczas nam sprzyja.

Całujemy Cię serdecznie
Baśka i Grześ

Visegrád, 15 VIII 01 r.

Droga Pani!
Jesteśmy na urlopie nad Morzem Czarnym. Pogoda wspaniała, niebo błękitne, woda cudownie ciepła, przepiękne cerkwie, wyśmienite owoce południowe. Czy może jeszcze czegoś brakować człowiekowi do szczęścia?

Łączymy serdeczności
Iza i Zbyszek

Primorsko, w sierpniu 1999 r.

> Lipsk, 14 XI 02 r.
>
> Szanowna Pani Docent!
> Przesyłam wiele serdecznych pozdrowień z Lipska, gdzie odbywa się w tych dniach międzynarodowa konferencja lingwistyczna. Tematyka bardzo interesująca, a referaty i dyskusje wnoszą wiele nowego do omawianych zagadnień. Jaka szkoda, że nie udało się Pani przyjechać!
>
> Ulrich Böhme

> Serdeczne pozdrowienia z mokrych i chłodnych biwaków nad jeziorami mazurskimi
> przesyła Jerzy Woźniakiewicz
>
> Iława, 15 VII 2002 r.

(Teksty pochodzą z R. Sinielnikoff, E. Prechitko, *Wzory listów polskich*, Wiedza Powszechna, Warszawa 1993)

a. proszę zakwalifikować wszystkie pozdrowienia do poszczególnych kategorii (uniwersalne, formalne, prywatne)
b. proszę uszeregować (wymienić po kolei) według najbardziej udanych do najmniej udanych (ciekawych) wyjazdów
c. wypisać zwroty wyrażenia, które o tym świadczą (z punktu **b**)

> Warszawa ma wiele kin, teatrów, żłobków, przedszkoli, przychodni dentystycznych i innych miejsc wypoczynkowych.

XII. ŻYCZENIA

Najczęściej wysyła się życzenia z okazji Świąt Bożego Narodzenia i Nowego Roku, Wielkanocy oraz urodzin i imienin. Podobnie jak pozdrowienia, życzenia mogą mieć formę uniwersalną, formalną lub prywatną. Obowiązują też takie same zasady umieszczania dat, nagłówków i PS.

Najczęściej używane formuły życzeń z okazji Bożego Narodzenia i Nowego Roku (proszę zwrócić uwagę na pisownię dużych i małych liter):

- Wesołych Świąt i szczęśliwego Nowego Roku
- Radosnych Świąt Bożego Narodzenia oraz szczęścia i pomyślności w Nowym Roku
- Miłych, zdrowych i spokojnych Świąt Bożego Narodzenia i pomyślnego Nowego Roku
- Zdrowych i radosnych Świąt Bożego Narodzenia i dobrego Nowego Roku
- Najlepsze życzenia świąteczne i noworoczne
- Najserdeczniejsze życzenia z okazji Świąt Bożego Narodzenia i nadchodzącego Nowego Roku
- Wszystkiego dobrego w Nowym Roku
- Szczęścia i pomyślności w Nowym Roku
- Do siego roku!

Najczęściej używane formuły życzeń z okazji Wielkanocy:

- Wesołego Alleluja!
- Wesołych Świąt i mokrego Śmigusa-Dyngusa
- Radosnych i spokojnych Świąt Wielkanocnych
- Zdrowych i pogodnych Świąt Wielkanocnych
- Najserdeczniejsze życzenia świąteczne

Najczęściej używane formuły życzeń z okazji imienin i urodzin:

- Najlepsze życzenia imieninowe (urodzinowe)
- Serdeczne (najserdeczniejsze) życzenia imieninowe (urodzinowe)
- Moc (wiele, dużo) najlepszych (najserdeczniejszych) życzeń z okazji imienin (urodzin)

Czego życzymy? (+ *dopełniacz*)
wszystkiego najlepszego, zdrowia, radości, szczęścia, sukcesów, spełnienia marzeń, realizacji planów, pomyślności, pociechy z dzieci itp.

Przykłady:

I. życzenia uniwersalne z okazji Bożego Narodzenia (A), Wielkanocy (B) i imienin lub urodzin (C)

A 1.

> Serdeczne życzenia zdrowych i wesołych Świąt Bożego Narodzenia oraz wszelkiej pomyślności w nadchodzącym Nowym Roku
> życzy *rodzina Przeworskich*
> Szczecin, Boże Narodzenie 2003 r.

A 2.

> Z okazji Świąt Bożego Narodzenia i Nowego Roku przesyłam najserdeczniejsze życzenia zdrowia, spokoju i miłej rodzinnej atmosfery przy choince i w blasku świec
> *Marcin Witwicki*
> Sydney, grudzień '02

A 3.

> Praga, grudzień 2002 r.
> Zdrowych i radosnych Świąt Bożego Narodzenia oraz szczęśliwego Nowego Roku
> życzą *Renata i Tomek z dziećmi*
> PS Dla solenizanta Adama – moc serdecznych życzeń imieninowych – R.T.

B 1.

> Życzenia wesołego Alleluja i wszelkiego dobra wraz z serdecznymi pozdrowieniami
>
> przesyła *Kazimierz Grębski*
>
> Płock, Wielkanoc 2002 r.

B 2.

> Zdrowych, pogodnych i spokojnych Świąt Wielkanocnych i tradycyjnego Dyngusa serdecznie życzą
>
> *B. W. P. Drozdowie*
>
> Nowy Jork, marzec '02

C 1.

> Najlepsze życzenia imieninowe – zdrowia, radości, spełnienia marzeń i pociechy z dzieci
>
> przesyła *Teresa*
>
> Grudziądz, wrzesień 2003 r.

C 2.

> Nowy Sącz, listopad 2002 r.
>
> Samych szczęśliwych dni, sukcesów w pracy i życiu osobistym oraz realizacji planów – z okazji imienin serdecznie życzą *Zalewscy*

II. życzenia formalne z okazji Bożego Narodzenia (A), Wielkanocy (B) i imienin (C)

A 1.

> Drogi Panie!
> Życzę Panu i całej Rodzinie radosnych i zdrowych Świąt Bożego Narodzenia oraz wszelkiej pomyślności w Nowym Roku –
>
> *Jerzy Potracki*
>
> Wisła, grudzień 2003 r.

A 2.

> Szanowni Państwo!
> Z okazji Świąt Bożego Narodzenia i nadchodzącego Nowego Roku przesyłam serdeczne życzenia zdrowia, spokoju i radości –
> *Karolina Drawska z mężem*
> Glasgow, grudzień 2002 r.

A 3.

> Szanowna i Droga Pani!
> Przesyłam serdeczne życzenia pomyślnego i szczęśliwego Nowego Roku –
> *Wanda Piekarz*
> PS Recenzja ukaże się w najbliższym miesiącu – W.P.
> Wrocław, styczeń 2003 r.

B 1.

> Kościelisko, Wielkanoc 2003 r.
> Drodzy Państwo!
> Serdecznie życzymy wesołych i spokojnych Świąt Wielkanocnych oraz dużo zdrowia –
> *F.T. Rutkowscy*

B 2.

> Szanowna Pani Doktor!
> Życzenia radosnych i pogodnych Świąt Wielkanocnych oraz zdrowia i pomyślności
> przesyła *grupa V*
> Rzeszów, kwiecień '02

C 1.

> Miła Pani Julio!
> Z okazji imienin życzę Pani samych sukcesów i powodzenia, dużo radości i realizacji planów. Serdecznie pozdrawiam –
> *Piotr Lesiak*
> Łódź, maj 2003 r.

C 2.

> Szanowny Panie Docencie!
> Wszystkiego, co najlepsze, a więc zdrowia, szczęścia, pomyślności i powodzenia w życiu zawodowym i osobistym, życzą z okazji imienin
>
> *Frankowscy z dziećmi*
>
> Lwów, październik 2003 r.

III. życzenia prywatne z okazji Bożego Narodzenia (A), Wielkanocy (B) i imienin lub urodzin (C)

A 1.

> Kochani!
> Zdrowych, miłych i ciepłych Świąt Bożego Narodzenia, spełnienia wszystkich marzeń i pragnień w nadchodzącym Nowym Roku oraz udanej zabawy sylwestrowej serdecznie życzy
>
> *ciocia Balbina z Januszem*
>
> Chorzów, grudzień 2001 r.

A 2.

> Kraków, Boże Narodzenie 2002 r.
>
> Niech czas Bożego Narodzenia upłynie w atmosferze miłości i ciepła, a Nowy Rok spełni Twoje wszelkie oczekiwania i będzie pełen szczęśliwych dni. Tego wszystkiego Tobie, Ewo i Twojej rodzinie serdecznie życzą
>
> *Lilka i Helena*
>
> PS Moc szczerych i serdecznych życzeń imieninowych – L. i H.

A 3.

> Cudownych, nastrojowych, białych i wesołych Świąt Bożego Narodzenia, szampańskiego Sylwestra i dużo uśmiechów Losu w Nowym Roku – niech Ci się zawsze dobrze dzieje! Tego i wszystkiego innego, co w życiu najlepsze
>
> życzy Ci, Grzesiu, *Aśka*
>
> PS Przekaż serdeczne życzenia Rodzicom – A.
>
> Krynica, grudzień '02

A 4.

> Drodzy Nasi!
> Niech te święta upłyną Wam radośnie w tej jedynej i niepowtarzalnej atmosferze, a następny rok będzie dla Was lepszy. Gdy będziecie się łamać opłatkiem – pomyślcie o nas! My dla Was zaśpiewamy kolędę.
> Ściskamy i całujemy – *Maćkowie*
> PS Kasiu! Dużo prezentów pod choinką! Kiedy do nas przyjedziesz?
> Toronto, Boże Narodzenie 2002 r.

B 1.

> Kochany Staszku!
> Serdecznie Ci życzymy radosnych i pogodnych Świąt Wielkanocnych, miłej, rodzinnej atmosfery i odpoczynku po tych trudnych dla Ciebie dniach. Przesyłamy uściski i pozdrowienia –
> *Marysia i Leszek z Alinką*
> PS Zapraszamy do nas na długi weekend w maju – M. L. A.
> Poznań, kwiecień 2002 r.

B 2.

> Katowice, marzec '03
> Cześć Janek!
> Udanych Świąt Wielkanocnych (nie przejedz się!) i mokrego Śmigusa–Dyngusa
> życzy *Łukasz*

B 3.

> Kochanie!
> Życzę Tobie i Justynce miłych i radosnych Świąt Wielkanocnych przy stole z tradycyjnym barankiem i pisankami. Nie zapomnijcie o Śmigusie–Dyngusie! Bardzo za Wami tęsknię i liczę dni do powrotu.
> Całuję mocno – *Andrzej*
> PS Przekaż, proszę, życzenia całej Rodzinie – na pewno zobaczysz wszystkich u Mamy! – A.
> Londyn, Wielkanoc '02

C 1.

Tarnów, kwiecień 2002 r.

Drogi Wojtku!
Z okazji Twoich imienin serdecznie Ci życzymy wszystkiego najlepszego, ale przede wszystkim zdrowia, wymarzonej pracy i mieszkania. Niech Twoje życie pełne będzie radości!

Z pozdrowieniami – *ciocia Ola i wujek Tadek*

C 2.

Najukochańsza Babciu!
Z okazji Twoich 70. urodzin życzymy Ci jak najserdeczniej dużo zdrowia, wygranej w Lotto, samych radosnych i spokojnych dni oraz tego wszystkiego, czego pragniesz. Mocno całujemy i ściskamy –

Halinka, Zbyszek i Jaś

PS Przyjedziemy 20 maja – do zobaczenia! H. Z. J.

Zamość, maj 2002 r.

C 3.

Droga Solenizantko!
W tym tak uroczystym dla Ciebie dniu życzę Ci szczęścia, powodzenia u płci przeciwnej, dobrych zarobków, atrakcyjnych wycieczek, szalonych dyskotek i serdecznych przyjaciół

Danka

Warszawa, luty '02

Ja dostałem na gwiazdkę łyżwy, a mój braciszek dostał szkarlatyny...

Ćwiczenia

I. Proszę zamienić życzenia A1, B1 i C1 z grupy I (uniwersalne) na formalne.

II. Proszę zamienić życzenia A2 i 3, B2 i C2 z grupy I (uniwersalne) na prywatne.

III. Proszę zamienić życzenia A1, B1 i C1 z grupy II (formalne) na prywatne (zmieniając adresata).

IV. Proszę zamienić życzenia A2 i 3, B2 i C2 z grupy II (formalne) na uniwersalne (bez adresata).

V. Proszę zamienić życzenia A1 i 2, B1 i 2 oraz C1 i 2 z grupy III (prywatne) na formalne (zmieniając adresata).

VI. Proszę zamienić życzenia A3 i 4, B3, C3 z grupy III (prywatne) na uniwersalne (bez adresata).

VII. Proszę napisać prywatne życzenia z okazji
1. Bożego Narodzenia i Nowego Roku
2. Wielkanocy
3. imienin
4. urodzin
do (proszę wybrać jeden wariant):
a. rodziny (kuzynów); **b.** cioci, wujka; **c.** mamy, taty lub rodziców; **d.** dziadków lub osobno do babci lub dziadka; **e.** siostry, brata lub rodzeństwa; **f.** dzieci; **g.** żony, męża

VIII. Proszę napisać formalne życzenia z okazji
1. Bożego Narodzenia i Nowego Roku
2. Nowego Roku
3. Wielkanocy
4. imienin
do (proszę wybrać jeden wariant):
a. starszego sąsiada (starszych sąsiadów); **b.** swojego nauczyciela języka polskiego; **c.** szefa

IX. Proszę napisać uniwersalne życzenia z okazji
1. Bożego Narodzenia i Nowego Roku
2. Wielkanocy
3. imienin
do (proszę wybrać jeden wariant):
a. kolegi; **b.** sąsiadów; **c.** koleżanek z pracy; **d.** rodziców przyjaciela; **e.** profesora (szefa); **f.** dalszej rodziny

X. Proszę przeczytać poniższe pozdrowienia i wykonać polecenia.

Gdynia, grudzień 1999 r.

Kochany Tomeczku!

W dniu Twoich imienin przesyłam Ci wiele najlepszych życzeń i serdecznych uścisków. Rośnij ładnie i zdrowo. Bądź dobrym i mądrym chłopcem i przynieś wiele radości Rodzicom. W prezencie imieninowym dostaniesz ode mnie „Przygody Tomka Sawyera". Dziś tę książkę wysyłam.

Babcia Zosia

Droga Pani!

Z okazji imienin przesyłam Pani wiele życzeń: zdrowia, pomyślności w życiu osobistym i zawodowym, pogody ducha i życzliwych ludzi w Pani otoczeniu. Niech omijają Panią większe zmartwienia, a drobne, nieuniknione niepowodzenia będą krótkotrwałe.

Susan

Winnipeg, 3 maja 1999 r.

Kochana Mary!

Dzień 21 lipca – to Twoje święto. Chciałbym być wtedy przy Tobie i uścisnąć Cię gorąco, ale niestety, nie da się tego zrobić. Pozostaje mi tylko życzyć Ci wszystkiego, co najlepsze i czekać na Twój przyjazd. Całuję mocno – Twój Adam
PS Moi Rodzice ślą Ci także serdeczności – A.

Kraków, 21 lipca 1999 r.

Kochana Małgosiu!

Życzę Ci pięknej i długiej młodości z okazji Twoich osiemnastych urodzin. Niech Twoje dorosłe życie ułoży się zgodnie z Twoimi pragnieniami! Uściski – wuj Stefan

Oslo, 15.10.1999 r.

Dużo radości, zdrowia, realizacji planów i wszelkiej pomyślności z okazji imienin serdecznie życzy

Michał z Rodzicami

Budapeszt, lipiec 2000 r.

(Teksty na podst. R. Sinielnikoff, E. Prechitko, *Wzory listów polskich*, Wiedza Powszechna, Warszawa 1993)

a. Proszę zakwalifikować wszystkie życzenia do poszczególnych kategorii (uniwersalne, formalne, prywatne).
b. Proszę uszeregować (wymienić po kolei) od najbardziej serdecznych życzeń.

> Przed zawarciem małżeństwa należy udać się do poradni przeciwmałżeńskiej.

XIII. LISTY PRYWATNE

Układ listu prywatnego

- tytuł grzecznościowy (nagłówek)
- treść listu
- formuła kończąca list
- podpis
- miejsce i data
- ewentualnie postscriptum (PS)

* Tytuł grzecznościowy w polskich listach pisze się zazwyczaj na środku pierwszej linijki i opatruje wykrzyknikiem, np. Droga Heleno! Kochany Janku! (używa się form wołacza), a treść listu zaczyna się od dużej litery[1].

* Datę na ogół umieszcza się w prawym górnym rogu listu, ale można też napisać ją na końcu, po lewej stronie. Sposoby zapisywania dat:
Kraków, 10 maja 2003 roku
Kraków, 10 V 2003 r.
Kraków, 10.05.2003 r.

* Treść listu rozpoczyna się od akapitu (wcięcia) i tak samo zaznacza się każdy nowy paragraf. Należy pisać dużą literą nazwy osób, do których się zwracamy, a także zaimki odnoszące się do nich. W ten sposób wyraża się szacunek i uczucia, np. Dziękuję **C**i za **T**wój list; jak się czuje **W**asz syn; czy **P**ani **M**ąż już wyzdrowiał; pozdrowienia dla **P**ańskiej **M**atki; proszę pozdrowić **O**jca i przekazać **M**u serdeczne życzenia

* List kończy formuła pożegnalna i podpis

* Postscriptum służy do dopisania po zakończeniu listu czegoś, o czym się zapomniało lub co nie pasuje do treści listu, np.
PS Co słychać u Jadzi? Nie mam z Nią kontaktu.
PS O Twojej prośbie pamiętam.

Są dwa rodzaje listów prywatnych: **formalne i nieformalne**. Różnią się one zasadniczo w nagłówku oraz formule kończącej list i podpisie. Zachodzą także różnice w stylu – list prywatny formalny pisany jest językiem bardziej literackim.

Listy prywatne pisze się ręcznie (atramentem lub długopisem) na papierze listowym.

---

[1] Rzadziej umieszcza się nagłówek po lewej stronie, a po nim przecinek. Wtedy treść listu rozpoczyna się małą literą.

list nieformalny	*list formalny*
tytuł grzecznościowy (nagłówek)	
Kochana Mamusiu! Kochana Babciu! Kochany Wujku! Kochany Jureczku! Kochana Aniu! Najmilszy Andrzeju! Najdroższa Joasiu! Kochanie! Mój Skarbie! Droga Lidko! Drogi Henryku! Droga Ciociu! Moi Drodzy! Kochani! Drodzy Oleńko i Jacku! Cześć Artur! Cześć Agnieszko!	Droga Pani! Drogi Panie! Drodzy Państwo! Drogi Panie Zygmuncie! Droga Pani Ireno! Szanowny i Drogi Panie! Szanowna Pani! Szanowny Panie! Szanowni Państwo! Szanowna Pani Doktor! Szanowny Panie Doktorze! Szanowna Pani Dyrektor! Szanowny Panie Dyrektorze! **(w żadnym wypadku nie używa się w nagłówku nazwiska adresata!)**
formuła pożegnalna[2]	
Całuję (mocno, gorąco) Przesyłam całusy, ucałowania, uściski Uściski i serdeczności Ściskam serdecznie Pozdrawiam serdecznie Najserdeczniej pozdrawiam Pozdrowienia dla całej Rodziny Trzymaj się, cześć	Przesyłam (łączę) wyrazy szacunku Z wyrazami szacunku Z poważaniem Serdecznie pozdrawiam Serdeczności i ukłony Kłaniam się pięknie
podpis	
Tatuś, kochająca wnuczka, Wojtek, Elżunia	Wojciech Jabłoński, Elżbieta Nowacka

Było bardzo dużo błota, a na dodatek ferie dobiegały końca.

---

[2] Często stosuje się kombinację dwóch lub więcej wyrażeń, np. ucałowania dla Ciebie, uściski dla Siostry i serdeczne pozdrowienia dla Rodziców; przesyłam serdeczne pozdrowienia dla Pana i ukłony dla Małżonki.

Ćwiczenia

I. Proszę poukładać w kolejności poniższe fragmenty tak, aby utworzyły logiczną całość, a potem przepisać cały list z zachowaniem wszystkich reguł układu graficznego listu.

> Zakopane, 15 lutego 2002 r.
>
> Kochana Mamusiu!
>
> __ biologię w Krakowie. Byliśmy już na
> __ piszę. Podróż przeszła dobrze, a tu jest całkiem
> __ dwoma innymi chłopakami. Mamy fajnego
> __ pracuj za dużo! Pozdrów Tatę i
> __ warunki do jeżdżenia są super! Nie bój się – nie jeżdżę
> _1_ Jesteśmy już na miejscu i tak, jak obiecałem – zaraz do Ciebie
> __ nartach. Śniegu jest dużo, więc
> __ Nie martw się o mnie i uważaj na siebie. Nie
> __ mogliby nam dawać więcej frytek i naleśników.
> __ instruktora. Ma na imię Zbyszek. Studiuje
> __ przypomnij Mu, żeby mi nagrał ten film, o który prosiłem.
> __ nieźle. Mieszkam w pokoju z Tomkiem i z
> __ jak wariat! Jedzenie jest w porządku, ale
>
> Całuję Cię mocno – *Michał*
>
> PS Poklep ode mnie Asa!

II. Proszę porównać poniższe listy i podkreślić formy, które występują w obydwu listach, ale różnią się stylem.

Birmingham, 3.09.2003 r.

Drogi Tadziu!

Podróż powrotna minęła szybko i bez przeszkód, i oto znowu jestem w domu. Chcę Ci jeszcze raz bardzo podziękować za zaproszenie. Dzięki Tobie mogłem wreszcie zwiedzić Kraków, o którym tyle słyszałem, a do tej pory nie miałem okazji go zobaczyć.

Muszę Ci powiedzieć, że Twoje miasto jest wspaniałe! Wspominam bardzo miło tydzień spędzony z Tobą i z Twoimi znajomymi. Było naprawdę strasznie fajnie! Macie tam super dyskoteki i zespoły jazzowe oraz piwo! Bardzo mi się podobały krakowskie kawiarnie i muzea, które mi pokazałeś. Szkoda, że było za mało czasu na obejrzenie wszystkiego, ale mam nadzieję, że kiedyś tam jeszcze wrócę!

Dziękuję Ci jeszcze raz i przesyłam dużo pozdrowień. Pozdrów też ode mnie wszystkich znajomych. Do zobaczenia, cześć

Andrzej

Birmingham, 3.09.2003 r.

Szanowny Panie Profesorze!

Piszę do Pana zaraz po powrocie, aby jeszcze raz serdecznie Panu podziękować za zaproszenie, a tym samym za umożliwienie mi zwiedzenia miasta, o którym dużo słyszałem.

Dzięki Panu Profesorowi miałem okazję zobaczyć interesujące filmy i spektakle, a także być w tak wielu muzeach i usłyszeć taką rozmaitość koncertów – od jazzowych na Rynku do organowych w Tyńcu. Żałuję, że na to wszystko miałem tak niewiele czasu, ale mam nadzieję, że kiedyś jeszcze wrócę do Krakowa.

Dziękuję również za gościnność i za to, że Pan Profesor poświęcił mi tyle swojego cennego czasu.

Serdecznie Pana pozdrawiam i przesyłam ukłony dla Żony

Andrzej Zaworski

III. Proszę uzupełnić poniższe dwa listy.

a. list do koleżanki

Oslo, 15 sierpnia 2000 r.

.... Joasiu!

.... bardzo za list i pozdrowienia. ...., że tak długo nie odpisywałam, ale miałam masę pracy.

Pytasz o moje plany na przyszłość. Otóż mam dla Ciebie niespodziankę – przyjeżdżam do Warszawy na półroczny staż naukowy! Będę pisać pracę na temat składni potocznego języka polskiego. Materiały chcę zbierać, gdzie się da – chodzi przecież o język mówiony, więc mam nadzieję, że okazji nie zabraknie. Liczę na kontakty z naszymi rówieśnikami, no i w ogóle na Twoją pomoc!

Strasznie się cieszę na ten przyjazd, a przede wszystkim na spotkanie z Tobą! Czy wiesz, że nie widziałyśmy się dwa lata? Okropnie długo. Ciekawe, czy mnie poznasz – zmieniłam fryzurę i schudłam.

W Warszawie będę za dwa tygodnie, więc zaraz jak tylko się tam zjawię, zadzwonię do Ciebie, dobrze?

....
Basia

b. list do nieznanej pani docent (proszę wybrać jedną z możliwości zamieszczonych poniżej)

Oslo, 15 sierpnia 2000 r.

...... 1 ..... Pani Docent!

.... 2 .... zawiadamiam, że od 1 IX będę w Warszawie na stażu naukowym przez jeden semestr. Czy nie zechciałaby Pani podjąć się opieki naukowej nad moimi studiami? Zamierzam opracować wybrane zagadnienia ze składni współczesnego języka potocznego.

.... 3 .... z tą prośbą do Pani, gdyż czytałam Pani prace i wiem, że .... 4 .... interesującą mnie tematyką.

Byłabym bardzo ...... 5 ......, gdyby Pani się zgodziła. Pozwolę sobie zadzwonić zaraz po przyjeździe po odpowiedź.

.... 6 ....
Barbara Larsen

1. a. Miła   b. Szanowna   c. Droga
2. a. Serdecznie   b. Z radością   c. Uprzejmie
3. a. Zwracam się   b. Udaję się   c. Spieszę się
4. a. Pani zajmujesz się   b. ona zajmuje się   c. Pani Docent zajmuje się
5. a. wesoła   b. wdzięczna   c. gościnna
6. a. Ściskam i pozdrawiam   b. Łączę poważanie   c. Łączę wyrazy szacunku

IV. Proszę przeczytać poniższe listy i określić, w jakich stosunkach pozostawały dzieci do Adresata.

Szanowny Panie Boże!

W kościele mi się podoba i co do kościoła to ja nie mam żadnych zastrzeżeń ale naprawdę mógłbyś używać lepszej muzyki.
Przypuszczam, że nie zraniłem Twoich uczuć. Czy mógłbyś napisać jakieś nowe piosenki?

Twój przyjaciel Barry

Drogi Boże,

Twoja książka to dobra łamigłówka. Lubię takie fantastyczno-naukowe historie. Ale Ty masz wspaniałe pomysły gdzie je znalazłeś?

Twój czytelnik Jimmy

Drogi Boże!

Mógłbyś napisać jeszcze więcej opowiadań? Właśnie skończyliśmy czytać te stare i znowu zaczynamy od początku.

Wdzięczna Emily

Drogi Boże!

Dlaczego nie wymyśliłeś już później żadnych nowych zwierząt. My ciągle mamy te stare.

Johnny

Drogi Boże,

Chcę, żeby przyszła kaczka na drugą Wielkanoc. Mam już dość tego zajączka.

Dużo całusów
Margaret

(Listy dzieci do Pana Boga, zeb. E. Marshall i S. Hemple, Pax, Warszawa 1978; zachowano oryginalną interpunkcję)

Zbliżała się pora śniadaniowa; krowy jadły trawę, a ja razem z nimi.

XIV. LISTY PRYWATNE
(cd.)

> Moim najciekawszym przeżyciem było przestraszenie się dwóch psów.

* ZOB. INFORMACJE Z LEKCJI POPRZEDNIEJ

Ćwiczenia

I. Proszę przeczytać poniższy list i wykonać polecenia.

Cypr, 12 czerwca 2002 r.

Cześć Janusz!

    Strasznie dawno nie pisałem, ale wiesz, że nie lubię pisać listów. U mnie wszystko po staremu – praca, praca i jeszcze raz praca. Stenia ma się dobrze, ale też jest bardzo zajęta. Czy wiesz, że jesteśmy już trzy lata po ślubie? Właśnie wczoraj obchodziliśmy rocznicę. Chcemy się wybrać na jakieś porządne wakacje, bo musimy wreszcie wypocząć.
    Właśnie w tej sprawie do Ciebie piszę. Tyle razy nas zapraszałeś do Zakopanego i teraz chcielibyśmy z tego skorzystać. Jednak nie mamy zamiaru Ci siedzieć na głowie, więc czy mógłbyś się rozejrzeć za jakimś niedrogim pensjonatem lub prywatną kwaterą na 12–14 dni? Tak byłoby nam wszystkim wygodniej i czulibyśmy się swobodnie.
    Bardzo się cieszymy na ten wyjazd i spotkanie z Tobą i Hanką. Powspominamy dawne czasy i na pewno będzie fajnie!
    Z góry dziękuję Ci za pomoc. Trzymaj się i pozdrów Siostrę.

Stefan

a. proszę zamienić ten tekst na list do starszego, dawno niewidzianego wujka.
b. Proszę sobie wyobrazić, że jest Pan/i Januszem z listu w ćwiczeniu III – proszę odpisać Stefanowi.

II. Robert miał napisać dwa listy: do swojego profesora i serdecznego kolegi, ale ich fragmenty się wymieszały. Proszę je odszukać i podkreślić. Potem proszę przeczytać skompletowane listy.

Cześć Panie Profesorze!

Z prawdziwym żalem zawiadamiam Pana, że nie spotkamy się na wieczorze klasowym, bo mnie powaliła grypa. Początkowo myślałem, że to zwykłe przeziębienie i Ciebie chcę przestrzec – nie lekceważ przeziębienia! Po kilku dniach okazało się, że mam grypę, która uziemiła mnie w łóżku na długi czas. Czuję się beznadziejnie i jestem słaby jak mucha.

Wybacz, stary, ale proszę o wybaczenie i usprawiedliwienie mojej nieobecności. Jak tylko wyzdrowieję, skontaktuję się z Panem. Jak dasz radę – to napisz jak było w myślach.

Łączę serdeczne pozdrowienia dla Pana Profesora i wszystkich kolegów
Trzymaj się –
Robert Michalski

Rabka, maj 2002 r.

Szanowny Janek!

Piszę do Ciebie, żeby Ci powiedzieć, że w tym roku nie będę mógł przyjechać na doroczne spotkanie naszej klasy, ponieważ jestem chory. Jestem zły na siebie, ale trochę je zlekceważyłem! Ja to zrobiłem i nie mogę sobie tego darować, bo nie tylko opuszczę fajną imprezę, ale grypa przykuła mnie do łóżka na dłuższy czas. Czuję się marnie i jestem dość osłabiony.

Bardzo możesz mnie sobie pooglądać tylko na zdjęciu! Zadzwoń albo – będę Wam towarzyszył. Życzę udanego wieczoru.

Pozdrów Profesora i całą klasę – będę o Was myślał.
Robert

Rabka, maj 2002 r.

III. Proszę napisać list do kuzyna, z którym nigdy się Pan/i nie widział/a. Proszę napisać coś o sobie, swoich studiach (pracy) i mieście, w którym Pan/i mieszka i zapytać o to samo kuzyna. Proszę zaproponować spotkanie.

IV. Proszę napisać do serdecznej przyjaciółki Pana/Pani matki z lat młodości. Ostatnio widział/a ją Pan/i 20 lat temu. Proszę napisać coś o sobie, a także o matce. Proszę zapytać adresatkę o zdrowie, rodzinę itp. Proszę zaproponować, że Ją Pan/i odwiedzi.

V. Proszę napisać list do swojego pierwszego nauczyciela języka polskiego (jest z nim Pan/i w stosunkach formalnych) i opisać Mu swoje wrażenia z pobytu w Polsce.

VI. Proszę napisać list do kogoś bliskiego i opisać swoje wrażenia z pobytu w Polsce.

VII. Proszę przeczytać poniższy tekst i wykonać polecenia.

„Napisz do mnie chociaż krótki list..."

Francuzi policzyli, że listy prywatne stanowią obecnie zaledwie 7% przekazywanej przez pocztę korespondencji. Reszta to pisma urzędowe, prospekty reklamowe, rachunki i okolicznościowe kartki najczęściej z gotowym, drukowanym tekstem. Powszechna niechęć do pisania listów jest, zdaniem specjalistów, efektem braku czasu, dostępności telefonów i powolnego tempa listownej wymiany informacji. Delektowanie się sztuką epistolarną staje się rzadką przyjemnością.

Najczęściej piszą listy panie (ponad 70%). Chętnie sięgają po pióro ludzie młodzi i starsi, prawdopodobnie ze względu na to, że mają więcej wolnego czasu. Powoli zamiera korespondencja z krewnymi. Częściej listy kierowane są do przyjaciół, przed którymi można otworzyć serce. Nastolatki zwierzają się kolegom, a ich koleżanki babciom i ulubionym ciociom. Coraz obszerniejsza staje się korespondencja kierowana do redakcji telewizyjnych, idoli młodzieżowych, a nawet bohaterów seriali.

a. Proszę zdecydować, czy podane zdania są prawdziwe (P) czy nie (N).

1. Tylko 7% Francuzów pisze list prywatne. —
2. Francuzi najczęściej wysyłają okolicznościowe kartki z drukowanym, gotowym tekstem. —

3. Specjaliści sądzą, że ludzie niechętnie piszą listy, bo nie mają czasu. —
4. Powszechny dostęp do telefonów powoduje powolną wymianę listów. —
5. Kobiety piszą listy częściej niż mężczyźni, a dzieci częściej niż ich rodzice. —
6. Młodzi chłopcy chętniej piszą listy do koleżanek niż do cioć. —
7. W listach łatwiej jest się zwierzyć przyjaciołom niż komuś z rodziny. —
8. Coraz więcej listów otrzymują redakcje telewizyjne i popularni artyści. —

b. „Wkrótce tradycyjna korespondencja zaniknie, a ludzie będą się porozumiewać wyłącznie przy pomocy poczty elektronicznej" – czy zgadza się Pan/i z taką opinią?
Proszę przygotować tekst argumentacyjny według schematu:
• wstęp – prezentacja problemu
• argumenty („za" i „przeciw")
• konkluzje (udowodnienie swojej racji, określenie swoich poglądów, propozycje – wezwanie do działania)

VIII. Proszę przeczytać poniższy tekst i wykonać polecenia.

„Ulubiony kolor atramentu"

Niebieski jest kolorem osób konwencjonalnych. Nie lubią wychylać się z tłumu i nie uznają ekstrawagancji w żadnej formie. Najchętniej wtapiają się w tło i ściśle trzymają wszelkich reguł i zasad. Są raczej pokojowo nastawieni do świata i życzliwi. Łatwo aklimatyzują się w nowym środowisku.

Czerń to barwa konserwatystów. Są nieco staroświeccy, lubią antyki i kreacje w stylu babuni. Mają romantyczną naturę, choć to wcale nie oznacza, że gubią się w naszej, trochę zwariowanej rzeczywistości. Są zdecydowani i wiedzą, czego oczekują od życia. Mogą być dobrymi szefami.

Czerwony atrament zdradza kompleks wyższości. Osoby piszące tym kolorem w każdej sytuacji pragną być na świeczniku i grać pierwsze skrzypce. Nie dostrzegane przez innych czują się głęboko nieszczęśliwe. Uwielbiają komplementy, bardzo łatwo złapać ich na lep pochlebstw. Są bardzo zmysłowe.

Zielonym atramentem piszą ludzie wyjątkowo oryginalni. Są przeciwieństwem „Niebieskich". Uważają, że konwenanse to przeżytek. Zastanawianie się „czy to wypada" nie spędza im snu z powiek. Najbardziej obawiają się zginąć w tłumie. Szare życie wśród szarych ludzi to nie dla nich. Otoczenie uważa ich za nieszkodliwych i sympatycznych dziwaków.

(B. Scuder, *Sekrety grafologii*, Alfa, Warszawa 1995)

a. Proszę zdecydować, czy podane zdania są prawdziwe (P), nieprawdziwe (N), czy nie ma w tekście informacji (BI).

	P	N	BI
1. Osoby piszące niebieskim atramentem są przeciwieństwem „zielonych".			
2. Niebieskiego koloru używają ludzie nieśmiali.			
3. Ci, którzy używają niebieskiego, nie tolerują ekstrawaganckiego zachowania w nowym środowisku.			
4. Czarnym atramentem piszą osoby, które ubierają się w niemodne antyki.			
5. Piszący czarnym mają predyspozycje na szefa, choć są romantykami.			
6. Na czerwono piszą skrzypkowie.			
7. Kolor czerwony to symbol egoizmu.			
8. Osoby piszące czerwonym kolorem są zmysłowe i przepadają za komplementami.			
9. Zielony atrament jest używany przez oryginalnych dziwaków.			
10. Piszący na zielono nie kierują się konwenansami.			

b. Proszę poszukać w słowniku lub encyklopedii i zapisać definicje (lub podać własne) następujących terminów:
1. grafologia
2. rękopis
3. kaligrafia
4. bazgrać
5. sztuka epistolarna
6. papeteria

c. Czy wierzy Pan/i, że charakter człowieka można odczytać z jego pisma? Dlaczego? Proszę uzasadnić (ustnie) i podać przykłady.
d. Proszę sobie wyobrazić, że ma Pan/i zareklamować jakiś (wybrany przez siebie) kolor długopisów lub atramentu do wiecznego pióra.

Proszę napisać ulotkę reklamową, stosując podane zwroty i słowa:
- najlepsze, jedyne, niezastąpione, rewelacyjne, niezapomniane itp.
- specjalnie dla Ciebie, zadowoli każdego, na każdą kieszeń, na co czekasz?

> Całymi dniami opalałem się, a gdy miałem czas, pomagałem rodzicom zrywać owoce.

XV. LISTY URZĘDOWE

Układ listu urzędowego

- adres autora listu (nadawcy)
- miejsce i data wysłania listu
- tytuł grzecznościowy rozpoczynający list
- treść listu
- formuła kończąca list
- podpis

| imię i nazwisko nadawcy adres | | miejsce i data |

nagłówek

treść listu

formuła kończąca list

podpis

* W listach urzędowych nagłówkiem może być nazwa instytucji albo stanowiska osoby, do której piszemy, np.
Pan
Dyrektor Naczelny
Polskiego Towarzystwa Miłośników Poezji
w Łodzi

Konsulat Generalny Francji
w Krakowie

* Treść listu jest na ogół zwięzła i krótka, pisana stylem bardzo formalnym („suchym").

* Formuła kończąca list brzmi przeważnie:
z poważaniem
z wyrazami szacunku
łączę wyrazy szacunku
(Formułę kończącą list czasem pomija się i stawia tylko podpis).

* Podpisuje się pełnym imieniem i nazwiskiem, wyraźnie i odręcznie.

Listy urzędowe pisze się na papierze kancelaryjnym, przeważnie na komputerze lub na maszynie. Podpis musi być jednak odręczny.

> Słowacki lubił podróże, gdyż wtedy miał okazję kochać matkę w listach.

Ćwiczenia

I. Proszę uzupełnić poniższy list wyrazami z ramki.

> kłopot, Waszym, prośbą, współczesnej, gra roli, Polonistyki, zwracam, wyrazy, Dziekanat, wdzięczna, kompozytorów, październiku

Tatiana Sumnikowa Moskwa, 3 września 1999 r.
Szabołowka 39 m.16
Moskwa

.... Wydziału ....
Uniwersytetu Warszawskiego

W .... będę miała wykłady na ....
Uniwersytecie. Korzystając z okazji chciałabym też posłuchać ....
.... muzyki, a przede wszystkim zapoznać się z twórczością
młodych polskich ....
Dlatego też .... się z uprzejmą ....
o wykupienie dla mnie abonamentu na koncerty Warszawskiej Jesieni.
Byłabym .... za nabycie miejsca w rzędzie niedaleko sceny.
Cena biletów w tym przypadku nie .... Koszty
abonamentu zwrócę zaraz po przyjeździe.
Przepraszam za .... i łączę .... szacunku.

Tatiana Sumnikowa

(Na podst. R. Sinielnikoff, E. Prechitko, *Wzory listów polskich*,
WP, Warszawa 1993, s. 175)

II. Proszę poukładać w odpowiedniej kolejności podane fragmenty listu tak, aby utworzyły treść listu urzędowego.

John Szostak Detroit, 4 III 2000 r.
4775 Curtis
Dearborn, MI
USA 48126

Dyrekcja
Szkoły Letniej Kultury
i Języka Polskiego
Uniwersytetu Jagiellońskiego
w Krakowie

__ uczestnictwem w kursie języka polskiego w Szkole Letniej.
__ planu zajęć, wykładów

_1_ Zwracam się z uprzejmą prośbą o udzielenie mi informacji
__ mnie o wyżej wymienionych sprawach, gdyż chciałbym odpowiednio
__ Byłbym również wdzięczny za przesłanie mi szczegółowego
__ i wycieczek. Bardzo proszę o w miarę szybkie poinformowanie
__ na temat sposobu załatwienia wszelkich formalności w związku z
__ przygotować się do kursu.

Przesyłam wyrazy szacunku
John Szostak

III. Proszę zamienić powyższy list na list do kolegi.

IV. Proszę przeczytać poniższy prywatny list formalny i wykonać polecenia.

Kraków, 10 sierpnia 1999 r.

Szanowny Panie Dyrektorze!

Jestem studentką Szkoły Letniej i mieszkam już dwa tygodnie w Hotelu Studenckim „Piast". Kursy, na które chodzę, są bardzo interesujące i przyjemne. Tylko jedna sprawa mnie denerwuje i oburza. Na obiad mamy codziennie ziemniaki. Już nie mogę na nie patrzeć! Przecież są też inne dodatki – jak makaron czy ryż, a poza tym można by je podawać na różne sposoby, jak chociażby w postaci frytek. Te ziemniaki wprowadzają niepotrzebną monotonię do smacznych posiłków.

Bardzo Pana proszę o zajęcie się tą sprawą, bo nie tylko ja na to narzekam.

Łączę pozdrowienia
Krystyna Kownacka

a. Proszę zamienić go na list urzędowy (do Dyrekcji Szkoły Letniej)
b. Proszę go zamienić na list prywatny do kolegi

V. Proszę napisać list urzędowy do jakiegoś czasopisma polskiego z propozycją nadsyłania reportaży ze swojego kraju albo z propozycją przetłumaczenia jakiejś ciekawej pozycji literackiej w odcinkach.

VI. Proszę napisać do szpitala list z podziękowaniem za opiekę podczas obserwacji po wypadku.

VII. Proszę napisać do Biura Podróży list wyrażający niezadowolenie ze standardu podróży.

VIII. Proszę przeczytać poniższy tekst i rozwiązać ćwiczenia.

„Triumf wiecznego pióra"

W epoce komputerów, faksów i drukarek wieczne pióro przeżywa nieoczekiwany renesans. Jest ono czymś więcej niż tylko zwykłym narzędziem do pisania.

W latach 60. wydawało się, że musi ustąpić miejsca wygodnemu długopisowi i jest <u>skazane na zagładę</u>. Jednak sukces długopisu okazał się krótkotrwały. W zamożnych krajach Zachodu od pewnego czasu systematycznie wzrasta sprzedaż wiecznych piór, nawet najbardziej luksusowych modeli Parkerów i Watermanów. Producenci <u>zalewają rynek</u> nowymi wyrobami oraz replikami sławnych, starych piór, powstają kluby ich miłośników oraz specjalistyczne czasopisma. (...)
   Podobne zjawisko ma miejsce w naszym kraju. Wieczne pióro w Polsce <u>wraca do łask</u>. Miesięcznie sprzedaje się nawet po kilkanaście Montblanców i Parkerów, których cena przekracza niekiedy 900 złotych. Oczywiście klienci kupują znacznie więcej piór nieco tańszych. W czasie PRL-u dobre wieczne pióra były u nas praktycznie niedostępne, tylko w Pewexach można było spotkać Parkery i Pelikany. <u>Królowały</u> natomiast prymitywne chińskie wieczne pióra, raczej <u>nie zasługujące na to miano</u>. Dziś ponownie odkrywamy urok renomowanej marki pióra. Jest ono doskonałym narzędziem do pisania, po prostu dumnie <u>płynie po papierze</u>. Ponadto świetnie nadaje się na prezent, jest niezwykle <u>gustownym podarunkiem</u>. Luksusowe wieczne pióro to również symbol statusu społecznego, podnosi prestiż posługującego się nim polityka lub menedżera.
   W czasach, gdy słowo pisane ustąpiło miejsca komputerom i faksom, wieczne pióro reprezentuje <u>idylliczną przeszłość</u>, zaspokaja potrzebę stabilizacji i pewności.

(Fragm. art. *Triumf wiecznego pióra*, „Focus" nr 5 (20), 1997)

a. Proszę zdecydować, która z podanych możliwości ma znaczenie najbliższe podanemu słowu lub wyrażeniu (podkreślonemu w tekście)

1. *skazane na zagładę*
   a. przeznaczone do zniszczenia i zapomnienia
   b. przeznaczone do wyrzucenia
   c. używane jako zakładka

2. *zalewać rynek*
   a. na rynku znajduje się dużo wody
   b. na rynku leży dużo produktów
   c. w sprzedaży jest dużo produktów

3. wraca do *łask*
   a. do poprzedniej ceny
   b. do aprobaty i użycia
   c. na swoje miejsce

4. *królowały*... chińskie pióra
   a. były najpoważniejsze
   b. były najliczniejsze
   c. były najdroższe

5. *nie zasługiwać* na to *miano*
   a. nie należała im się ta nazwa
   b. nie dano im tej nazwy
   c. nie otrzymały tego imienia

6. *płynie po papierze*
   a. pisze gładko i lekko
   b. zachowuje się jak statek
   c. pisze jak po wodzie

7. *gustowny podarunek*
   a. elegancki prezent
   b. droga pamiątka
   c. smaczny upominek

8. *idylliczna* przeszłość
   a. przeszłość sentymentalna
   b. przeszłość historyczna
   c. przeszłość sielankowa (bajkowa)

b. Proszę odpowiedzieć na pytania:

1. O jakich renomowanych markach wiecznych piór jest mowa w tekście?
2. Jakie zalety ma wieczne pióro? (proszę przytoczyć cytat)
3. Czy wieczne pióro jest atrybutem współczesnego snoba?
4. Kiedy wieczne pióro straciło popularność i przez co zostało zastąpione?

5. Dlaczego w epoce komputeryzacji wieczne pióro przeżywa renesans?
6. Czy dzisiaj wieczne pióro to luksus?

c. Proszę przygotować plan i notatki do referatu na wybrany temat:

- Pisanie listów jako jedna z form komunikacji międzyludzkiej.
- Pisanie listów – sposób na naukę języka obcego.
- Listy w literaturze.
- Sztuka epistolarna – to przeżytek.
- Nowoczesne metody porozumiewania się. Czy rzeczywiście nie rządzą nimi żadne normy?

> Gdyby nie było języka mówionego, toby nie starczyło papieru na napisanie tego, co każdy chciałby powiedzieć.

Klucz

I. Narzędnik

Ćw. I.
z nauczycielami, pociągiem, autobusem, z pieniędzmi, żółtą kredą, nożem, z doktorem YY, z moją sąsiadką, z moją babcią, senatorem

Ćw. II.
niemiecką nauczycielką, polskimi studentkami, wesołą dziewczyną, spokojnym dzieckiem, dobrym lekarzem, znanymi aktorami, trudnym językiem, Chińczykami – Szwedkami, kierowcą wyścigowym, trenerem

Ćw. III.
naszym domem, muzyką klasyczną, tłustym kremem, nieśmiałym chłopcem, małą piłeczką, sportowym samochodem, czarnym piórem, srebrną łyżką, ciepłą wodą i mydłem, balonem – łódką

Ćw. IV.
dobrym tancerzem, obiadem, australijskim profesorem, ciepłym mlekiem, dużym parasolem, tamtym stołem, polskimi końcówkami, małym garażem, księgarnią i jubilerem, starym kościołem

Ćw. V.
tobą, nim, nimi, mną, nimi, wami, mną, nim, nią, nami

Ćw. VI. (*sugerowane pary*)
a. zagraniczna praktyka, stary zegar, miłe spotkanie, znany okulista, wielka miłość, niemieckie filmy
b. machać rękami, kierować taksówką, zarazić się entuzjazmem, pisać kredą, interesować się sportem i muzyką, opiekować się papugą

Ćw. VII.
a. znanym krakowskim artystą, starym samochodem, nową autostradą, kierownicą, wielką ciężarówką, prawym okiem, kolanem
b. taksówką, synem, nauką, Renatą, książkami, ładną i miłą dziewczyną, szkołą, modą i jazzem, idolem, ulubionym aktorem
c. nowym fordem, babcią i dziadkiem, małym laskiem, drzewami, masłem, wędliną i serem, sosem włoskim, rzodkiewką, szczypiorkiem, cukrem, wodą mineralną, lodem, lasem, kwiatami, piękną zielenią, śpiewem, owocami, kremem, śmietanką, cudną pogodą, nogami, głowami, oczami

II. Stopniowanie przymiotników

Ćw. I.
droższy, najstarsza, szczuplejszy, czystsze, najserdeczniejsze, gorętsza, najmniej, bardziej, najbardziej, najzdolniejszym

Ćw. II.
węższy, lżejsza, starszy, grubsza, młodszy, ciemniejsze, cieplejsza, smaczniejszy, mniejsze, biedniejszy

Ćw. III.
łatwiejszy, wyższa, mądrzejszy, głębsze, większy, trudniejsze, niższy, szersza, bardziej wysportowany, lepszy
Ćw. IV.
najelegantszy (najbardziej elegancki), najgorszą, najwygodniejsze, najnowszą, najpiękniejsza, najmądrzejszy, najcieńszym, najszybszą, największą, najbardziej śliski
Ćw. V.
coraz bogatszy, coraz bardziej siwy, coraz zimniejsza, coraz jaśniejsze, coraz sympatyczniejszy (bardziej sympatyczny), coraz nudniejszy (bardziej nudny), coraz tęższa, coraz śmieszniejszy (bardziej śmieszny), coraz niegrzeczniejsze (bardziej niegrzeczne), coraz ambitniejsza (bardziej ambitna)
Ćw. VI.
a. najbardziej niezdecydowana, jaśniejszym, ciemniejszym, krótsza, dłuższa, modniejszą, najbrzydsza, tańsza, najoryginalniejsza (najbardziej oryginalna), droższa, bardziej kolorowego, coraz bardziej szalona
b. bardziej udana, lepsza, najbardziej wysportowany i najdowcipniejszy (najbardziej dowcipny), najśmieszniejsze, większe, najwspanialszy, głodniejsi (bardziej głodni), aromatyczniejszą (bardziej aromatyczną), bogatsi (bardziej bogaci)

III. Biernik

Ćw. I.
małego tygrysa, polskie miasta, ręce, francuskie powieści, panią Julię, wypadek, samochód, tę czerwoną różę, twoją sąsiadkę, pociąg ekspresowy, gotowane mięso
Ćw. II.
moją córkę, naszego lektora, jakąś hiszpańską piosenkę, wielki obraz, antyczne krzesło, wytworną kolację, egzotycznego ptaka, japońskie radio, przystojnego kuzyna, młodego kangura
Ćw. III.
Janka Maderskiego, solidną powtórkę, interesującą powieść, swoją pracę, naszego kolegę, zimowe sporty, tego mężczyznę, małego psa, krótką recenzję, Jasia Fasolę
Ćw. IV.
mojego męża, szybki kontakt, naszego dziadka, naszą pomoc, nową sztukę, morze, góry, Sycylię, niską ławkę, pogotowie ratunkowe, zgrabną modelkę, cały tydzień
Ćw. V.
pod, za, przez, na, nad, przez, o, przez, w, po, na
Ćw. VI.
ją, nią, was, mnie, ciebie, nich, ich, go, jego, was, niego, je, ich, ciebie, nas
Ćw. VII. (*sugerowane pary*)
francuski sos, ciekawa powieść, tęgi mężczyzna, szybki koń, stary żołnierz, mądry nauczyciel, sympatyczne dziecko, gorąca noc, żółty liść, moja kuzynka
Ćw. VIII.
a. kolację, zupę ogórkową, frytki, kurczaka, zieloną sałatę, czerwone wino, śledzia, żurek, kotlet schabowy, ziemniaki, kapustę, wodę mineralną, tort czekoladowy, białą kawę, galaretkę truskawkową, szarlotkę, herbatę

b. polską wódkę, czystą, ochłodzoną, ciemne piwo, lody bakaliowe, kremówki, pączki, gorzką czekoladę
c. gotycką katedrę, barokowy kościół, renesansowy zamek, muzeum etnograficzne, bibliotekę uniwersytecką, widokówki, listy, pepsi-colę, fajkę, papierosy, gumę, polskie znaczki, stare fotografie, operę, balet, muzykę współczesną, piękną spódnicę, biały sweter, skórzany pasek, srebrną broszkę, najnowszą płytę, znanego reżysera, zdjęcia, autograf, obfitą kolację

IV. Czasownik – koniugacje

Ćw. I.
robicie, możesz, studiuje, piję, zdaje, umiemy, śpi, śpiewa, robi, jedzą, liczy
Ćw. II.
tańczą, są, dziękuję, rozumiesz, lubicie, kupujemy, szukają, należą, tyje, je, gotujesz, piszesz
Ćw. III.
robisz, śpiewam, uprawiam, gram, mieszkam, śpiewasz, wraca, bije, szukam, woła
Ćw. IV.
jest, śpią, palą, zagląda, poprawia, szepcze, budzi, czuwa, mieszka, towarzyszy, mieszka, zaczyna, gromadzą, odzywają, otwierają, pochyla, szykują, żyje, sprawdza

V. Czas przeszły

Ćw. I.
byłyśmy, spali, przetłumaczyłyście, mieliśmy, pracowały, wiedzieliśmy, szukałyście, (dzieci) posprzątały, (klienci) zapłacili, (samochody) jechały
Ćw. II.
widziałeś, szło, denerwował się, chciałem, jadłeś, śmiałam się, dzwoniłaś, musiałem, zapomniał, usłyszała
Ćw. III.
pisałyśmy, leżało, lubiłem, grałaś, płaciliście, płakała, zapraszaliśmy, słuchałam, mówił, myłyście, piłeś, zwiedzałyśmy
Ćw. IV.
grali, ugotowała, znalazłaś, opowiadała, podziękowałam, wygrał, woleliśmy, krzyczałeś, pytałyśmy, czuliście
Ćw. V.
kochał, przyjechałaś, dostałyśmy, prosiła, bałem, przywitałyście się, mieliśmy, kupiłam, telefonowaliście, wybrałeś
Ćw. VI.
czułam, spotkało, obchodziło, pracowałam, wytrzymałam, pojechałam, mogłam, tęskniłam, bałam, zapomniałam, wyszłam, poczułam, czułam, przyjęła, był, czekał, byłam, zajmowała, poprosiłam

VI. Mianownik – liczba mnoga

Ćw. I.
czarne, ciekawe, interesujący, biali, dorosłe, niebezpieczni, dobrzy, dokładne, „Niebiescy", szybkie, mili, nasi, inteligentne, wierne, peruwiańscy, uśmiechnięci

Ćw. II.
chore dzieci, ekskluzywne auta, zielone jabłka, trudne ćwiczenia, kolorowe zdjęcia, indonezyjskie dania, małe zwierzęta, głębokie jeziora, te muzea, szwajcarskie miasta

Ćw. III.
duże szafy, porcelanowe filiżanki, stare melodie, wysokie góry, ciężkie prace, powieści historyczne, młode nauczycielki, dzisiejsze gazety, dalekie podróże, eleganckie kobiety

Ćw. IV.
cenne obrazy, czarne konie, te misie, grube swetry, skórzane piórniki, czerwone talerze, długie spacery, włoskie buty, żółte szaliki, najnowsze kalendarze

Ćw. V.
wrocławscy kibice, ambitni uczniowie, ci cudzoziemcy, starzy aktorzy, pracowici kierowcy, hałaśliwi sąsiedzi, boliwijscy Indianie, wierni przyjaciele, szczęśliwi ojcowie, wysocy panowie

Ćw. VI.
głupia odpowiedź, gruba gałąź, silna dłoń, romantyczna miłość, główna rola, biała mysz, delikatna szyja, dobra gospodyni, awangardowa idea, niepotrzebna rzecz

Ćw. VII.
złośliwy kolega, antyczny bóg, młody widz, zarozumiały dziennikarz, uparty syn, czarujący gość, brazylijski chrześcijanin, zazdrosny poeta, towarzyski mężczyzna, zły pacjent

Ćw. VIII.
trudne zadanie, małe akwarium, miłe dziecko, zielone oko, nieświeże jajko, ładne imię, okrągłe mydło, duże ucho, dzikie zwierzę, słodkie ciasto

Ćw. IX. (*sugerowane pary*)
stary aptekarz – starzy aptekarze, młody góral – młodzi górale, hałaśliwy turysta – hałaśliwi turyści, uprzejmy sprzedawca – uprzejmi sprzedawcy, afrykański król – afrykańscy królowie, nieśmiały obcokrajowiec – nieśmiali obcokrajowcy, bogaty premier – bogaci premierzy, nagi aktor – nadzy aktorzy, starszy Austriak – starsi Austriacy, stanowczy brat – stanowczy bracia

Ćw. X.
prezydenci, ambasadorzy, synowie, córki, znakomici reżyserzy teatralni i filmowi, znani aktorzy, najlepsi sportowcy, wybitni naukowcy, słynni kompozytorzy, muzycy, instrumentaliści, świetne garnitury, smokingi i fraki, wytworne suknie i kostiumy, różne orkiestry, doskonałe walce, tanga, samby, fokstroty, ogniste mazury, szalone polki, stateczne polonezy, dziennikarze, fotoreporterzy, sprawozdawcy radiowi i komentatorzy telewizyjni, kelnerzy i kelnerki, soki owocowe, szampany, koktajle alkoholowe

VII. Przysłówek

Ćw. I. (*sugerowane pary*)
ubierać się modnie, przetłumaczyć błędnie, pozdrawiać serdecznie, wyglądać młodo, czuć się źle, jechać szybko, czekać długo, mówić niewyraźnie, gimnastykować się regularnie, śpiewać głośno
Ćw. II.
biegle, strasznie, wcześnie, wyjątkowo, wspólnie, aktualnie, prawdopodobnie, dosłownie, przeważnie, nieczytelnie, szalenie, świetnie, jednocześnie, fatalnie, stopniowo
Ćw. III.
najbardziej, mniej, mniej, bardziej, najbardziej, mniej, bardziej, mniej, najmniej, najbardziej
Ćw. IV.
głośniej, wyraźniej, taniej, szybciej, lepiej, dłużej, starzej, gorzej, dalej, wyżej
Ćw. V.
najwięcej, najgłośniej, najbardziej, najbliżej, najmłodziej, najlżej, najlepiej, najjaśniej, najczęściej, najwygodniej
Ćw. VI.
coraz milej, coraz krócej, coraz prędzej, coraz mocniej, coraz ciszej i coraz nudniej, coraz głębiej, coraz czyściej, coraz częściej, coraz goręcej, coraz lżej
Ćw. VII.
rzadziej, chętniej, krócej, więcej, bardziej, lepiej, częściej

VIII. Nieosobowe formy czasownika

Ćw. I.
je się, zostawia się, mówi się, słucha się, chodzi się, pali się, obchodzi się, kocha się, śpi się, dzwoni się, jedzie się
Ćw. II.
przygotowuje się, kupuje się, prowadzi się, poszukuje się, wprowadza się, wspomina się, śpiewa się, organizuje się, czeka się, mieszka się
Ćw. III.
się czytało – będzie się czytało; nosiło się – będzie się nosiło; mówiło się – będzie się mówiło; rozmawiało się – będzie się rozmawiało; tańczyło się – będzie się tańczyło; przechowywało się – będzie się przechowywało; szło się – będzie się szło; myło się – będzie się myło; uczyło się – będzie się uczyło; płaciło się – będzie się płaciło
Ćw. IV.
wolno, warto, trzeba, można, warto, trzeba, wolno, można, Trzeba, warto, można
Ćw. V.
czeka się, daje się, otwiera się, pożycza się, wchodzi się, parkuje się, pije się, ufa się, kopiuje się, idzie się
Ćw. VI.
smaruje się, zanurza się, moczy się / kroi się, miksuje się, podaje się / parzy się, łączy się, dolewa się, chłodzi się

IX. Dopełniacz

Ćw. I.
naszych sąsiadów, tańca towarzyskiego, gwałtownej burzy, polskich pieniędzy, zdolnych inżynierów, grubych książek, brzydkiej pogody, moich sióstr, przystojnego dentysty, wieczorowych sukien

Ćw. II.
języka polskiego, Justyny Steczkowskiej, rasowych psów, moich rodziców, zdrowia, szczęścia, radości, drugiego dziecka, idealnej dziewczyny, ciągłego pośpiechu, dobrej muzyki, swojego nosa

Ćw. III.
dobrej rady, fizyki, hiszpańskiego, nowych pomysłów, absolutnej dyscypliny, lepszych warunków, przystojnego chłopaka, wszystkich dokumentów, ostatniego zdjęcia, ciszy i spokoju, straconego czasu

Ćw. IV.
poniedziałku, soboty, naszego dobra, klubu studenckiego, tamtych ławek, Teatru Starego, ostatnich wakacji, przewlekłej choroby, śmietanki, alkoholu, moich przyjaciół, Daniela, śledzi, barszczu

Ćw. V.
1. Oni nie zdali trudnych egzaminów. 2. Wieczorem nigdy nie piję zimnego mleka. 3. Marian nie zgubił składanego parasola. 4. Czy nikt nie zbiera przedwojennych znaczków? 5. Roman nie ma miłej żony. 6. Nie płacimy wysokich rachunków za gaz. 7. Zygmunt nigdy nie nosi ciemnego płaszcza. 8. Nie mam uroczych wnuczek. 9. Nie widziałeś gdzieś mojej torebki? 10. Wojtek nie znosi (nie cierpi) białego wina.

Ćw. VI.
jedwabnych krawatów, zdolnych tłumaczek, błędów gramatycznych, kwaśnych owoców, szynki, masła, soli, cukierków, letnich sukienek, dolarów amerykańskich, mocnej kawy, zabytkowych kościołów, nowych aut

Ćw. VII.
sławnych pisarzy, warszawskich aktorów, niemieckich turystów, cennych obrazów, rubli, lekarzy, lekarek, czarnych kotów, wysokich drzew, ciekawych powieści, angielskich marynarzy

Ćw. VIII.
czwartego lipca, siódmego kwietnia, dwudziestego czwartego grudnia, siedemnastego marca, pierwszego września, pierwszego października, jedenastego listopada, trzydziestego stycznia, dwunastego lutego, ubiegłej nocy, zeszłej wiosny, poprzedniego miesiąca, przyszłego roku

Ćw. IX.
w czasie (podczas), dla, obok (koło), bez, wśród, w czasie (podczas), obok (koło), dla, bez, wśród

Ćw. X.
od, naprzeciwko, oprócz, z powodu, u, do, od, do, u, od, oprócz, z powodu

Ćw. XI.
cię, ich, jej, nich, was, jego, ciebie, niego, go, niej, mnie

Ćw. XII. (*sugerowane pary*)
długi list, włoski piłkarz, wysoki mężczyzna, wygodny fotel, suchy liść, upalne lato, ciekawa praca, piękna kobieta, zimne piwo, trudne zadanie
Ćw. XIII.
a. szkoły, pierwszej lekcji, Helenki, linijki, atlasu, piórnika, swojej sąsiadki, przerwy, picia, choroby, sprzedawczyni, geografii, geometrii, jednego, klasy, bloku, kredek, domu, ich, dyrektora, swojej nieuwagi
b. dziesiątego listopada tysiąc dziewięćset dwudziestego pierwszego roku, Kielc, wojny, wujka, aresztowania, przynależności, nielegalnej organizacji, pobytu, partyzantki, dwudziestego trzeciego czerwca tysiąc dziewięćset czterdziestego szóstego roku, rodziców, babci, kuzyna, dziadka, siódmego października tysiąc dziewięćset czterdziestego ósmego roku, Katowic, Wrocławia, rodziny, przyjaciół, Krakowa, nich, malowniczego lasku, małej rzeczki, drugiego kwietnia tysiąc dziewięćset pięćdziesiątego drugiego roku, tego samego roku, domu, swojej siostry, swojego szwagra, nich, małego mieszkania
c. zimnego, picia, żadnego soku, piwa, pepsi-coli, lodu, mrożonej herbaty, gazowanej kryniczanki, jedzenia, bakaliowych, kawowych, owoców, porcji, żadnych ciastek, kremówek, pączków, drożdżówek, szarlotek, doskonałej kawy brazylijskiej, kaw, śmietanki, cytryny, naszego firmowego koktajlu, alkoholu, „Letnich wieczorów"

X. Czas przyszły złożony

Ćw. I.
czekali, pisał, tęsknił, pamiętały, studiowała, uczył, mogła, miały, umiał, farbowała
Ćw. II.
będzie grał, będzie śpiewała, będą starali się, będą chciały, będzie musiało, będą lecieli, będą siedzieli, będą oglądali
Ćw. III.
będziesz się uśmiechała, będziesz liczyła, będziesz czekała, będą grać, będą śpiewać, będę tańczył, będę opowiadał, będę składał, będą grać, będą śpiewać, będziesz mieć (2x)

Czas przyszły prosty

Ćw. I.
napiszę, opowie, wyjadą, pójdziecie, spóźni, spotkasz, poznamy, wypiję, przetłumaczą, dostanie
Ćw. II.
da, dam, znajdziemy, zrobi, podzieli, zrobimy, przesadzimy, ugotujemy, weźmiemy, spotkamy, nałożymy, urządzimy
Ćw. III.
będę chodzić, wezmę, przyjdą, będzie śpiewać, odwiedzą, obejrzymy, zaprosisz, zobaczycie, będę ćwiczyć, będą dzwonić

XI. Aspekt czasowników

Ćw. I.
spróbowała, robiliście, spóźniliśmy się, widziałeś, pokazał, zgubili, wróciła, dzwoniłem, oglądałyśmy, ożenił się

Ćw. II.
napisałem, nakarmiliście, zmartwiliśmy się, położyłeś, pomóc, włożyła, zmienił, zrozumiałyście, zwolnił, wzięła

Ćw. III.
spotkaliśmy, rozumieliśmy, chciały, czekały, znał, zajęliśmy, przyprowadził, zwróciła, rozmawiałem, opowiedziałem, śmialiśmy się, wypiliśmy, zaprosiłem, tańczyła, schodziliśmy, spędziliśmy

Ćw. V.
upiekła, powtórzyłam, będzie pomagał, policzyłam, będziesz kąpać, będziecie rozwiązywać, włożyła, pracował, będziecie zapraszać, życzyliśmy

Ćw. VI.
starał się, widziałam, cieszył się, mówił, miałam, martwiłam, byli, starałam się, mówiłam, był, jechałam, wracałam

Ćw. VII.
budziłem się, wstawałem, leżałem, spieszyłem, zadzwonił, miałem, zjadłem, wypiłem, pobiegłem, odjechał, spotkałem, czekaliśmy, jechałem, miałem, zapomniałem, zapłaciłem, przypomniałem, wziąłem, zostawiłem, pomyślałem, wstanę, usłyszę, zjem (będę jadł), pojadę, spóźnię, będę miał

XII. Miejscownik

Ćw. I.
gorącej kąpieli, swoim bracie, siódmym piętrze, placu, posterunku, polskich górach, tym zabytkowym krześle, pobliskiej wsi, miłym towarzystwie, naszych sąsiadach, czerwonym kolorze

Ćw. II.
domu akademickim, Gdyni, Krakowie, nowej dzielnicy, placu Centralnym, Nowej Hucie, ładnej okolicy, restauracji, nowoczesnym hotelu, Nowym Jorku, tunelu, ciemnym lesie

Ćw. III.
podłodze, stole, ścianie, półce, kanapie, ulicy Długiej, biurku, łyżwach, flecie, perkusji, wczorajszym wykładzie

Ćw. IV.
jutrzejszym egzaminie, doktorze Jabłońskim, nowym samochodzie, swojej rodzinie, moim ojcu, mojej matce, sytuacji politycznej, greckim filozofie, Arystotelesie, drugiej wojnie światowej, naszych przygodach, referacie

Ćw. V.
otwartych drzwiach, barze, mojej żonie, głośnej muzyce, chorym, drzewie, wejściu, arii, dzieciach, Zygmuncie

Ćw. VI.
sutej kolacji, operacji, miesiącu, tygodniu, ciężkiej grypie, deszczu, burzy, Europie Północnej, tych tabletkach, nerwowym kliencie

Ćw. VII.
na, przy, po, przy, w, w, w, na, o, w, w, o, na (przy), po

Ćw. VIII.
nas, nim, niej, nich, tobie, was, mnie, nich, mnie, niej

Ćw. IX. (*sugerowane pary*)
przewlekła choroba, modny płaszcz, antyczne skrzypce, złoty zegarek, aromatyczna kawa, katastrofalna powódź, daleka podróż, nowe narty, Stare Miasto, Teatr Stary

Ćw. X.
a. Londynie, latach, Rzymie, Krakowie, akademiku, Przegorzałach, roku, Akademii, Polsce, całej Europie, wyjeździe, swoich kolegach, sztuce, teatrze, życiu, dyskotekach, Lasku Wolskim, miłym, przystojnym, chłopcu, Aleksandrze, pianinie, swoim mieście, rodzinie, studiach, narzeczonej, kursie
b. ulicach, placach, parkach, wszystkich pomnikach, tablicach pamiątkowych, zabytkowym cmentarzu, wspaniałych kościołach, interesujących muzeach, drodze, okazji, tej długiej wędrówce, stolicy, pizzę, wino, małym placyku, gitarze, lepszej, tym magicznym mieście

XIII. Tryb przypuszczający

Ćw. I.
Poszedłbyś, Położyłabym się, Zadzwonilibyśmy, Przetłumaczyłby, Zagralibyście, czułby się, gdyby nie palił, gdyby padał, wybralibyśmy, Gdybyś, miałbym

Ćw. II.
poszedłbym (poszłabym), mogłabym, spróbowalibyście (spróbowałybyście), pomoglibyście, chciałaby, przyniosłabyś, zjadłbym (zjadłabym), skończyłbym (skończyłabym), powiedziałbyś, tańczyłbym

Ćw. III.
wołałabym, potrzebowalibyśmy, miałbym, znaleźlibyście, wybrałbyś, chcielibyśmy, pokazaliby, umówilibyśmy, przytrzymałby, zaopiekowalibyście

Ćw. IV.
pożyczyłybyśmy, zagrałabym, kupilibyśmy, przygotowałaby, wypiłbym, zadzwoniłabyś, napisaliby, spotkalibyśmy, spróbowałby, przyszłabym

Ćw. V.
1. Gdyby magnetowid nie był zepsuty, pożyczyłybyśmy go wam.
2. Gdybym miała gitarę, zagrałabym ci tę melodię.
3. Gdybyśmy mieli odpowiednie warunki, chętnie kupilibyśmy tego pieska.
4. Gdyby Teresa się tak bardzo nie spieszyła, przygotowałaby wam kolację.
5. Gdybym nie był samochodem, z przyjemnością wypiłbym kieliszek wina.
6. Gdybyś nie była uparta, zadzwoniłabyś do Piotra.
7. Gdyby mieli adres, napisaliby do pani.
8. Gdybyśmy nie musieli dziś wyjechać, z radością spotkalibyśmy się z wami.
9. Gdyby mój teść nie był na diecie, spróbowałby tej potrawy.
10. Gdybym nie była chora, na pewno przyszłabym na twoje imieniny.

Ćw. VI.
1. Gdyby nie padał deszcz, umyłbym (umyłabym) samochód.
2. Gdybyś oglądał telewizję, znałbyś nowego prezentera.
3. Gdybyście się interesowali tenisem, wiedzielibyście, kto wygrał ostatni Wimbledon.
4. Gdyby Artur lepiej tańczył, miałby większe powodzenie u kobiet.
5. Gdyby moi rodzice nie palili papierosów, byliby zdrowsi.
6. Gdyby Joanna była starsza, wzięlibyśmy ją na ten film.
7. Gdybyś nie był pesymistą, umiałbyś się cieszyć życiem.
8. Gdybyśmy mieli bardzo dużo pieniędzy, kupilibyśmy sobie dom w Zakopanem.
9. Gdyby mój syn chciał zostać politykiem, nie byłabym z tego zadowolona.
10. Gdybym nie była zmęczona, zaprosiłabym przyjaciół.

Ćw. VII.
studiowałbym, zamieszkałbym, ożeniłbym się, zostałbym, bym się nie rozwiódł, wróciłaby, pobralibyśmy się, bylibyśmy, Mielibyśmy, byłoby, Kupilibyśmy, Jeździlibyśmy, pływalibyśmy, opalalibyśmy się, Uczylibyśmy się, uprawialibyśmy, chodzilibyśmy, odwiedzalibyśmy

XIV. Strona zwrotna czasowników

Ćw. I.
zamykaj, się postarzała, pożegnaliśmy się, boicie się, mieszkać, przyzwyczailiśmy, obraził, wydaje się, uśmiechasz się, modli się, śpi

Ćw. II.
1. x / się; 2. x / się; 3. się / x; 4. x / się; 5. się / x; 6. się / x; 7. x / się; 8. się / x; 9. się / x; 10. się / x

Ćw. III
1. x / się; 2. się / x; 3. się / x; 4. x / się; 5. się / x; 6. x / się; 7. x / się; 8. x / się; 9. się / x; 10. x / się

Ćw. IV.
1. się / x; 2. x / się; 3. się / x; 4. się / x; 5. się / x; 6. się / x; 7. x / się; 8. się / x; 9. się / x; 10. x / x / się

Ćw. V.
a.
Ala: – Dlaczego nie chcesz iść „Pod Parasole"? Tam jest naprawdę dobra kawa.
Ola: – Wiem, ale mam wrażenie, że tam gromadzą **się** sami cudzoziemcy i nie czuję **się** wśród nich dobrze. Wydaje mi **się**, że jestem za granicą.
Ala: – Rzeczywiście, spotyka **się** tam dużo obcokrajowców i słychać tylko obce języki. A co proponujesz?
Ola: – Chodźmy do „Misia".
Ala: – O, nie! Nie gniewaj **się**, ale tam jest zła wentylacja i można udusić **się** od dymu.
Ola: – Faktycznie, to prawda. A „Wrota"?
Ala: – Nie lubię tej kawiarni, bo jest jakaś nieprzytulna i za daleko od centrum.
Ola: – Nieprzytulna? Za daleko od centrum? Chyba trochę przesadzasz! Sama coś wymyśl!

Ala: – Olu, nie obrażaj **się**, ale wiesz przecież, że tak rzadko tu przyjeżdżam, a uwielbiam być w centrum
Ola: – No, dobrze. Czuję, że jak zwykle pójdziemy do „Fernanda".
Ala: – Świetnie! Ty masz zawsze dobre pomysły!
b.
Adam obudził **się** bardzo wcześnie, ale nie od razu otworzył oczy. Poleżał chwilę i przypominał sobie, co ma dziś zrobić. Wstał i wyjrzał przez okno: deszcz, wiatr, zimno. Umył **się**, ogolił i uczesał. Przyglądał **się** sobie w lustrze i stwierdził, że źle wygląda. Ubrał **się** ciepło i poszedł do kuchni. Zrobił kawę i przygotował kanapki. Nie czuł **się** zbyt dobrze. Zaczęła go boleć głowa i poczuł ból gardła po pierwszym łyku kawy. „No tak – pomyślał – zaczyna **się** grypa". Nie miał w domu żadnych lekarstw, więc i tak musiał pójść do apteki. Zdecydował (**się**) więc, że pójdzie do lekarza, bo słyszał coś o epidemii grypy. Gdy wychodził z domu, bolała go nie tylko głowa i gardło, ale dosłownie wszystko. Zanim doszedł do przychodni, kaszlał, kichał i czuł, że ma gorączkę. „Wirus! Boję **się**, że zaatakował mnie paskudny wirus!"

XV. Tryb rozkazujący

Ćw. I.
Alu, pożycz mi tę książkę! Tomku, zapłać za mnie! Agatko, oddaj mi moje płyty! Mamusiu, ugotuj rosół na obiad! Romku, zrób dzisiaj zakupy! Tereso, zapytaj o drogę do centrum! Jasiu, zachowuj się ciszej! Piotrze, zagraj tę melodię jeszcze raz! Basiu, poszukaj kluczy! Marku, powiedz nam prawdę!
Ćw. II.
pożyczcie – zapłaćcie – oddajcie – ugotujcie – zróbcie – zapytajcie – zachowujcie się – zagrajcie – poszukajcie – powiedzcie
Ćw. III.
zarezerwujmy – zamówmy – poczekajmy – nie denerwujmy się – przyjdźmy – nie pijmy – nie spieszmy się – pokażmy – nie patrzmy – nie palmy
Ćw. IV.
niech pan zaśpiewa – niech pan podpisze – niech pan nie kupuje – niech państwo się nie martwią – niech państwo nie tłumaczą – niech pan sobie wybierze – niech państwo zjedzą – niech pan pozdrowi – niech państwo zostaną – niech państwo podziękują
Ćw. V.
niech panie przestaną – idź – bądźcie – pospieszmy się – niech pan odpocznie – pamiętajcie – kupmy – obejrzyj – napiszcie – módl się
Ćw. VI.
pisz – powtarza – bierz – tłumaczmy – zapraszajcie – czekają – kładź – jedzcie – mówmy – ogląda
Ćw. VII.
umyjcie – siadajcie – zjedz – wypij – spróbuj – zrób – usmaż – posprzątajcie – daj – nalej

Ćw. VIII.
bądź – odwieź – chodź – uśmiechnijcie się – wchodźcie – bądźcie – opiekujcie się – dbajcie – śpijcie – schowajcie – zamknijcie – podpowiadajcie – przynieś – zrób
Ćw. IX.
rozwiej, zacałuj, ukołysz, uśpij, zasyp, otumań, przebudź, pokaż, pozwól, pokaż, przybliż, przytul, pochyl

XVI. Celownik

Ćw. I.
nam – sobie – babci – dziecku – twojemu bratu – nikomu – sąsiadowi – państwu – Jankowi – im
Ćw. II.
Annie – nam – koledze – mojej siostrze – znajomym – im – Agacie – Maćkowi – braciom – swojej pracy – narzeczonej – jej – naszemu profesorowi – mu – mężowi – mamie – Krysi – wujkowi – studentom – pilotom
Ćw. III. (*sugerowane pary*)
znany aktor, romantyczna miłość, nowe muzeum, małe mieszkanie, młody lekarz, nieznajomy mężczyzna, leniwy uczeń, wszyscy klienci
Ćw. IV.
dziwnemu zbiegowi – przewidywaniom – losowi – panu – swojej rodzinie – mojemu synowi – stresowi i przemęczeniu – chłopcom – cioci Klementynie – nowemu futru
Ćw. V.
młodej parze – pani Elżbiecie – kuzynce – kogutowi – Joasi – gościom – chorobom – tatusiowi – naszej rozmowie – pieskowi
Ćw. VI.
Dziewczynie, jej, kierowcy, Sylwii, bólowi, mu, woli, naszej uciążliwej towarzyszce, „swojemu słoneczku", dziewczynom, temu, Sebastianowi, mu, kobiecie, blondynkom, nieznajomym, szczupłym koleżankom, głupim zachciankom, matce, namowom i nakazom, przyjaciołom, Bogu, Jurkowi, nam, ci, „Żółtym Misiom", starym towarzyszom

I. ZAINTERESOWANIA I ROZRYWKI

Ćw. III.
nadzieję, charakteryzatorką, mało, jakieś, moim, obcych, czynnie, uprawia, rowerze, tenisową, szczupły, szybko
Ćw. IV.
1 P, 2 N, 3 P, 4 N, 5 P, 6 P, 7 N, 8 N, 9 P, 10 P
Ćw. V.
7, 8, 11, 3, 1, 10, 6, 4, 5, 9, 2

II. SPOSOBY SPĘDZANIA WOLNEGO CZASU

Ćw. VIII a.
babska przyjaźń, wierną przyjaciółkę, najlepszą przyjaciółką, ona przeprowadziła się, poszłyście, razem przeszłyście, byłyście nierozłączne, przyjaciółka

III. OPIS WYGLĄDU

Ćw. I.
wysoka, szczupła, ciemne, długie, proste, wysokie, zaokrągloną (spiczastą), małe, zielone (piwne, czarne), małe, wąskie (cienkie), wąski, mały, krótką, ładna, elegancka, niemiła (niesympatyczna)
Ćw. III.
niebrzydki, piękny, nieładny, ogromny, wytworny, niechlujny, schludny, niewielki, mocny, paskudny
Ćw. IV.
10, 2, 7, 1, 4, 9, 3, 6, 12, 5, 11, 8
Ćw. VII.
pianinie, atrakcyjna, zakochany, delikatnych, ważne, włosy, uwagę, ciała, ideałem, figurę, towarzyszyć

IV. CECHY CHARAKTERU

Ćw. III.
=: 3, 4, 5, 7, 11, 12   #:1, 2, 6, 8, 9, 10
Ćw. IV.
szatynem, chudy, pełną, czoło, piwne, gęste, brwi, prosty, kwadratową, brodę, długie, długą, sympatyczny, łagodny, uprawia, w, na, uwielbia, na, lubi, co tydzień
Ćw. V.
niski, piegowatą, czoło, rzadkie, niebieskie, zezowate, szeroki, odstające, szyję, agresywny, gazety, szachy
Ćw. VI.
11, 4, 6, 2, 12, 8, 7, 14, 3, 9, 1, 5, 10, 13
Ćw. VIII.
1 P, 2 N, 3 P, 4 N, 5 N, 6 P, 7 P, 8 P, 9 N, 10 N

V. PORÓWNYWANIE

Ćw. I.
wysoką, szczupłą, brunetką, długie, proste, rzadkie, wysokie, długą, spiczastą, wąski, prosty, szerokie, trójkątna, małe, piwne (czarne)

Ćw. II.
wspólnego, odmienne, szczupły, kręcone, szatynem, inaczej, twarz, przeciwieństwie, rzęsy, wspólne, kulturalni, jeść, elegancko

Ćw. III.
   Moje siostry są bardzo różne: starsza jest mała i szczupła, jej włosy są ciemne i długie, a młodsza – krótkowłosa – jest wysoka i chuda. W przeciwieństwie do starszej ma długą, spiczastą brodę. Także widać wyraźny kontrast między nimi odnośnie do nosa: nos starszej jest mały i zadarty, a młodszej duży i szeroki. Starsza siostra różni się jeszcze od młodszej piegowatą twarzą. Obydwie mają jasne i promienne oczy, ale starsza ma oczy zielone, a młodsza – niebieskie. Usta też mają podobne – pełne i zawsze trochę otwarte.
   W charakterze sióstr też widać różnice: starsza jest spokojna, ostrożna, solidna i punktualna; zawsze wszystko z góry planuje i wszystko jej się udaje. Młodsza stanowi jej opozycję – jest niespokojna, roztrzepana, ciągle podróżuje i nigdy nie wie, gdzie będzie jutro.
   Mają też wspólne cechy: są romantyczne i lubią marzyć. Obydwie potrafią cały dzień milczeć, a potem nagle zaczynają mówić naraz i mogą plotkować do późnej nocy. Często się kłócą – chyba dlatego, że są niemal identyczne, ale mają całkiem odmienne spojrzenie na świat.

Ćw. V.
1, 6, 4, 2, 12, 7, 9, 3, 5, 8, 10, 11

Ćw. VII b.
1 N, 2 N, 3 P, 4 N, 5 N, 6 P, 7 P, 8 P, 9 N, 10 N

VI. RODZINA

Ćw. I.
składa się, wyszła za mąż, kawalerem, rodzinnych, wspólnym, uroczystościach, tradycje, zdjęcia, zgadzali

Ćw. II a.
1 P, 2 P, 3 N, 4 N, 5 BI, 6 N, 7 P, 8 BI, 9 N, 10 N, 11 BI, 12 N, 13 P, 14 BI
b.

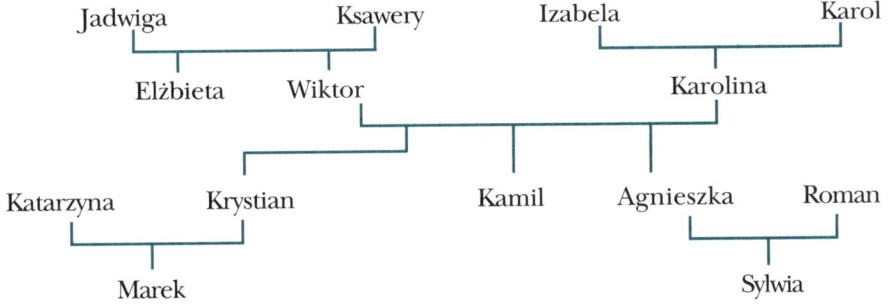

c.

Sylwia dla Kamila – to siostrzenica
Marek – to bratanek
Elżbieta – to ciocia
Roman – to szwagier
Katarzyna – to bratowa

Kamil dla Marka – to stryj(ek) (wujek)
Agnieszka – to ciocia
Sylwia – to kuzynka (siostra stryjeczna)
Izabela – to prababcia
Wiktor – to dziadek

Izabela dla Wiktora – to teściowa
Katarzyna – to synowa
Roman – to zięć
Sylwia – to wnuczka
Ksawery – to ojciec

Ćw. III.
1, 4, 14, 8, 6, 2, 13, 3, 11, 9, 12, 10, 5, 7
Ćw. V a.
1b, 2a, 3b, 4c, 5c, 6b, 7a, 8a

VII. CHOROBY

Ćw. I.
piętrze, dolega, źle, boli, katar, gardło, piecze, gorączkę, rozebrać, oddychać, otworzyć, ciśnienie, przepiszę, zażywać, położyć, kontroli, recepta
II. a.
u chirurga, u dermatologa, u okulisty, u laryngologa, u urologa, u stomatologa (dentysty), u ginekologa (– położnika)
b. 1 c, 2 b, 3 b, 4 a, 5 c, 6 a
c. 1 N, 2 P, 3 BI, 4 P, 5 P, 6 BI, 7 BI, 8 N, 9 P, 10 BI

VIII. POGODA

Ćw. I.
słońce, wiatr, gwiazdy, księżyc, mgła, chmury, chmury, deszcz, śnieg, mróz
Ćw. II.
1 b, 2 a, 3 c, 4 a, 5 c, 6 a, 7 a, 8 c
Ćw. III.
opadów, mgły, maksymalna, nocy, lokalnie, słaby, dobę, pogodnie, zachmurzenia, deszczu, zmian
Ćw. IV.
1, 3, 6, 2, 8, 4, 7, 5

IX. PORY ROKU

Ćw. I.
styczniowy, majowe, październikowy, sierpniowy, lutowy, grudniowy, marcowy, listopadowa, lipcowy, wrześniowy, czerwcowa, kwietniowa

Ćw. II A.
czerwca, śnieg, wody, cieplej, Ptaki, kwitną, dominujące, zmienna, kwietniu, spędzają

B. września, wschodzi, upalnie, chmury, ulewa, świeci, tęcza, pora, lodów, opalają się

C. kończy się, słonecznie, liście, opadają, dłuższe, deszcz, mgła, wiatr, padać

D. pogoda, Przeciętna, spada, śnieg, ślisko, krótkie, około, rzucają, sankach, ubierać

Ćw. III.
upał, tęcza, wiatr, chmura, pogodny, suchy

Ćw. IV.
lipcowych, kwitnie, mroźną, zimowy, czerwienieje, słonecznych, pływać, budzi, pachnie, przypomina

X. OPIS

Ćw. I.
5, 12, 1, 3, 9, 4, 13, 8, 2, 7, 15, 6, 14, 10, 11

Ćw. III.

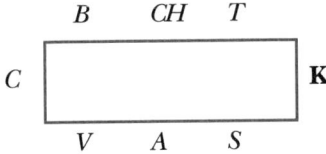

Ćw. IV. (*Propozycja*)
U szczytu stołu siedzi Adam. Po jego prawej ręce posadzono Basię, a naprzeciw niej – Ankę. Z lewej strony Anki siedzi Stefan, a obok niego Agata. Naprzeciwko niej znajduje się Teresa, a między nią a Basią posadzono Andrzeja. Naprzeciwko Adama jest miejsce Jurka, który po prawej stronie ma Marka, a po lewej – Elę.

Ćw. VI.
zawsze, środku, wiekiem, osoby, dorosła, ojciec, dwaj, prawej, dzieci, kolejności, lewej

Ćw. VII a.
1 N, 2 N, 3 P, 4 N, 5 P, 6 N, 7 P, 8 N, 9 P, 10 N, 11 N, 12 N

XIII. LISTY PRYWATNE

Ćw. I.
6, 2, 4, 12, 8, 1, 7, 11, 10, 5, 13, 3, 9

Ćw. III a.
Kochana (Droga, Miła), Dziękuję Ci, Przepraszam, Pozdrawiam serdecznie (ściskam Cię, przesyłam całusy, trzymaj się, do zobaczenia itp.)

b. 1b, 2c, 3a, 4c, 5b, 6c

XIV. LISTY PRYWATNE (cd.)

Ćw. II.

Szanowny Panie Profesorze!

Z prawdziwym żalem zawiadamiam Pana, że nie będę mógł przyjechać na doroczne spotkanie naszej klasy, ponieważ jestem chory. Początkowo myślałem, że to zwykłe przeziębienie i trochę je zlekceważyłem. Po kilku dniach okazało się, że mam grypę, która uziemiła mnie w łóżku na długi czas. Czuję się marnie i jestem dość osłabiony.

Bardzo proszę o wybaczenie i usprawiedliwienie mojej nieobecności. Jak tylko wyzdrowieję, skontaktuję się z Panem. Życzę udanego wieczoru – będę Wam towarzyszył w myślach.

Łączę serdeczne pozdrowienia dla Pana Profesora i wszystkich kolegów

Robert Michalski

Cześć Janek!

Piszę do Ciebie, żeby Ci powiedzieć, że w tym roku nie spotkamy się na wieczorze klasowym, bo mnie powaliła grypa. Jestem zły na siebie, ale i Ciebie chcę przestrzec – nie lekceważ przeziębienia! Ja to zrobiłem i nie mogę sobie tego darować, bo nie tylko opuszczę fajną imprezę, ale grypa przykuła mnie do łóżka na dłuższy czas. Czuję się beznadziejnie i jestem słaby jak mucha.

Wybacz, stary, ale możesz mnie sobie pooglądać tylko na zdjęciu! Jak dasz radę, to zadzwoń albo napisz, jak było.

Pozdrów Profesora i całą klasę – będę o Was myślał. Trzymaj się –

Robert

Ćw. VII a.
1 N, 2 N, 3 P, 4 N, 5 P, 6 N, 7 P, 8 P

Ćw. VIII a.
1 P, 2 BI, 3 N, 4 N, 5 P, 6 N, 7 BI, 8 P, 9 N, 10 BI

XV. LISTY URZĘDOWE

Ćw. I.
Dziekanat, Polonistyki, październiku, Waszym, współczesnej, kompozytorów, zwracam, prośbą, wdzięczna, gra roli, kłopot, wyrazy
Ćw. II.
3, 5, 1, 7, 4, 6, 2, 8
VIII a.
1 a, 2 c, 3 b, 4 b, 5 a, 6 a, 7a, 8 c

Bibliografia

- Awdiejew U., (Sokół) Dąmbska E.G., (Sokół) Lipińska E., *Stylistyka polska dla obcokrajowców. Materiały do ćwiczeń praktycznych* (skrypt), UJ, Kraków 1981
- Bartnicka B., Satkiewicz H., *Gramatyka języka polskiego dla cudzoziemców*, WP, Warszawa 1990
- Kaleta Z., *Gramatyka języka polskiego dla cudzoziemców*, UJ, Kraków 1995
- Lipińska E., Dąmbska E.G., *Kiedyś wrócisz tu... Podręcznik do nauki języka polskiego dla obcokrajowców na poziomie średnio zaawansowanym*, Universitas, Kraków 1997
- Lipińska E., *Program nauczania blokowego dla stopnia podstawowego (IV – Threshold) intensywnego trzytygodniowego kursu w Szkole Letniej*, Przegląd Polonijny, z. 2, 2000 (s. 103–113)
- Lipińska E., *Nauczanie blokowe w zaawansowanej grupie humanistycznej*, w: „Polonistyka w świecie. Nauczanie języka i kultury polskiej studentów zaawansowanych" pod red. J. Mazura. Wydawnictwo UMCS, Lublin 2000 (s. 135–145)
- Miodunka W., Wróbel J., *Polska po polsku. Podręcznik języka polskiego dla początkujących*, t. II, Interpress, Warszawa 1986
- Mleczko A., *Zwierzę też człowiek*, KAW, Warszawa 1997
- Mleczko A., *Mój Kraków*, Galeria, Kraków [b.r.w.]
- Mleczko A., *Czy Bóg ma poczucie humoru*, Galeria, Kraków [b.r.w.]
- *Najlepsze humory zeszytów – wybór*, Wyd. T.T., Kraków 1996
- Sinielnikoff R., Prechitko E., *Wzory listów polskich*, WP, Warszawa 1993
- *Vademecum ucznia 95 / 96 + kalendarz szkolny*, wyd. III, Wyd. BOGART, Kielce 1995

NOWY SŁOWNIK
FUNDACJI KOŚCIUSZKOWSKIEJ

THE KOSCIUSZKO FOUNDATION, Inc.

ANGIELSKO-POLSKI
POLSKO-ANGIELSKI

REDAKTOR NACZELNY
Jacek Fisiak

pierwszy dwujęzyczny słownik angielszczyzny amerykańskiej

- zawiera ponad 140.000 haseł, 400.000 znaczeń i blisko 100.000 idiomów i utartych zwrotów;
- uwzględnia specyficzne użycia brytyjskie oraz inne odmiany języka angielskiego, np. australijską, kanadyjską, nowozelandzką czy południowoafrykańską;
- zawiera obszerną terminologię techniczną i specjalistyczną, m.in. z takich dziedzin jak: prawo, ekonomia, informatyka, wojsko, medycyna, media, sport, botanika i zoologia;
- podaje wyrażenia literackie, język potoczny, slang, archaizmy, idiomy i syntagmy konwencjonalne;
- podaje przykłady użycia słów w autentycznych zdaniach.

NOWY SŁOWNIK w wersji elektronicznej zawiera:
- wszystkie hasła obu tomów, • informacje gramatyczne, • transkrypcję fonetyczną.

pozwala użytkownikowi na:
- wybór języka, w którym są podawane komunikaty, wyszukiwanie słów,
- kopiowanie haseł do dokumentów,
- wyszukiwanie wszystkich haseł zawierających słowo wskazane przez użytkownika,
- przywołanie znaczeń słów już wyszukanych,
- współpracę słownika z innymi programami, co pozwala na natychmiastowe przetłumaczenie słowa z czytanego dokumentu,
- dodawanie (usuwanie) własnych haseł.

160x237 mm, registry, opr. twarda z obw.
Tom 1: 1760 s.; ISBN 83-7052-574-1
Tom 2: 1288 s.; ISBN 83-242-0145-9

Wersja elektroniczna na CD
wymagania techniczne:
PC Pentium, 32 MB RAM,
czytnik CD-ROM,
MS Windows 95, 98, NT, 2000, Me lub XP

Cena detaliczna 280,00 zł (t. 1 i t. 2, CD)
w Księgarni Wysyłkowej Universitas:
249,00 zł (w tym 11 zł – koszty wysyłki)

patronat medialny:

   **onet.pl**

TOWARZYSTWO AUTORÓW I WYDAWCÓW
PRAC NAUKOWYCH
UNIVERSITAS

www.universitas.com.pl

REDAKCJA
    ul. Sławkowska 17, 31-016 Kraków
    tel./fax 012 423 26 05 / 012 423 26 14 / 012 423 26 28
    red@universitas.com.pl
    promocja@universitas.com.pl

DYSTRYBUCJA oraz KSIĘGARNIA WYSYŁKOWA
    ul. Żmujdzka 6B, 31-426 Kraków
    box@universitas.com.pl
    tel. 012 413 91 36 / 012 413 92 70
    fax 012 413 91 25